精神分析文论之马克思主义维度研究

赵 淳 ◎著

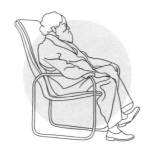

清华大学出版社
北京

内 容 简 介

以拉康和弗洛伊德为代表的精神分析学从内在精神切入，马克思主义从外部客观着手，分别为学界提供了两个极其重要的认知架构、研究策略和问题意识。通常看来，这两门独具阐释力的理论话语似乎难以交通，但在理论史上，仍然不乏做出如此尝试的学者。本书以拉康一派的精神分析文论及其马克思主义维度为研究对象，从"文学何来""文学何是""文学何为"三个方面展开，意在论证这样一个题旨：在文学艺术场域中，拉康一派致力于将精神分析学从纯粹的生理学和病理学场域中捞取出来，赋予它社会、历史、文化、哲学、道德、宗教等多方面的色彩，并由此与马克思主义的基本原则形成了某种跨越时空的理论对话。

本书可作为高等院校人文学科和其他从事社会科学研究的教师、研究人员、博士生的专业拓展书籍，也可为对精神分析学、哲学和文化研究抱有兴趣的其他人士提供专业参考。

版权所有，侵权必究。举报：010-62782989，beiqinquan@tup.tsinghua.edu.cn。

图书在版编目（CIP）数据

精神分析文论之马克思主义维度研究 / 赵淳著.
北京：清华大学出版社，2024.6. -- ISBN 978-7-302-66495-6

Ⅰ. B84-065
中国国家版本馆CIP数据核字第2024UP2821号

责任编辑：梁　斐
封面设计：傅瑞学
责任校对：薄军霞
责任印制：杨　艳

出版发行：清华大学出版社
网　　址：https://www.tup.com.cn，https://www.wqxuetang.com
地　　址：北京清华大学学研大厦A座　　　邮　编：100084
社 总 机：010-83470000　　　　　　　　邮　购：010-62786544
投稿与读者服务：010-62776969，c-service@tup.tsinghua.edu.cn
质量反馈：010-62772015，zhiliang@tup.tsinghua.edu.cn
印 装 者：涿州汇美亿浓印刷有限公司
经　　销：全国新华书店
开　　本：165mm×240mm　　印张：17　　字数：275 千字
版　　次：2024 年 6 月第 1 版　　印次：2024 年 6 月第 1 次印刷
定　　价：88.00 元

产品编号：104758-01

国家社会科学基金一般项目

"精神分析学文论之马克思主义维度研究"

(项目编号:19BWW006)

结项成果

目　　录

导论　　1

────────── **第一部分　文学何来?** ──────────

第一章　精神分析的文学起点　　9
　　第一节　das Ding 的理解和翻译　　9
　　第二节　欲望及其动因　　17
　　第三节　马克思与拉康论人的本质：文学生产　　25

第二章　精神分析学之文学艺术的意义机制　　34
　　第一节　拉康意义观在客体维度上的演进　　35
　　第二节　意义的回溯性　　42
　　第三节　意义的路径　　50

第三章　文学起点及其马克思主义维度　　61
　　第一节　会通精神分析学与马克思主义的最初尝试　　61
　　第二节　学理同一性　　68
　　第三节　象征秩序与外在客观　　75

小结　　84

────────── **第二部分　文学何是?** ──────────

第四章　客观的主观　　89
　　第一节　主体互动的场域　　89
　　第二节　叙事的功能　　98
　　第三节　幻象与文学　　105

第五章　美与文学的反象征　114
　　第一节　诱惑：美与艺术升华　114
　　第二节　屏障：美与典雅爱情　121
　　第三节　隐喻：美与文学的反象征　129

第六章　文学幻象的马克思主义维度　138
　　第一节　关于"剩余"的同源性　138
　　第二节　现实、意识形态与文学幻象　146
　　第三节　主人能指与主人话语　154

小结　163

第三部分　文学何为？

第七章　关于人与人关系的文学　167
　　第一节　马克思主义关于人与人关系的论述　167
　　第二节　拉康关于人与人关系的文学投射　174
　　第三节　跨越时空的理论对话　182

第八章　精神分析伦理的文化逻辑　191
　　第一节　齐泽克视野中的拉康分离伦理学　191
　　第二节　拉康对传统伦理学的批判　200
　　第三节　拉康、康德、萨德　207

第九章　文学的批判性及其马克思主义维度　217
　　第一节　精神分析学的行动导向　218
　　第二节　拉康的伦理学悖论及其文艺趣向　226
　　第三节　一种缺乏建构性的批判　234

小结　243

结语　245
附录：学界相关研究的主要中英文著作列表（2000—2023年）　253
参考文献　257

导　　论

　　本书以拉康一派的精神分析文论及其马克思主义维度为研究对象，意在论证这样一个题旨：在文学艺术场域中，拉康一派致力于将精神分析学从纯粹的生理学和病理学场域中捞取出来，赋予它社会、历史、文化、哲学、道德、宗教等多方面的色彩，并由此与马克思主义的基本原则形成了某种跨越时空的理论对话。所谓"拉康一派"，这个表称译自英语 Lacanian，它除了意指持有特定理论立场的拉康（Jacques Lacan）本人之外，也包括与他持相同或相近观点的学者，譬如以拉康的精神分析学为武器、以马克思主义意识形态批判为内核、以大众文化为研究对象的齐泽克（Slavoj Žižek），以及在某些理论节点上的弗洛伊德（Sigmund Freud），等等。

　　在过去百余年的发展历程中，除了弗洛伊德和拉康各自代表的流派之外，众多的分支——克莱因派（Kleinians）、比奥派（Bionians）、温尼科特派（Winnicottians）、荣格派（Jungians）、阿德勒派（Adlerians）、沙利文派（Sullivanians）、霍妮派（Horneyians）、弗洛姆派（Frommians）等——都曾对精神分析学宣示主权。职是之故，英语 Psychoanalytic Literary Theory 或 Literary Theory of Psychoanalysis 通常被译为"精神分析文论"或"精神分析学文论"。在中文学术语境中，"精神分析文论"突出的是将各种精神分析理论架构和方法策略应用于文学研究后形成的理论话语，而"精神分析学文论"则倾向于强调精神分析学作为一个独立学科的整体性、系统性和统一性。

　　对于本书的研究来说，伽达默尔（Hans-Georg Gadamer）关于辩证法的洞见具有很好的阐发意义。他认为，辩证法"并不是那种能使某个软弱的东西成为强大东西的论证艺术和讲演艺术，而是那种能从事物本身出发增强反对意见的思考艺术"[1]。这一论点体现了伽达默尔的阐释学立场：我们在坚持自己观点的同时，也要尊重他人思想，因为阐释是不同主体之间的对话。对本

---

[1] Hans-Georg Gadamer, *Truth and Method*, trans. Joel Weinsheimer & Donald G. Marshall, London: Continuum, 2006, p. 360.

书的研究来说，伽达默尔的这一观念显然有着某种建构性的指导意义。

因此，在展开研究之前，首先有必要指出的是，尽管具有巨大的理论活力，但精神分析学并非一门所有人都接受的理论。阿多诺（Theodor Adorno）就曾经说过："精神分析除了夸大其词，没什么是对的。"① 虽然阿多诺的这一判断因其明显的极端性和情绪性，不能作为否定精神分析学的充分证明，但精神分析学确实也遭到了一些学理上的质疑。根据齐泽克的梳理，针对精神分析学的批评主要包括三个方面：（1）挖掘出弗洛伊德及其实验的"丑闻"；（2）质疑精神分析的治疗效果；（3）认为精神分析只是对我们大脑工作方式的文学描述，不能有效地阐明其因果关系。② 在这三大批评中，第一类批评主要针对的是作为一种医学治疗手段的精神分析学的实验数据，简言之，弗洛伊德所做的一系列精神分析实验——其中有若干我们耳熟能详的案例，如狼人、猴人、小汉斯、施雷伯法官和少女朵拉等——的学理性遭到了一定范围的学术质疑。第二类批评则针对的是精神分析学的临床治疗效果，对于抽象的精神领域来说，关于精神疾病到底该怎么治疗、怎么才能算是治愈，这一直是一个争论不休的话题。第三类批评就是对精神分析的分析能力产生了疑虑，在批评者看来，精神分析不过就是一种大量采用以隐喻为表征的修辞手段的方案而已，它无力厘清因果，因此也就无力真正阐明人类大脑的工作模式。

对拉康的质疑主要针对其理论的可靠性和阐释力。关于阐释，拉康认为，新的事物只能通过我们对它们的命名而被召唤出场，在此基础上，我们的阐释才具有足够的合法性：

  通过命名，主体在这个世界上创造并提出一个新的在场。他便是如此介绍在场的，通过同样的象征，掏空了不在场。只有在这个层面上，我们才能设想出阐释的行为。③

---

① Theodor Adorno, *Minima Moralia: Reflections on a Damaged Life*, trans. E. F. N. Jephcott, London: Verso, 2005, p. 49.
② Slavoj Žižek, *The Metastases of Enjoyment: Six Essays on Woman and Causality*, London: Verso, 1994, p. 7.
③ Jacques Lacan, *The Ego in Freud's Theory and in theTechnique of Psychoanalysis 1954-1955: The Seminar of Jacques Lacan, Book II*, trans. Sylvana Tomaselli, New York: W. W. Norton & Company, 1991, pp. 228-229.

阐释原本被认为是损伤被阐释的文本的一种暴力行为，但这种损伤却往往能带来别具一格的洞见。某种程度上，阐释并非简单地进行解释、清理和评述，阐释的关键在于，通过符号的象征功能，它创造出了一个新的在场。奇妙的是，这个在场的背后并不一定就有通常所说的能指的支撑。这表明，在精神分析学视野之中，阐释就是创造意义。这也正是拉康所说："真理的担保并不来自它所涉及的现实（reality），而是来自言说。"[①] 真理的背后是言说，言说的背后是集合了主体欲望的内在创伤。意义是创伤的符号化，这是精神分析学的一个基本判断。引导人们去阐释特定事物的并非客观真实，而是他们的创伤性内核，是他们那无法符号化、也无法解释的基础性对抗。人们并不追求真实，而是力图再现自己内在的创伤，并且将外在的、无序的世界纳入这个创伤的意义版图之中。在拉康一派的精神分析学看来，文学艺术就是在这样的一个过程中产生的。

精神分析学通常被认为是一门主要关注人的内在精神空间中无意识的理论。那么，从如此之学术视野出发，文学艺术可以被看成是一个滥觞于无意识的封闭空间吗？

根据热力学第二定律——熵增定律，任何一个孤立系统的熵，其无序的程度总是会趋向于增大，而不会自发地减小。随着时间的推移，如无外界注入新的能量，这个世界的总体混乱度会越来越大，最后走向热寂。熵增过程是一个自发的由有序向无序发展的过程。那么，在观念的世界，熵增定律也会如它在物质世界中那样，发挥同样的作用吗？在本课题的研究题域之中，在绝大多数情势下，文艺理论试图将符号的象征秩序赋予纷纭庞杂、朦胧迷离、混沌无章的世界，但这种带有还原主义（reductionism）色彩的尝试只是一种从貌似无序到貌似有序的逆熵增的努力。如果说文学艺术就像一颗行星——譬如地球——那么文艺理论就是人们在地球上标注的经纬度。没有经纬度，我们很难准确勘定地球上的位置。但经纬度并非地球天然就具有的东西，而是人们为了帮助自己理解地球而建构的一套阐释系统，它适配的是人的观念。从根本上看，有没有文艺理论，文学艺术都会因循着自己的规律而动。

[①] Jacques Lacan, *Ecrits*, trans. Bruce Fink, New York: W. W. Norton & Company, 2006, p. 684.

对于世界来说，减少或者延缓无序熵增的动因既来自内部诉求的作用，也来自外在活力的引入。具体到精神分析理论，如果它仅仅将文学艺术看成是一种封闭于无意识之中的空间，我们仅凭常识就知道，由于缺乏逻辑上的自洽性和理论上的辩证性，这样的立场并不可取。为了实现从无序到有序的逆熵增，必须要有外在动因的引入。因此，在此认知前提下，在一个更为广阔的理论平台上进一步观照、审视和解剖精神分析文论，就变得很有必要。职是之故，本书看到，正是由于在某些理论向度上具有了浓郁的马克思主义色彩，精神分析学及其文艺观拓展了自己的理论空间，并在新的语境中赋予了自身新的理论活力。

在今天的语境下，提到马克思主义，通常指的是四个主要的理论分支：经典马克思主义、苏联马克思主义、西方马克思主义、中国马克思主义。在文学艺术理论场域中，本书主要针对的是经典马克思主义的文论思想，并兼以西方马克思主义相关论述。

以拉康和弗洛伊德为代表的精神分析学从内在精神切入，马克思主义从外部客观着手，两者分别提供了两个极其重要的认知架构、研究策略和问题意识。通常看来，这两门独具阐释力的理论话语似乎难以交通，但在理论史上，仍然不乏做出如此尝试的学者，譬如，提出性经济社会学的赖希（Wilhelm Reich）、用意识收编无意识的奥兹本（Reuben Osborn）、弘扬爱欲的马尔库塞（Herbert Marcuse）、从精神分析学维度论述意识形态的齐泽克、借鉴拉康的理论架构来阐释领导权的拉克劳（Ernesto Laclau）和墨菲（Chantal Mouffe），等等。在理论实践中，也许最需要做的并不是像曾经的西方马克思主义者那样以试错的思路不断尝试用一个又一个容器将两者置于一体，而是首先要抵御住将两者简单捏合的诱惑，真正厘清并辨识出那些潜藏在这两类不同理论话语深处的底层逻辑、问题意识和认知架构，这样才有可能为它们的会通找寻到某种符合学理的逻辑可能。

鉴于此，本书希望通过对如下问题的审视、考证和阐释，来探索和揭示两者的学理基础，并从中凝练出精神分析文论及其马克思主义维度：我们该如何理解和翻译精神分析学的一系列晦涩、抽象和含混的概念与术语？无意识背后的底层逻辑是什么？内在精神空间是如何被欲望、幻象、快感等元素组织起来的？在此基础上，文学艺术从哪里来？它是什么？又为了什么？当精神分析文艺观的底层逻辑映射到马克思主义的问题意识,它又体现了何种价值指向?精神分析文论在何种层面上、何种程度上与马克思主义的基本认知架构和阐释逻辑发生了交叉?如此之研究,是我们将这两门看似相对实则相关,稍加整合会出现冲突,但其实又有着相近的内在认知逻辑的主流理论话语进行会通的必要的理论铺垫和逻辑前提。

本书由三部分组成,每一部分包含三章,全书正文共九章。

第一部分"文学何来?"追问的是精神分析学视野中文学的源头及其马克思主义维度,同时还对西方马克思主义者从人的解放的角度出发,致力于融汇精神分析学和马克思主义的理论实践进行了必要的清理、阐释和评述。第一章首先对拉康理论视野中的文学起点 das Ding 这一概念进行意义辨析,并对该术语的翻译问题给出了建议;然后归纳出精神分析文艺观的基本要点,即以欲望为纽带,起于 das Ding 的文学乃是对实在界的回应。第二章通过对意识的性质、语言之墙、想象性认同和象征性认同的揭示,概括出这样一个论点:意义不仅内含于实在界深处的 das Ding,它同样也受到体现为社会、历史、文化的外在的象征秩序的影响、制约和规定。第三章从拉康理论的象征秩序与马克思主义的外在客观入手,得出精神分析文论赋予了自身浓郁的马克思主义色彩这样一个结论。

第二部分"文学何是?"力图从精神分析学视角出发,阐释文学的性质,并进而通过对文学幻象的研究,揭示其与马克思主义的关联。在这一部分中,第四章以幻象为理论线索,旨在解析客观世界和主观精神是如何在精神分析学的架构之内被统一和整合到文学艺术之中的。第五章对精神分析学视野中的美进行研究。美是文学的重要属性之一。虽然拉康并没直接告诉我们美是什么,但根据他的理论安排和逻辑线条,我们仍然可以厘清他通过对文学之美的研究而得到的一个关于"文学何是?"的重要结论:文学是反象征的。第六章通过"剩余"范畴的同源性,论述了拉康理论的主观性和马克思主义的客观性在特定的语境下达成了对话的可能这样一个主题。在对阿多诺、黑格尔和拉康进行相关研究的基础上,本书揭示了精神分析学的幻象与马克思主义的现实之间的互相交汇的理论现状和前景。

第三部分"文学何为?"论述的是精神分析学视野中的文学的目的,以及这一理论目标与马克思主义的价值指向之间的紧密关联和区别。第七章以人与人关系为线索，论述了拉康与马克思在文学艺术上相应的理论立场：前者实际上拷问的是人与自己内在创伤的关系，而后者则重点考察和追究被人与物关系所掩盖的人与人关系，从而将自己的批判目标锁定在资本主义制度上。伦理是人的行动（包括文学行动）的指引，第八章通过揭示拉康对传统伦理的拆解和批判，一定程度上厘清了精神分析学的伦理指向。第九章主要以死亡欲望为线索，深入审视、解剖和阐释了精神分析学在认知路径上的历时性、理论内涵上的空洞性和价值指向上的批判性。当这样的空洞性和批判性折射到精神分析文艺观之中时，精神分析学与马克思主义之间有了对话的可能和互通的空间；同时，因其内涵上的空洞性，精神分析学的批判是一种只有解构和颠覆、没有建构和统合的批判，这与马克思主义"希望在批判旧世界中发现新世界"[①]的价值立场很不相同。

总之，从弗洛伊德到拉康、再到齐泽克的这一条精神分析学理论线索，对于人文学科各领域来说，都具有极强的理论阐释力。然而，拉康的理论却因行文晦涩而令人望而生畏。根据拉康的学术风格，在许多重要的理论要点上，他通常并不直接告诉我们他想表达的是什么，而是通过梦呓般的呢喃、天马行空般的逻辑、蜻蜓点水般的隐喻，暗示出自己的洞见。更有甚者，他有时根本就只告诉我们，在某个节点上，它不是什么。这意味着，本书对拉康一派的精神分析文艺观及其马克思主义维度的研究，将会面临某种挑战。但我们的理论建设，恰恰就是在对一个又一个的挑战做出回应的过程中发展壮大起来的。

[①] 《马克思恩格斯文集》（第10卷），北京：人民出版社，2009年，第7页。

第一部分

文学何来？

> 作为自然的创造者,上帝被召唤来解释极端反常现象,萨德侯爵、米拉波和狄德罗等人的存在引起了我们的注意。除非是实际上历史性地实现了的那个出路,这种挑战、这个召唤、这场神意裁判不应让任何其他的出路成为可能。将自己呈现于神意裁判的人最终会发现它的前提,即这场裁判所针对的大他者归根结底是其大法官。正是此点赋予了文学特殊的基调,它以一种从未有过的、无可匹敌的方式向我们展示了情欲(the erotic)的维度。①

从上面引自拉康的一段话中,我们可以判断说,文学艺术来自情欲吗？拉康的本意当然不会如此直白。对于他来说,情欲这种东西,只不过是一种极为外在的投射而已。只有当我们捕捉到那些躲在现实世界之中的种种光怪陆离背后的能指,才有可能对文学艺术"特殊的基调"有所把握。引文中的大他者(the Other),又名象征秩序(the symbolic order),它外化为文化约定、法律法规、道德习俗。它不可能被主体之认同完全吸收,但能规范、限制、界定主体。

---

① Jacques Lacan, *The Ethics of Psychoanalysis 1959-1960, The Seminar of Jacques Lacan, Book VII*, trans. Dennis Porter, New York: W. W. Norton & Company, 1997, p. 4.

文学何来？这个题旨追问的是精神分析文艺观中的文学起点，并在此基础上，探究马克思主义对这个精神分析场域的介入。

根据拉康的观点，在想象界（the imaginary）、象征界（the symbolic）和实在界（the real）中永远处于悖论性的中心地位的文学艺术，建构了一个存在、意识、无意识、欲望、快感、创伤、现实等在主体身上博弈的空间。想象界、象征界与实在界鼎足而三，成为文学艺术得以展开的基本依据。在本书的研究之初，必须首先明确的一点就是：精神分析学关于文学艺术的一系列或系统、或零散的审视和阐释，都是围绕着拉康的 das Ding 这一核心概念来展开的。对于精神分析学来说，das Ding 乃是实在界深处的内核，它不仅仅是文学艺术得以滥觞的本原，更是欲望的源头。

一定程度上，人和人性构成了文学的基调。对具体的人的关怀，拉康是通过"不存在性关系（there is no sexual relation）"[①]这一著名判断切入的。在拉康的理论体系中，构成了人的本质的欲望不但是理解这一论断的关键范畴，还是文学的内在动因和基本驱力。简言之，欲望搭建起了文学的起点。而从历史唯物主义的角度，马克思认为人的本质是"一切社会关系的总和"[②]。拉康追索的那个貌似内在于精神空间的欲望，实则暗中与外在的社会、历史、文化发生契合，从而将马克思主义色彩赋予了自身。

---

① Jacques Lacan, *The Other Side of Psychoanalysis 1969-1970, The Seminar of Jacques Lacan, Book XVII*, trans. Russell Grigg, New York: W. W. Norton & Company, 1991, p. 116.
② 《马克思恩格斯选集》（第1卷），北京：人民出版社，2012年，第135页。

第一章
精神分析的文学起点

在对爱伦·坡（Allan Poe）短篇小说《被窃的信》（"The Purloined Letter"）的精神分析阐释中，拉康说："我们的想法是要指出能指相对所指来说的优先性。"[①] 拉康这里的能指，特定地指向深藏于实在界深处的那个永远不可符号化的存在。由此，研究文学的起点——进而言之，研究事物意义的起点——实则便是追寻那个隐含的能指。而在马克思主义看来，文学乃是社会实践的产物。这两者之间的张力，如何才能得到恰当的安置和处理？

第一节　das Ding 的理解和翻译

das Ding 是拉康一派的精神分析学的核心概念，厘清这一概念，乃是本书的研究是否有可能在一个既坚实又合理的基础上顺利展开的基本理论前提和逻辑条件。

一、何为 das Ding？

在拉康那里，"人的现实是由三个相互纠缠的层面构成的"[②]，即想象界、象征界和实在界。实在界是被符号阉割之后剩下的创伤性空缺，呈现出一种主体无以接近和支配的无序状态。拉康说："实在界绝对没有缝隙。"[③] 无缝隙意味着找不到明确的切入口，它是混沌一团，无边无际，所以拉康"将实在

---

① Jacques Lacan, *Ecrits*, trans. Bruce Fink, New York: W. W. Norton & Company, 2006, p. 20.
② Slavoj Žižek, *How to Read Lacan*, London: Granta Books, 2006, p. 8.
③ Jacques Lacan, *The Ego in Freud's Theory and in the Technique of Psychoanalysis 1954-1955, The Seminar of Jacques Lacan, Book II*, trans. Sylvana Tomaselli, New York: W. W. Norton & Company, 1991, p. 97.

界定义为不可能性（the impossible）"①，其内核抵抗符号化。后来的齐泽克进一步道："它是核心的不可能性（central impossibility）。"② 此处的"核心"，指的是 das Ding 所在的位置，而"不可能性"则揭示了 das Ding 的基本性质：这个位于实在界中心的坚硬内核是永远不可能符号化的。

在精神分析学中，das Ding 来自弗洛伊德的母语——德语。这个术语最先是弗洛伊德提出来用以命名"我们的欲望在其无法忍受的强度和不可理解性上所持有的最终客体"③，亦即那个始终隐匿在无意识中的永不可符号化的存在，它对应的英语是 the Thing。无论是 ding 或是 thing，都是几乎可以指涉任何事物、同时又没有真正指涉任何事物的单词，其意具有很强的含混性，接近于汉语的"东西"——当被问及"你手上拿的什么"时，回答"我拿的是东西"，基本上就相当于没有回答。因此 das Ding 的表述，喻示了这个术语拒绝与任何词语黏在一起的趣向。这正好便与拉康的实在界颇有相似之处——实在界是被符号阉割之后剩下的创伤性空缺和匮乏，呈现出一种混沌无序的状态——于是拉康接纳了这个概念，直接搬用了这个德语表述，用以指代那位于实在界中心的永不可符号化的坚硬内核。

拉康解释道："我之所以引入这个词（笔者注：指 das Ding），是因为在弗洛伊德关于现实原则和快乐原则对立的真正含义中，存在着某些模糊性和不足之处。"④ 在他看来，这些含糊性与属于能指领域甚至语言学领域的某种东西有关。拉康希望在德语的 das Ding 和 die Sache 微妙而不易显明的张力之间，勘定弗洛伊德使用的 das Ding 的位置。本书在此使用"位置"的表述并非没有意义，因为根据拉康的精神分析学的理论线索，在那个被压抑的地方除了位置，不可能存在任何的符号化的可能性。

若要理解弗洛伊德的 das Ding，就有必要首先将其与德语中的另一个相近的表述 die Sache 区分开来。从最粗略的翻译来看，德语 das Ding 和 die Sache 都表示"物""东西"之意。das 与 die 都是德语中的定冠词，相当于英

---

① Jacques Lacan, *The Four Fundamental Concepts of Psychoanalysis, The Seminar of Jacques Lacan, Book XI*, trans. Alan Sheridan, New York: W. W. Norton & Company, 1998, p. 167.

② Slavoj Žižek, *Looking Awry: An Introduction to Jacques Lacan through Popular Culture*, Massachusetts: The MIT Press, 1991, p. 143.

③ Slavoj Žižek, *How to Read Lacan*, London: Granta Books, 2006, p. 43.

④ Jacques Lacan, *The Ethics of Psychoanalysis 1959-1960: The Seminar of Jacques Lacan, Book VII*, trans. Dennis Porter, New York: W. W. Norton & Company, 1997, p. 43.

语的 the。但此处德语的语法比英语略微复杂，die 用在阴性名词前，das 用在中性名词前。在拉康看来，在法语中找不到一个词恰好可以完全对应德语的 das Ding 和 die Dache 之间的那种虽然微妙却不易察觉的张力。法语中接近德语 das Ding 和 die Sache 的只有源自拉丁语 causa 的 chose（事物）。拉丁语 causa 一词与某种法律实践有关，这一指涉随后也悄然进入了它的法语变种 chose。

das Ding 与其说是法律程序本身，不如说是使之成为可能的集会，亦即德语中的"人民大会（Volksversammlun）"。das Ding 与法律相关，但又与法律不直接相关，它只是为法律的论述、展开、施行提供一个场所或一个位置。某种程度上，没有这个位置，在那个没有网络的年代，人们无法像今天的人们那样在线上聚集并讨论，也就是说，无法将法律这个对象落实到象征领域之中。因此，das Ding 既促成了法律的产生和操演，又实际上没有与法律发生直接的关联。这构成了 das Ding 的第一个特质。

而从词源上看，die Sache 最初也与法律程序有关，它是作为在法律上受到质疑的客体之物而出现，是向充满了人与人之间的冲突的象征秩序的过渡。正因如此，拉康提醒我们，有必要从 *Sachvorstellungen*（德语：事物概念）和 *Wortvorstellungen*（德语：单词概念）入手，来理解和把握 die Sache。也就是说，拉康是在象征领域中来阐述 die Sache 的。为了进一步阐明这一点，拉康还用了一个禾秆和谷粒的隐喻来加以澄清："只有将词的禾秆和物的谷粒分开，词的禾秆才能向我们呈现自身，而正是这根禾秆最初孕育了物。"[①] 在拉康那里，这个隐喻已经足够明晰了，明晰到足以让我们在 die Sache 和 das Ding 之间划下一道分界线。die Sache 是语言的产物，而语言在再现（representation）系统中扮演着不可或缺的重要角色。在德里达（Jacques Derrida）解构主义看来，再现就是我们所拥有的一切，因为"文本之外一无所有"[②]，通过再现，缺席的事物被召唤为"在场"。从福柯（Michel Foucault）的视野出发，再现则是文化内部权力关系的表征，它总是与意识形态和权力关系密切相关。而在

---

① Jacques Lacan, *The Ethics of Psychoanalysis 1959-1960: The Seminar of Jacques Lacan, Book VII*, trans. Dennis Porter, New York: W. W. Norton & Company, 1997, p. 45.
② Jacques Derrida, *Of Grammatology*, trans. G. C. Spivak, Baltimore: The Johns Hopkins University Press, 1976, p. 158.

伯明翰学派的霍尔（Stuart Hall）看来，"再现就是通过语言生产意义"①，他拒斥那种滥觞于亚里士多德"摹仿论"（imitation）的、认为再现真实地反映了客观外在世界的"反映论"（the reflective approach）和认为意义来自作者意图的"意图论"（the intentional approach），提出了再现的"建构论"（constructionist approach），即"事物没有意义。意义是我们使用再现系统——概念和符号——建构起来的"②。如是观之，再现就是一种赋予世界以意义的符号指意实践。一旦进入这个程序，再现的操演者的无意识欲望、理论话语、认知结构、经验惯性、个体经验、权力关系和研究范式便不可避免地就会纠缠其中。

因此，拉康归纳道："die Sache 与 wort（德语：单词）相连，凑成一对。das Ding 位于他处。"③ 即是说，die Sache 是位于象征界的，对它的任何符号化尝试都是可以探讨的，甚至可以接受的。而"位于他处"的 das Ding，这个"他处"是何处？答案是明显的，它是相对于象征界的"他处"，不在象征之中，也就是不在符号之中，由此我们可以萃取出它的另一个重要特质：das Ding 永远逃避符号化，任何对它的符号化尝试都是对它的否定。

二、关于 das Ding 的翻译问题

拉康是在自己的以精神分析伦理学为主题的第 7 次研讨班（1959—1960 年）上开始借用弗洛伊德的 das Ding 这个德语表述的，并且在随后出版的第 7 次研讨班的专著中专门用了两个小节来论述 das Ding。此外，对这个概念的论述还零散地穿插在拉康的其他许多相关著述之中。

鉴于 das Ding 的特殊性和重要性，处理好它的翻译，就意味着至少解决了一半的理解问题。

在不同的学者那里，翻译有着不同的定义。在中国文化语境中，最初的严复提出的信达雅概括了当时对翻译的理解，即翻译是在准确、通顺、优美的基础上，把一种语言转换成另一种语言的行为。而在沙特尔沃思（M. Shuttleworth）的《翻译研究词典》中，"翻译经常被认为具有隐喻性的特征，

---

① Stuart Hall ed., *Representation: Cultural Representations and Signifying Practices*, London: Sage Publications, 1997, p. 16.
② Stuart Hall ed., *Representation: Cultural Representations and Signifying Practices*, London: Sage Publications, 1997, p. 25.
③ Jacques Lacan, *The Ethics of Psychoanalysis 1959-1960: The Seminar of Jacques Lacan, Book VII*, trans. Dennis Porter, New York: W. W. Norton & Company, 1997, p. 45.

在众多比喻中，它一直被比作玩游戏或绘制地图"①。简言之，翻译是在两个文化符码系统之间的转换，翻译的任务就是处理两种语言之间的关系。从严格的语言学原则上来讲，绝对的同义词是不可能存在的。一个翻译者，不管水平多么高，也只能尽可能地接近源头语言，而不可能把原意和神韵完全传达过来。

国内学界对 das Ding 的主要译法，一是"原质"，一是"物"。

"原质"的译法，侧重意译。"原"者，强调 das Ding 所处的源头性的位置，"质"则试图说明它作为一种存在的那种实体性，亦即英语中 entity 所蕴含的意味：一种独立的存在物。简言之，"原质"这个汉字词组，希望表达的是这样一个意思：das Ding 乃是我们精神空间中的原初的物质。客观地说，某种程度上，这样的理解亦不无道理，但它实际上只是折射了 das Ding 的某些侧面而已。这个译法的基本思路应是通过揭示 das Ding 的某些基本性质，给这个术语增添更多的学术意味，但这样反而弄巧成拙，把 das Ding 所包含的内在张力消解了。"原质"的翻译暗中存在着一个重大的问题，那就是当人们用"原质"这个修饰性、描述性、界定性都非常强的词汇去指称 das Ding 的时候，实际上暗示了这样一个事实：学界通过"原质"的翻译，希望将 das Ding 这个存在——或者更确切地说，这个东西——收编到我们的符号体系之中去。这样的翻译，实际上便是将 das Ding 的意义固定下来，并描述出来。这样的翻译显然不会得到对中国文字的精奥游戏几乎完全一无所知的弗洛伊德、拉康和齐泽克等精神分析学大师的肯定，更不说是赞赏了。所谓原质一物，乃是在符号之外的一个东西，任何将其诉诸符号的行为，都将不可救药地偏离它。或者更准确地说，当直接提到"原质"时，我们反倒与它隐喻的那个东西渐行渐远。这也正是为什么弗洛伊德和拉康会用 das Ding 来指代之——他们都拼命地避免着要给这个东西任何符号化的暗示。如是观之，曾经的中国学界力图用"原质"将 das Ding 和 the Thing 进行符号化，某种程度上，这表明当时的学界对这个术语以及围绕这个术语的精神分析学理论架构的理解并不到位。

"物"的译法，倾向于直译。首先，"物"虽一定程度上体现了 das Ding 的原意，但仍有着较强书面化和符号化痕迹，泄露出某种将其体制化的倾向。

---

① Mark Shuttleworth &. Moira Cowie, *Dictionary of Translation Studies*, London: Routledge, 2014, p. 181.

"物"与"原质"的译法,实质上都试图通过某种隐喻,把 das Ding 的意义固定下来,并将其纳入我们可以理解的符号框架之中。其次,正如我们在上一部分论述中,依循拉康的思路,将 das Ding 和 die Sache 所做的并置比较研究中所看到的那样,就其深层含义而言,das Ding 并不简单地是一个物,它并非是作为"物"而存在的——die Sache 才是——毋宁说,它为"物"的展开、呈现、发挥作用提供一个处所和源头。最后,根据拉康的说法,"das Ding 就是我称为'所指之外'的那个东西"[1],亦即它永远位于构成了所指的符号系统之外,是不可符号化的,将其译为"物"或任何其他的表述,都与拉康视野中的 das Ding 的最基础和最隐秘的含义不符。

那么,如何在理解的基础上,处理 das Ding 的翻译?笔者建议两种方案。

方案一:采用最直白的方式,译为"那个东西"。"东西"其实就是 das Ding 最基本的含义,Ding 本意就是"东西"。在拉康的理论中,这个"东西"构成了主体欲望的起点。当弗洛伊德、拉康和齐泽克等大师们采用 das Ding 来指涉实在界中那永远逃避符号化的坚硬内核之时,他们实际上是希望告诉我们,在实在界深处的那个存在具有某种不确定性和不可描述性。在此意义上,对那个我们知道它就在那里发挥着作用、但却又无法清晰地说明它是什么的存在,德语 das Ding 是最恰如其分的指代。当然,已经严重体制化了的中国学界是否愿意接受"东西"这么一个虽然贴切、但太过于接地气的术语翻译,那就是另外一回事了。在某些人看来,如果简单地按字面意思将其译为"东西",似乎有些太过通俗。而通俗在某些人的眼中,是学术的大敌。但这里的"某些人"显然不包括齐泽克,因为齐泽克就是一个特别擅长于采用通俗(有时候甚至可以说是"粗俗"甚至"黄色")的方案来阐释深奥、晦涩、抽象的理论的大师,所以在欧洲和北美,通常因晦涩难懂而让人退避三舍的精神分析学在齐泽克的阐发下,甚至能够激起街坊市井、贩夫走卒的兴趣,并让他们津津乐道。

方案二:索性像拉康那样,不翻译,直接借用 das Ding 于汉语之中。虽然国家有相关规定,不得在汉语出版物中夹杂外来语,但在本例中,似乎直接采用 das Ding 表述,在特定学术语境中倒也不失为一个相对较好的解决方

---

[1] Jacques Lacan, *The Ethics of Psychoanalysis 1959-1960: The Seminar of Jacques Lacan, Book VII*, trans. Dennis Porter, New York: W. W. Norton & Company, 1997, p. 54.

案。在中文语境中保留这个术语的德语原样，既体现了绝不贸然地、武断地用我们想象的象征去肆意开拓和殖民未知领域的学术旨趣，也体现了我们对未知世界的一种尊重。如若读者无法正确拼读此词，那正好避免了给它附着任何隐喻的意义。只要知道它指称了无意识中核心的不可能性，便是足矣。

职是之故，本书将不做任何翻译尝试，而是直接采用 das Ding 这一术语。由于国内学者在论著中将其译为"原质"或"物"等等，本书以下对具体译著和论著的引用，仍将沿用原译者所采用的译名，但会在其后夹注说明。

三、"未知的已知"

das Ding 位于无意识的深处，这是弗洛伊德和拉康的共同看法。一旦言及无意识，就不能不涉及弗洛伊德所论的快乐原则，因为它是运作在无意识这边的；而那些与意识或前意识（在弗洛伊德的理论层面上而言的前意识）相关的东西则是受到现实原则的支配，它们可被主体反思、可被符号表述、可以出现在意识或前意识的话语之中。

在弗洛伊德所说的想象（Vorstellungen）的层面上，das Ding 并非什么都不是，其要害在于，它根本就不在那里，"其特点就是缺席和异己性"[①]。所谓缺席，是说因为它总是逃避符号化，我们的想象总是无法捕捉到它；而异己性则强调了它与我们的象征系统格格不入，以至于由它而来的每一样有关"好"与"坏"、"善"与"恶"的符号表述，最终都导向了主体的分裂。关于"善"与"恶"的进一步阐释与评述，将在本书随后的论述精神分析伦理学的相关章节中展开，此处暂且不赘。

对于这个永远抵抗符号化的硬核，拉康最初用对象 a（objet petit a）来指代；随后他改称其为 das Ding；从以"焦虑"为论述主题的第 10 期研讨班（1962 年）开始，他又回到了对象 a。das Ding 与对象 a 有何区别？它们实际上都指涉的是同一个存在，但它们之间的区别并非一目了然。对此，齐泽克专门作过澄清。他认为，das Ding 是"本体的（ontic）"，而对象 a 是"本体论的（ontological）"[②]，对象 a 是对 das Ding 这一本体在本体论层面上所作的符号

[①] Jacques Lacan, *The Ethics of Psychoanalysis 1959-1960: The Seminar of Jacques Lacan, Book VII*, trans. Dennis Porter, New York: W. W. Norton & Company, 1997, p. 63.

[②] Slavoj Žižek, *The Metastases of Enjoyment: Six Essays on Woman and Causality*, London: Verso, 1994, p. 181.

化阐述。在此,借助老子《道德经》之"道可道,非常道",我们可以很好地理解这个题旨。那个抗拒符号化的"道"在某种程度上可被看作是 das Ding 般的本体存在;而当《道德经》将"道可道,非常道"这个判断说出口之时,实际上它已从反面对"道"作了界定:此"道"之性质,在于它不可"道"——此刻这个被言说出来的"道",便可类比于本体论层面上的对象 a。这也正是拉康所说:"das Ding 什么都不是。它的特征就是缺席,就是陌生性。"① 因此,当谈论对象 a 时,我们实际上暗中指涉的是 das Ding;而当直接提到 das Ding 时,反倒与 das Ding 背道而驰。

在拉康那里,实在界就是所有那些在我们貌似不知情的情势之下,影响和扭曲了符号与想象的因素的总和,其核心是 das Ding,它驱动了主体的欲望。然而,主体却并不知道自己的欲望源于何方,欲望的所指找不到自己的能指。这是因为欲望的对象-原因(object-cause)在其原初的状态下被扼杀掉了,欲望的内容体现为一种匮乏。主体的欲望围绕着它编织自身。换言之,欲望的起点便是 das Ding,后者牵引、规约、结构了主体的欲望。

在精神分析学的视野中,作为对客体具有认识能力和实践能力的主体,人其实并不总是知晓自己都拥有一些什么样的欲望,也不明了这些欲望来自何方。一个简单的解释就是这些欲望沉淀在主体无意识的深处,所以主体无法在意识的层面上捕捉到它的真正内涵。这样的一种连主体自己都无法描述自己欲望的情势,很大程度上是因为欲望的对象-原因从一开始就被压抑。譬如说,在任何一个正常的文化疆域中,人们都会不遗余力地教育一个小男孩或小女孩像一个男孩或女孩那样去思考和行动,在这个过程中,我们将他们养成我们期待他们成为的样子;但实际上,并非每一个男孩或者女孩都希望自己就是一个男孩或者女孩,或者说,并非每一个男孩或者女孩都认可自己的生理性别,所以世界上才有了跨性别者。值得说明的是,关于性别的困惑仅仅是众多的可能会发生的个案中的一个而已。在这个制约、规范、限定其行为和思维的过程中,孩子原始的冲动和原初的向往被我们以文化、道德、社会、历史等的名义压抑掉了。用精神分析学的术语来说,就是主体在精神上被阉割了。然而,问题是,虽然由于压抑和阉割的过程从精神分析学的视

---

① Jacques Lacan, *The Ethics of Psychoanalysis 1959-1960, The Seminar of Jacques Lacan, Book VII*, trans. Dennis Porter, New York: W. W. Norton & Company, 1997, p. 63.

角看起来极为血腥、残忍，以至于主体再也无法回忆起到底曾经有一些什么样的东西被阉割掉了，但其实这些被阉割的东西并不是真的就烟消云散了，它们只是在表面上从我们眼前暂时消失而已，一旦时机成熟，它们就会义无反顾地冒出头来，成为主体欲望的驱动力。更为关键的是，虽然被抑制的东西驱动了主体的欲望——或者以更为专业的话语来说，主体的欲望围绕着它编织自身——但实际上主体并不知道它到底是什么，主体根本无法用包括文字、图像、声音等在内的各式各样的符号对其加以阐释和描述。对这些主体无法将其符号化的东西所在的那个场域，拉康称之为实在界——在其中心存在着一个永远抗拒符号化的坚硬内核。这便是齐泽克所说的"'未知的已知（the-unknown-knowns）'，即我们不知道我们已经知道的东西"[①]——也就是那些主体不知它在那里，但它实际上却总是悄然而动，促使主体做出一些甚至连自己都不明白的莫名其妙选择的东西——这也正是弗洛伊德的无意识，或拉康的实在界。

如是观之，齐泽克的"未知的已知"言简意赅地概括和归纳了 das Ding 最根本的性质，因为它揭示了这样一个事实：在拉康精神分析学的层面上，对主体来说，那个悄悄躲在后面决定着主体思维、情感和行动的 das Ding 永远是"未知"的。这个"未知"并非通常意义上的未知，而是说，它永远不可能被符号化，永远不可能被象征领域中的主体意识所捕捉。但它同时又总是"已知"的，总是悄悄地起作用，驱动着主体的言行。

第二节　欲望及其动因

学术之专业研究，某种程度上便是细节之研究。任何深刻的宏观洞见，必须建构在清晰的微观认知的基础之上，方才可能具有比较恰当的学理性。有鉴于此，通过精读拉康、齐泽克和弗洛伊德等学者的理论原著，以欲望这个核心范畴作为切入口，本节旨在对精神分析学文论的基本动因做出必要的提炼、梳理和评述。

[①] Slavoj Žižek, *How to Read Lacan*. London: Granta Books, 2006, p. 52.

一、象征中的文学艺术

首先要明确的是，此处所论之象征，并非作为一种修辞手法的象征，而是在精神分析学之象征界中的象征。

在伊格尔顿（Terry Eagleton）看来，文本的文学性具有某种不确定性，所以他对"文学"一词的使用抱着极为谨慎的态度："当我使用'文学的'和'文学'这样的字眼之时，我是用看不见的线将它们划掉的。"[①] 这是因为我们没有办法用一个或几个稳定的特质来对文学加以界定，文学总是处于某种流变之中，它随着社会、历史、文化、律法、道德、宗教等的变化而变化。而在德里达那里，文学可以是一个"行动"，或者一种"建制"，但是，"即便称作'文学'的现象是某年某日历史地出现于欧洲"，它也"并不表示有了一种文学的本质"[②]，所谓文学文本不过就是召唤阅读的一种写作行为而已，文学——推而广之，艺术——只能在某种过程中呈现自身。对于文学艺术来说，无论它在何种程度上与历史、文化、社会、政治、经济、宗教、人文等因素相关，它都必须以主体的内在精神为媒介。如是观之，文学艺术显然存在于象征领域之中。

在拉康的精神分析学中，象征界与实在界是截然不同的两个领域。在上一节中，我们已经知道，实在界是被符号阉割之后剩下的创伤性空缺和匮乏，它呈现出一种混沌的、无序的、主体无法靠近和操控的状态，任何符号都不能准确说明其意义。

象征界指的是用语言符号编织的世界认知、语言句法、法律规章、道德标准、文化逻辑等的总和。拉康曾经通过对马塞尔·莫斯（Marcel Mauss）的阐释和评述，给出了对象征的理解："社会结构就是象征。"但他马上又指出，莫斯式的象征界定义具有某种"支离破碎的"特征，因为这种象征仅仅"标志着个人在社会聚集网络中所占据的临界点"[③]。如若要对象征界做出更为全面和深刻的理解和阐释，还需考虑到更多的因素。但不管怎么说，在一般的层面上，我们可以说，象征界就是结构起了社会之象征秩序——譬如法律规则、道德伦理、文化逻辑等——的总称。人们总会自觉地与那些象征秩序进行印

[①] Terry Eagleton, *Literary Theory: An Introduction*, Massachusetts: Blackwell, 1999, p. 9.
[②] [法]德里达：《文学行动》，赵兴国译，北京：中国社会科学出版社，1998年，第8页。
[③] Jacques Lacan, *Ecrits*, trans. Bruce Fink, New York: W. W. Norton & Company, 2006, p. 108.

证，并在象征秩序允许的范围内做出行为。对主体来说，象征界都会发挥不容置疑的构成性功能。在拉康看来，从总体性的角度而言，象征秩序先于主体而存在，它借助某种结构性的力量控制着主体，主体深陷其中，无法逃离。正是基于此点，齐泽克指出，象征秩序构成了"每一个言说的存在者的第二本性"①。

在此，有必要强调的一点就是 the symbolic 的翻译。中国学界也有将其译为符号界的。无论是象征界，还是符号界，因中国学界对它的理解的差别，以及侧重点的不同，都各自有其道理。翻译为"象征界"，强调的是其功能；翻译为"符号界"，强调的是其结构成分。在本书看来，无论单独采用它们中的哪一种翻译，都只是对一个侧面的揭示。也许，将它们并连在一起，称为"符号象征界"更为恰当？虽然存此疑问，本书还是决定尊重约定俗成的译法，仍将继续统一采用"象征界"这一汉语表述。

当拉康开始阐述象征界之时，他实际上是在拷问支撑了现实世界的各种社会、历史、文化秩序，而这些秩序建构起来的是一个现实空间。那么，潜藏在弗洛伊德所说的主体的无意识深处或拉康所说的实在界的核心位置的 das Ding，是如何与外在的符号象征世界发生关联的呢？

我们不妨展开想象力，设想一个黑黝黝的空间。可以把实在界的硬核理解为在暗黑之中的一个不可见的神秘光源，它将自身投射到黑暗之中的一个又一个具体的事和物上面，譬如房子、车子、名誉、地位等，不一而足。然而，当主体历经艰辛终于拥有了那些东西的部分，甚至全部，他很快又会发现，它们并没有让他得到真正的满足，因为他抓住的只是 das Ding 的一个投影而已，制造了那些光影的根源仍逍遥法外，它马上又可制造出另一个投影来，直至无穷。原因无他，只因制造了光影的那个光源本身总是隐藏在黑暗的深处，从来不能被看到，主体能捕捉到的只是投射出来的影子。正因如此，被黑暗迷惑住的主体才会倾向于将 das Ding 的投影当成自己欲望的对象，因为它们是主体唯一所见。如果说体现为投影的欲望对象被当作了欲望的所指的话，那么，由于主体实际上看不到发射出这些光影的源头，欲望没有能指。如此一来，欲望的语言当然便是一种体现了匮乏的语言，而欲望本身则被一种中空的结构所控制。

---

① Slavoj Žižek, *How to Read Lacan*, London: Granta Books, 2006, p. 8.

二、拉康视野中欲望的理论渊源

欲望是精神分析学的核心概念之一。

关于欲望，拉康从他的哲学启蒙老师、法国哲学家亚历山大·科耶夫（Alexandre Kojève）那里受到了巨大的影响。在科耶夫看来，人的欲望要么指向另一个欲望，要么指向一个"在生物学意义上毫无用处的"客体，因为"所有人类的、与人文源头相关的欲望，最终都是希望获得'认可'之欲望"[①]。简言之，欲望的对象就是得到他者认可。顺此逻辑，没有任何内在的特质会驱使主体产生欲望，欲望总是他人的欲望。正因为欲望来自他者，欲望的客体才居无定所。

精神分析学认为，主体具有某种内在的虚空，所以需要从外在的他者那里去获取自身存在的确证。这一认知的底层逻辑与从"我思故我在"到"我买故我在"的转向颇具相近之处：主体对于"我在"的确认，从曾经的内在的"我思"转向了外在的"我买"。在当下语境之中，"我买"的并非完全就是商品的功能，而是其符号价值，因为符号是有等级的。通过消费不同的符号，而得到符号的等级加持，如此便可期待得到他者的认可：这样的诉求成为了主体欲望建构的动因。因此，在精神分析学看来，主体之欲望来自他者的欲望，主体是根据他者的欲望来结构自己的欲望的，或曰，主体的欲望就是希望成为他者欲望的对象，亦即获得他者的认可和好评。

精神分析学的这一论断，可以从文化领域中的很多方面获得案例支撑。譬如说，从弗洛伊德对"来/去（fort/da）"游戏的研究中凝练出来的那个在精神分析史上著名的分析模式，便是一例。这个分析模式对于情侣之间那种具有普识性意义的心理状态的解析，有着很强的阐释力。根据这个分析理论，热恋中的情侣们经常会先是自我制造一个被舍弃、被厌恶的状态，同时暗自咀嚼其中的痛苦刺激，然后开始期待破镜重圆的圆满幸福。具体而言，恋爱中一方常常会怀疑情侣不忠，以至于将任何可能的小事理解为对方变心的蛛丝马迹——更有甚者，还会幻想出丰富的情节。从表面上看，他/她很痛苦，但实际上他/她也许会很享受。当情侣中的另外一人以九牛二虎之力证明了自己的忠诚之后，他/她那失而复得的满足才能达到最大程度。这样的情景，不

[①] Alexandre Kojève, *Introduction to the Reading of Hegel*, trans. James H.Nichols, Jr., New York: Basic Books, 1969, p. 6.

仅是恋爱中的情侣的日常，它还构成了文学艺术中的一个永恒的母题。千百年来文艺创作者乐此不疲地讲述着这样的爱情故事。

对于上面这个论题，拉康指出，当一个人的欲望变为他者的欲望之时，"那么统治他的第二自我就已经出现，他的欲望从此以后就成为他的痛苦"①。在情感游戏中，情侣的痛苦的快乐来自对方，意味着他/她的欲望被他者（对方）塑造和统治，从此不在自己的操控范围之内。也正因欲望是他人的欲望，主体便进入了一种不可逆转的痛苦状态，因为主体对自己欲望的构建毫无掌控力，控制欲望的开关总是在他人手中。主体能做的、需要做的，就是拼命揣摩他人的意图，并力图去满足之。同时，进入欲望的体系，也意味着进入一个象征空间。在象征空间中，所有的一切实在之物都被再现为符号。主体从此以后遭遇到的都是符号呈现出来的客体，而不是客体本身。对此，拉康一针见血地指出："象征首先就体现为对（它指代的）物体的扼杀，而物体的死亡构成了主体中欲望的永久化。"②所谓欲望的永久化，就是欲望永不可能得到真正实现和满足的意思，欲望将永远作为不能满足的欲望而存在。

从拉康的个人经历来看，他最初是通过科耶夫对黑格尔的解读来进入经典哲学的领域的。虽然在随后的日子里，科耶夫的名声远不及拉康，但在某种程度上，科耶夫确实为拉康完成了哲学的启蒙教育。总而言之，对拉康产生过很大影响的科耶夫认为，人的欲望是获得他者的认可。设若此，那么主奴关系的辩证法就是不可避免的了。为了获得认可，主体必须将自己的观点加到他人的头上。然而，因为别人也希望得到认可，他也会做同样的事情，主体就会被卷入一场与他者的争斗之中。这场为了"纯粹的声誉"③而来的战斗，是你死我活的，因为他只有冒着生命危险去证明自己是一个真正的人，然后才能获得认可。

相对于以上探讨的科耶夫的观点来看，拉康似乎并没有走那么远。针对主奴关系，拉康曾经雄辩地论述道：

> 区分人类社会和动物社会的——这个术语吓不倒我——是后者不能建构在客观化的纽带的基础之上。主体间性的维度必须进入其

---

① Jacques Lacan, *Ecrits*, trans. Bruce Fink, New York: W. W. Norton & Company, 2006, p. 262.
② Jacques Lacan, *Ecrits*, trans. Bruce Fink, New York: W. W. Norton & Company, 2006, p. 262.
③ Alexandre Kojève, *Introduction to the Reading of Hegel*, trans. James H. Nichols, Jr., New York: Basic Books, 1969, p. 7.

间。因此，主奴关系并不涉及人对人的驯养。那是不够的。①

在此，虽然"动物社会（animal society）"这一表述具有某种很强的含混性②，但为了让本书的研究能够顺利进行下去，逻辑上不至于出问题，我们先姑且认为，社会即是由个体与个体所形成的众多关系的总和——此处之个体，既指代人，也指代群居在一起生活的动物。那么，从上面那一小段引文中，便可读出拉康的如下几层意思：其一，动物世界的欲望是赤裸裸的物质的欲望，是针对具体某物的欲望，而人类社会的欲望则要复杂得多。其二，在人类社会中，主体与主体之间的关系，就是社会关系总和的结果。这意味着主体间性必然会被引入精神分析学的视野之中。其三，人之欲望的目标如果是获得他人的认可，那么，这个"他人"与主体之间应该是一种什么样的关系？黑格尔关于主奴关系的著名论述，在此就会引发一个问题：既然主体（主人）与客体（奴隶）之间并不对等，那么主体又如何能从客体那里得到完美的自我认同呢？

正是在这个节点上，我们可以再次从科耶夫那里得到某种意味深长的启发：

> 只有在这样的范围内，指向一个自然客体的欲望才会成为人的欲望：它被另一个人的指向同一客体的欲望所"调停"。只有别人的欲望才能构成主体的欲望，因为他们都欲望着它。③

不过，不知科耶夫自己是否意识到没有，此处他无意间为自己设置了一个疑问：如果每一个主体都以其他主体的欲望为欲望，亦即每一个主体都把得到其他主体之认可作为欲望的客体，那么，在这场欲望的交换活动中，欲望的源头在哪里？对此，拉康的解决方案是，将欲望的源头追溯到体现为社会、历史、文化、法律、哲学、道德、宗教等等的大他者那里，在这个视野

---

① Jacques Lacan, *The Seminar of Jacques Lacan: Freud's Papers on Technique 1953-1954, Book I*, trans. John Forrester, New York: W. W. Norton & Company, 1991, p. 223.

② 譬如说，如果动物也有社会的话，那么这个社会是如何定义的？更为关键的是，动物社会在哪些层面上与人类社会存在着相似之处或完全不同的地方？是什么驱使着动物构建一个属于它们自己的社会，其背后的经济动因和文化动因是什么？

③ Alexandre Kojève, *Introduction to the Reading of Hegel*, trans. James H. Nichols, Jr., New York: Basic Books, 1969, p. 6.

下，主体主要是根据大他者对每一个个体的期待来建构自己的欲望。对此，本书将在以下的篇幅中进一步论述，此处暂且不赘。

三、欲望的问题："你想要什么？"

根据从科耶夫那里得到的思路，拉康得出了他最重要的结论之一："人的首要目的是得到他者的承认。"① 但与科耶夫的理论指向不同，拉康借此是要回答精神分析学中最关键、最要害、最重要的一个问题：无意识到底是什么？同时，伴随着拉康对这个关于无意识的问题的思考，他也开始了对弗洛伊德所认为的无意识的目标就是性和性行为这么一个基本立论的纠偏。

拉康的这个判断推演开来，便得到了我们在其著作中随处可见的一个著名论点："无意识就是大他者的话语。"② 这个论断如此之重要，以至于我们说它构成了拉康理论的基本出发点，亦不算夸张。但有一点必须要强调的是，拉康此论，仅仅是他为自己的精神分析学研究的逻辑和立场预设的一个理论前提，就其在认识论中的地位而言，它与弗洛伊德所说无意识的驱动力就是性的力比多（libido）并无二致——它们都是一种假设的理论基点。虽然它们在特定的情势下都可为自己找寻到大量的实证支撑，但它们皆未得到过类似于1+1=2那么清晰的证明。

如果把主体之内在精神空间设想成一个有着特定形状、大小，插满了各种鲜花的花篮，那么，制作这个花篮的背后动因是什么？我们怎么知道要选择何种形态的篮子，并在里面插入何种类型的鲜花？在哲学层面上，也许首先就会想到柏拉图用以阐释"理念"的那三张桌子：作为理念的桌子，因摹仿理念而存在的可感的桌子，以及因摹仿可感的桌子而存在的画家所描绘的桌子。柏拉图大概会这样回答：是先验的理念将花篮这个概念塞进了主体的大脑之中。但如此之答案显然不会被精神分析学所接受。拉康认为："das Ding 是一个哑巴式的现实（dumb reality），即发出命令和做出规定的现实。"③ 哑巴这一隐喻，表明 das Ding 虽嘴上不说，但心中明亮。蛰伏于实在界深处的 das Ding 就像电脑程序，设定、规范、引导了主体对外在世界的感知方式

---

① Jacques Lacan, *Ecrits*, trans. Bruce Fink, New York: W. W. Norton & Company, 2006, p. 222.
② Jacques Lacan, *Ecrits*, trans. Bruce Fink, New York: W. W. Norton & Company, 2006, p. 689.
③ Jacques Lacan: *The Ethics of Psychoanalysis 1959-1960, The Seminar of Jacques Lacan, Book VII*, trans. Dennis Porter, New York: W. W. Norton & Company , 1997, p. 55.

和认识结果。因此，在精神分析学看来，正是 das Ding 促成了那个被我们假定为主体内在精神的花篮的形成。

根据拉康的看法，无意识的深处埋藏着那创伤性的内核 das Ding，它的内在驱力来自主体对他者之认可的一种渴望。如此一来，他者作为一个链接枢纽，将无意识和欲望关联在了一起——他者的话语构成了主体的无意识，他者的欲望构成了主体的欲望，"人的欲望就是他者的欲望"①，或者更精准地说，主体之欲望是为了让自己成为他者欲望的对象或客体，这就像中国文化中所说的"女为悦己者容"，女人打扮和修饰自己的目的就是要取悦那个她希望对方喜欢自己的男人。或用精神分析学的专业表述来说，这个女人让自己成了她喜欢的男人的欲望的客体。

欲望是一个悖论般的存在，一方面，欲望之所以永不可能真正实现，是因为欲望的中心是那逃避符号化的 das Ding，而不可符号化的 das Ding 是符号阉割后制造的创伤；另一方面，主体又不断地从他者的欲望那里获得素材，并以此为基础为自己建构起无穷无尽、永不满足的欲望。齐泽克说："欲望的原始问题不是直接的'我想要什么？'，而是'他者想从我身上得到什么？'"②如若主体把自己交给欲望去支配，那欲望就会驱使着他去追求无穷无尽的名与利。故而拉康呼吁，不要对欲望让步。齐泽克解释道，"'不要对你的欲望让步'的意思只能是'不要容忍 das Ding（对象 a）的任何替代物'"③，那些常常令人们趋之若鹜的东西实际上并非欲望的真正能指，它们只是他者赋予主体的。就如我们在前面论述的那样，女人"容"这一欲望的动因乃是由作为他者的"悦己者"提供的。欲望本身的对象不是任何实证性的客体，而是他者的欲望。欲望就是试图通过满足他者、取悦他者，来获得他者对自身的认同和褒扬。

但他者又从何而来？拉康说："他者的问题来自'*Chè vuoi?*'，即'你想要什么？'"④ Chè vuoi 为意大利语，译成英语即 What do you want，汉语"你想要什么"。这个意大利语词组最先出自拉康的《欲望与〈哈姆雷特〉中欲望的阐释》("Desire and the Interpretation of Desire in *Hamlet*")一文中，后来齐

---

① Jacques Lacan, *Ecrits*, trans. Bruce Fink, New York: W. W. Norton & Company, 2006, p. 690.
② Slavoj Žižek, *How to Read Lacan*, London: Granta Books, 2006, p. 49.
③ Slavoj Žižek, *The Indivisible Remainder*, London: Verso, 2007, p. 95.
④ Jacques Lacan, *Ecrits*, trans. Bruce Fink, New York: W. W. Norton & Company, 2006, p. 690.

泽克在其代表作《意识形态的崇高客体》(*The Sublime Object of Ideology*) 中将其用作一个章节的标题，并展开阐释和论述。在齐泽克看来，"*Chè vuoi？*"这个问题来自对意义的回溯性固定，来自符号性认同和想象性认同之间的缺口。总之，他者这个"你想要什么？"的问题，完美地将主体导向他自己的欲望。不幸的是，这个问题没有答案。通过他者，主体之欲望试图对实在界做出应答。

总之，拉康将欲望从生物学和生理学的海洋中打捞出来，从纷纭庞杂的物质世界中萃取出来，并赋予了欲望某种纯粹精神的特质，使其成为精神分析学的核心概念之一。在精神分析学的视域中，欲望不再指向任何具体的物质，而是体现于对某种意义的追寻之中，而意义又与象征领域中的社会、历史、文化息息相关。正是在此层面上，das Ding、欲望与文学艺术之间产生了密切的关联。

第三节　马克思与拉康论人的本质：文学生产

在精神分析学的视域中，文学艺术的起点是 das Ding。反过来看，文学就是主体自己内在精神的隐秘空间中的创伤性内核的外在投射。无论从何种视角——精神分析学或马克思主义，以及其他各种相关的理论思潮——切入对文学艺术的观照、审视和研究，有一条是确定无疑的：人是文学艺术生产中不可或缺的一环。这意味着，厘清欲望中的主体之内在结构，乃是构建相关研究题旨的举足轻重的理论实践。

一、劳动、das Ding 与文学

之所以有必要对拉康的欲望范畴进行不断的追索和研究，那是因为，拉康很认真地宣称："正如斯宾诺莎所说，欲望是人的本质。"[①] 将欲望与人的本质关联起来，最初是由斯宾诺莎（Baruch de Spinoza）提出的，拉康借鉴了他的这一立场。在这个基本的预设中，驱使主体行动的是实在界深处的 das Ding。因此，所谓欲望是人的本质，体现了拉康的一个基础性的认知前提：人的本质不是——或者不直接是——由外在的架构来决定的。以欲望为桥梁，

---

① Jacques Lacan, *The Four Fundamental Concepts of Psychoanalysis: The Seminar of Jacques Lacan, Book XI*, trans. Alan Sheridan, New York: W. W. Norton & Company, 1998, p. 275.

人之本质的源头被导向了 das Ding。即是说，至少在最初的层面上，主体主要是由他内在的 das Ding 来决定的。拉康的这一关于人的立场与马克思主义的相关论述在认知架构上颇有不同：就人的本质而言，前者主要从内去追索，而后者则着重从外去界定。

马克思关于人的本质的理论是马克思主义人学思想的核心，他关于人的本质在不同时期有不同的论述。在不同的阶段，马克思对于人的本质提出过三个基本的命题：

命题一：人的本质是劳动；

命题二：人是社会关系的总和；

命题三：人的本质是由他的需求决定的。

那么，马克思关于人的本质的论述，对于拉康的精神分析文论来说，具有什么样的意义呢？本小节着重论述马克思的劳动范畴与拉康理论的关联。

关于人的本质是劳动，这一判断是从人与动物相区别的视角得出的。在《1844年经济学哲学手稿》中，在对工人的异化劳动进行充分的分析和阐释的基础之上，通过揭示资本主义社会中人的存在困境，马克思提出，真正的人的生活应该以实践和劳动为前提，因为这是人的类本质："一个种的整体特性、种的类特性就在于生命活动的性质，而自由的有意识的活动恰恰就是人的类特性。"[1] 此处引文中的"有意识的活动"指的就是劳动，"整个所谓世界历史不外是通过人的劳动而诞生的过程"[2]。实践活动是人和动物的最本质的区别，也是产生和决定人的其他所有特性的根据。而马克思所谓的人的类本质，是指人类作为一个整体所具有的本质特征以及它与动物的根本区别。人类在自己的劳动中表现出了自由自觉性、主动创造性和自我意识性。如是观之，马克思的这一论断，明确地将人的本质归于劳动。

人的本质是劳动，意味着社会实践活动充斥并决定着人的生活的方方面面。通过在自然与文化之间搭起一座桥梁，劳动直接介入了文化的构建和展开。由此，至少有两点启迪是值得我们关注和展开讨论的。

从表层结构上看，根据马克思主义的劳动观，最初的文学和艺术乃是缘

---

[1] [德]马克思：《1844年经济学哲学手稿》，中共中央马克思恩格斯列宁斯大林著作编译局译，北京：人民出版社，2000年，第57页。

[2] [德]马克思：《1844年经济学哲学手稿》，中共中央马克思恩格斯列宁斯大林著作编译局译，北京：人民出版社，2000年，第92页。

起于人的生产劳动。人类的早期艺术是建构在劳动经验之上的生活体验和认知想象的结果，譬如我们在原始洞穴中发现的远古壁画、为了呈现劳动生活之美的原始舞蹈、反映和协调劳动过程的原始诗歌、以幻想的形式表现出来的征服自然并争取丰收的神话，等等。马克思认为，因受生产发展水平的制约，原始人的文学艺术多为诗歌、音乐、舞蹈三者结成一体，并以劳动的节奏为共同纽带。根据精神分析学的逻辑，文学艺术应该源自主体内在深处的实在界。这一观点与经典马克思主义的文艺观是有区别的，在后者看来，文学来源于生活，又高于生活，由此反映了客观现实。如是观之，至少在这个点上，精神分析学与马克思主义之间是有着不同的思路的。就此而言，马克思主义劳动理论之下的文学艺术的起源观，与拉康精神分析学所认为的文学艺术源自主体内在精神空间的 das Ding 这一洞见，在方法论和认识论上，似乎有着截然不同的路径和指涉。

从内在逻辑看，在拉康的视野中，不可符号化的 das Ding 构成了文学的起点，这是精神分析疆域中的一个基本的认知常识。那么，当面对这个以符号的方式进入意识的创伤性内核之时，文学又是如何让自己成为可能的呢？位于实在界的 das Ding 与位于象征界的文学之间，单纯从逻辑上来看，是不可互通的。拉康视域中的实在界是一片混沌，没有秩序、没有缘由、没有时间，它与弗洛伊德框架中的无意识有诸多相似之处。弗洛伊德对无意识的一个著名判断就是，无意识是没有时间维度的，亦即无意识乃主体与生俱来的某个东西（想想 das Ding 的直译，不就是"东西"的意思吗？），它不会、也不必对历时线索做出任何反应。然而，如若我们在此点上深入下去，就会窥见在马克思与拉康的这一理论环节上，两者实则具有某种可供融汇的线索。根据马克思主义，在哲学和艺术的层面上，人在劳动实践中为自己搭建起了一个艺术殿堂，并由此建构起了一个拉康视域中的象征界，亦即大他者。虽然在劳动的过程中，会出现人的分层，人会被分为三六九等，但归根结底，在拉康一派的精神分析学看来，无论主体身处哪个层面，他都逃脱不了象征秩序的规约和限制。而象征界则是由符号组成的，在现实中，它体现为我们日常所经验的社会、历史、文化、政治、道德、法律、宗教，等等。而这个象征空间，正是马克思主义视野中的在劳动的基础之上构建起来的文学艺术殿堂。而正是在此点的底层逻辑上，马克思研究的劳动、拉康提出的 das Ding 和文学艺术之间被暗中关联在了一起。

二、社会关系的总和与精神分析文论

马克思关于人的本质的第二个命题是:人的本质是一切社会关系的总和。这一洞见是从人与人关系的视角做出的界定。这个命题,是马克思在《关于费尔巴哈的提纲》(1845年)中提出的:"人的本质不是单个人所固有的抽象物,在其现实性上,它是一切社会关系的总和。"① 这一论断乃是针对费尔巴哈对人的本质的片面理解而做出的,它在对费尔巴哈相关论点进行了必要的批判的同时,又从根本上超越了费尔巴哈。在马克思看来,人类社会存在着自然和社会这两种不同的关系,社会关系的总和决定了人的本质。在所有社会关系中,最重要的毫无疑问是生产关系,它规划、制约并决定了除它之外的其他一切社会关系。在生产关系的基础上,政治、历史、文化、法律、道德、宗教、行业等复杂的社会交往得以在人与人之间展开,由此人的本质得以呈现。

如果将马克思的这个论断放到20世纪后半叶的文化批评理论的大框架下加以审视,可以看到,人显然受到了外在于他的、体现为象征秩序的社会关系方方面面的规约性影响。这一认知向度,是马克思主义认识论的符合逻辑的必然延伸。人成了他身处其间的社会关系的总和:这意味着人成了大他者的规训对象。

在此,被选入中国中学语文课本的俄国作家安东·巴甫洛维奇·契诃夫创作的著名短篇小说《装在套子里的人》是一个很好的论证案例。

在小说《装在套子里的人》中,通过一个小城的中学古希腊文教员别里科夫的故事,契诃夫成功地塑造了一个性格孤僻、胆小怕事、恐惧变革、想做一个纯粹的现行制度的"守法良民"别里科夫。在通常的解读中,别里科夫被当成了害怕新事物、维护旧事物、反对变革、阻碍社会发展的人的代名词。但若从马克思主义和精神分析学相关理论视角出发,会得到若干新的认知。

首先,从马克思主义视角出发,谨小慎微的别里科夫显然是构成了他的生存语境的各种社会关系的一个必然的社会产物。在这个"套子"之中,个体的人的存在是微不足道的。作为小说的主人公,他却是一个面孔模糊的人。契诃夫详细地描绘了他的衣着、物件,比如他的套鞋、雨伞、眼镜、帽子以及房间的摆设,却恰恰没有对别里科夫进行面部描写——这绝非契诃夫的疏

---

① 《马克思恩格斯选集》(第1卷),北京:人民出版社,2012年,第135页。

忽大意，而是有意为之。这也恰恰符合马克思主义的相关理论的基本原则：在以资本主义生产关系为核心构建而成的社会关系之中，作为单个的人，是通过与个人相对立的异己的物的形式表现出来的。据此，马克思指出："物的关系对个人的统治、偶然性对个性的压抑，已具有最尖锐最普遍的形式。"① 即是说，独具个性的、鲜活的、存在于现实生活之中的人的独立性被物所遮蔽和剥夺，所谓个人，不过就是资本操控的工具而已。如是观之，别里科夫是否具有一张清晰的脸，无论是从哲学上、还是从文学上，都无关紧要。

其次，从拉康的精神分析学视角对这个题旨加以审视，所谓"套子"，某种程度上，实则便是对笼罩和统治了当时俄国社会的符号象征秩序的隐喻，而别里科夫只不过就是那些被象征系统牢牢控制的人——亦即"装在套子里的人"——的典型代表而已。哪怕在天气很好时，他也总要穿上套鞋，带着雨伞，而且一定穿上暖和的棉大衣；他把自己的脸也藏在竖起的衣领里；他戴墨镜，穿羊毛衫，用棉花堵住耳朵眼；他坐马车一定吩咐车夫支起车篷。总之，他总想把自己包在壳里，给自己做一个所谓的套子，使他可以与世隔绝，不受外界的影响。别里科夫是一个被套子套住了手脚和思想的可怜虫，是一个尖酸刻薄、神经衰弱、精神极度紧张警觉的人的形象。

那么，一个装在套子里的人——一个受制于象征界的人——受其欲望的驱动，是如何将内在精神空间和外在客观世界关联起来的呢？拉康的结论是语言。拉康认为："欲望位于与主体的关系之中，而主体是在通过能指而言说的基础之上被定义的。"② 这意味着，欲望与主体，就是毛与皮的关系，皮之不存，毛将焉附？在精神分析学看来，主体是在对欲望的言说中被呈现出来的，至于这个欲望是否可能实现，那是另一个话题。而在海德格尔那里，他在《存在与时间》中说："任何'主体'观念——设若事先未经存在论基本规定加以净化——在存在论上都依然共同设置了 subjectum 这个假定。"③ 由此他拒斥将主体性建构在任何人为的譬如理性、精神和知识等人类经验的基础上，而要追问主体最本质的存在（to be）。他认为主体性不是天生的而是历史的产物；

---

① 《马克思恩格斯全集》（第3卷），北京：人民出版社，1960年，第515页。
② Jacques Lacan, *Ecrits*, trans. Bruce Fink, New York: W. W. Norton & Company, 2006, p. 681.
③ [德]海德格尔：《存在与时间》，陈嘉映、王庆节译，北京：生活·读书·新知三联书店，2000年，第54页。关于 subjectum，中译本译注：这个希腊词是西方哲学中最重要的概念之一，包括基质、实体、主体、主词等含义。

主体不是外在于世界，而是和世界同一的在世之在（being-in-the-world）。在此认知平台上，拉康致力于对弗洛伊德之精神分析学做语言学的改造，并赋予了这一门学科以旺盛的生命力。故而，当拉康说"言说是语言的礼物，语言不是非物质的。尽管微妙，但它还是一个实体"①之时，我们便看到了他对语言的强调。他旨在挑战语言乃为交际而存在这一观点，认为语言是先在的，人一出生便被投入已先在于他的语言网络之中。因此主体被外在的异己性抽空，主体只不过是先在于他的、独立于任何主体的语言系统的一个能指而已，这个系统同时也为其他主体所利用。顺此逻辑，精神分析学之欲望也是被铭刻在语言结构之中，同时又是通过语言被呈现出来的。当这个欲望通过语言被投射到文本之中，文学艺术便得以产生。

拉康视野中的欲望来自大他者，亦即体现为象征秩序的马克思主义框架中的社会关系。虽然拉康的精神分析学对于在很大程度上构成了文学艺术之基本逻辑的资本主义社会关系的分析、阐释和研究远远无法达到马克思主义的高度和深度，但在此点上，拉康与马克思的差异性不仅没有乍看起来那么大，而且在一定程度上，两者之间还存在着互补的关系。致力于揭示和阐释深藏于实在界之中的 das Ding 的拉康的贡献在于，他将自己的研究触角从 das Ding 和欲望扩张到了语言的疆域，这样的视野对于激发精神分析文论的理论活力有着积极的意义。

三、人的需要及其对实在界的回应

在《德意志意识形态》中，马克思说：

> 在任何情况下，个人总是"从自己出发的"，但由于从他们彼此不需要发生任何联系这个意义上来说他们不是唯一的，由于他们的需要即他们的本性，以及他们求得满足的方式，把他们联系起来（两性关系、交换、分工），所以他们必然要发生相互关系。②

由此，马克思提出了关于人的本质的第三个命题：人的本质就是人的需要，"他们的需要即他们的本性"。这一论断是从人自身发展的角度来界定的。

---

① Jacques Lacan, *Ecrits*, trans. Bruce Fink, New York: W. W. Norton & Company, 2006, p. 248.
② 《马克思恩格斯全集》（第3卷），北京：人民出版社，1960年，第514页。

在大机器时代，工人除了知道自己的劳动能换取自己以及家人的基本的、必要的生活保障之外，他对这项劳动的结果最终会被用到什么地方、到底具有什么样的社会意义等等并不知晓。因此，马克思所揭示的那种构成了人的本质的、具有创造性的、因而也会给人带来愉悦的劳动就被这种异化劳动所遮蔽，人的本质的需求遭到异化劳动的扼杀。职是之故，在异化劳动中的"劳动对工人来说是外在的东西，也就是说，不属于他的本质；因此，他在自己的劳动中不是肯定自己，而是否定自己"[①]，这样的劳动当然就是与人的本质背道而驰的。异化之下，人的一切实践活动和一切社会关系都遭到了质疑甚至否定。在此意义上，马克思的人的需要构成了人的本质这一深刻洞见，既涵盖了他的前两个命题的内容，也揭示了它们的原因。

人的本质是他的需要决定的，但他是否总是知道自己需要什么、为什么需要呢？在拉康和弗洛伊德看来，人的精神空间被分为两个部分：意识与无意识。借助于符号，人只能体会、感悟和把控自己的意识部分，而对无意识来说，则是以"未知的已知"的形式介入人的精神世界的。根据马克思的观点，在资本主义社会中，人的需要被异化劳动所异化。因为有所需要，人就产生了欲望。那么，异化的欲望背后的动因是什么？马克思主义论述的人的需要，指向的是非异化的劳动；而拉康精神分析学的人的需要，在欲望的推动下，则具有更为复杂和晦涩的意味。这种观念上的差异，体现到文学艺术理论上，会产生相当不同的认知。

在拉康一派的精神分析学看来，"从我们进入符号象征秩序那一刻开始，前符号的实在界之直接性就永远消失了，欲望的真正对象就再也不可能通达"[②]。对于拉康的理论预设来说，欲望的真正对象很显然便是das Ding。一旦主体从实在界进入象征界，那么他与自己的das Ding的那种直接的可通达性就消失了，因为从此在他与das Ding之间就隔着一层了。这个隔层不仅挡住了他回归自己的原初位置去找寻das Ding，更关键的是，他甚至根本就无法在符号的层面上意识到das Ding的存在。换言之，一旦进入象征界，主体就再也不能为自己的欲望找到其能指了——其结果便是只知有欲望，而不知为何会有这个欲望。或曰，我知道我需要点什么，却不知我为何有这个需要。

[①] [德]马克思：《1844年经济学哲学手稿》，中共中央马克思恩格斯列宁斯大林著作编译局译，北京：人民出版社，2000年，第54页。

[②] Slavoj Žižek, *The Indivisible Remainder*, London: Verso, 2007, p. 95.

这样的认识论架构，投射到文学艺术之中，那就是欲望的多元性、复杂性、晦暗性、个人性、差异性。

以《追忆逝水年华》（*A La Recherche Du Temps Perdu*）为例。作者马塞尔·普鲁斯特（Marcel Proust）模糊了故事的叙述，也不重视时空之中的情节线索和人物形象刻画。作为一部自传体回忆录小说，《追忆逝水年华》并没有如传统回忆录那样对往事进行有条理的整理和分析，而是通过叙事者对自己缓慢成长过程的追忆，渐渐地将周遭的人与物纳入自己的意识。对普鲁斯特来说，事情发生的先后没有意义，现实从回忆中形成，通过回忆，既认识到现实世界，也认识到自我的存在。在这样的一个心路历程中，欲望如一幅恢宏的画卷，徐徐展开。

根据经典马克思主义的文艺观，文学艺术是对活生生的客观现实的反映；而从拉康的视角出发，支撑起文学现实的是欲望，而精神分析学的现实是心理现实，"是符号性地结构起来的再现领域，是实在界符号性'提升'的结果"[①]。而所谓实在界的符号性"提升"，即是对那不可言说的 das Ding 的言说，这种言说是注定会失败的。那么，对普鲁斯特来说，欲望的动因是什么？欲望之上的心理现实又具有什么样的意义？这是一个他自己也无法准确把控的要点，也是一个研究者众说纷纭的话题。对普鲁斯特来说，文学作品绝不是对现实社会的简单的机械反映，而是一种艺术建构。这样的立场投射到《追忆逝水年华》之中，我们就看到了这样的一个世界：一方面，作品深刻涉入作者所处的波澜壮阔的法国社会各阶层的日常生活之中；另一方面，在浮光掠影之上，普鲁斯特强调和追寻的却是内在的精神空间。对他来说，社会现实不过就是幻象世界的剩余。如此一来，在对逝水年华的追忆之中，普鲁斯特在或光怪陆离、或繁花似锦、或灰暗不明的现实社会的基础上，构建起一个心理现实，而驱动了这一切的欲望的根本动因却始终在阴晦抽象的实在界中闪烁不明。

概言之，精神分析学与马克思主义关于人的本质的一系列基本论证，与它们各自持有的主体观乃是一张纸的两面，不可分割，这是它们在各自的理

---

① Slavoj Žižek ed., *Everything You Always Wanted to Know About Lacan (But Were Afraid to Ask Hitchcock)*, London: Verso, 2010, p. 239.

论场域中的必然前提和结果。在马克思主义看来，具有主观能动性的人是文学生产的决定性要素；而精神分析学则认为，"任何一种指意化网络都是围绕着这种'核心的不可能性'结构起来的"①，在拉康的视野下，人如果说有什么需要的话，那么这种需要的根源便深藏在永远不可符号化的实在界之中，其动因就是那种貌似无中生有的欲望——乍看起来，其因缘不可描述，但借助拉康理论的观照，我们知道，无论喜欢不喜欢，它就在那里，悄悄地发挥着作用。

总之，马克思主义关于人的本质的三个命题，和拉康认为欲望是人的本质的观念构成了一个完整的逻辑线条的前后两段，它们既各有侧重、有所区别，又在略有重叠的基础上，从不同的角度出发，加深了我们对文学的理解和把握。

---

① Slavoj Žižek, *Looking Awry: An Introduction to Jacques Lacan through Popular Culture*, Massachusetts: The MIT Press, 1991, p. 143.

第 二 章
精神分析学之文学艺术的意义机制

著名物理学家霍金（S. W. Hawking）曾经以一缸金鱼为例，尝试从科学的视角思考这样一个问题：这个世界的意义是如何呈现给我们的？霍金承认，"按照传统，这是些哲学要回答的问题"①，但当今科学的迅猛发展使得传统哲学已经无法有效跟上，霍金由此判断"哲学已死"②。霍金假定存在一个鱼缸，金鱼透过弧形的鱼缸玻璃观察外面的世界，如果给予其足够时间去进化，金鱼中的物理学家便可发展出一门所谓"金鱼物理学"。如此之学问是否正确，取决于"正确"的标准是什么。如果我们认为金鱼看到的世界是扭曲的、不真实的，霍金质问："我们何以得知我们拥有真正的没被歪曲的实在图像？"③人类的物理学以地球为基点，焉知地球不是处于一个更大的鱼缸之中呢？意义之获取取决于观照的位置、立场和方法，很大程度上是一个主观的结果。

如是观之，"意义"一物，并不仅仅是闭门造车、无病呻吟的产物，而是具有某种普遍的认知逻辑和学理架构。在此，就世界如何向我们呈报自身这个题旨而言，霍金的思路具有很强的代表性和启发性。从他的认知视角出发，和科学类似，文学艺术很显然也提供了一个意义的机制，这是一个建构在种种要素之上的复杂体系。在特定层面——譬如本书研究的精神分析文论之马克思主义维度——之上，厘清围绕意义的生成机制的一些预设前提、论证程序和逻辑结果，是我们能够得出一个较为深刻和全面的结论的基本前提和逻辑保障。

---

① ［英］斯蒂芬·霍金：《大设计》，吴忠超译，长沙：湖南科学技术出版社，2011年，第3页。
② ［英］斯蒂芬·霍金：《大设计》，吴忠超译，长沙：湖南科学技术出版社，2011年，第3页。
③ ［英］斯蒂芬·霍金：《大设计》，吴忠超译，长沙：湖南科学技术出版社，2011年，第31页。

第一节 拉康意义观在客体维度上的演进

根据拉康的理论逻辑，文学艺术缘起于主体内在的 das Ding。这意味着，主体如何处置与自身内在创伤的关系，以及这种关系的外在投射，在某种程度上制约与规定了意义的生成方式和结果。在这个题域中，齐泽克对早期、中期和晚期的拉康在对待主体性和主体间性的不同立场的区分，将有助于我们对精神分析学之意义观进行必要的甄别和阐述。

一、早期拉康

在理论上经常保持着敏锐力的齐泽克提醒我们关注拉康在早、中、晚三个不同时期的区别。在这三个不同的阶段，伴随着拉康的主体/客体思想的演进，意义这个题旨有着相当不同的理论旨趣。

齐泽克颇为贴心地建议："也许辨识这些转变的最容易的方式就是考察客体地位的变化。"[①] 客体被齐泽克所强调，是因为它提供了一条可供我们考察不同时期的拉康的路径。那么，为何本书会将客体专门提出来作为一种介入拉康意义观之研究路径的方案？正如我们已经知道的那样，精神分析学的欲望只是指向他者的欲望，而不指向任何具体之物。那么对于欲望客体之追寻，某种程度上就是对意义的追寻。在意义的凝固过程中，客体显然扮演了一个极为重要的角色，因为客体既可作为主体自我存在意义的比对坐标——就像黑格尔的主奴关系中希望从奴隶那里获得自我确证的主人——也可通过主体对客体的观照，从主体的视角将意义赋予客体。

齐泽克认为，早期拉康持有"黑格尔-科耶夫主题，即欲望的认可与为了认可而产生的欲望之间辩证关系的斗争"[②]。在黑格尔-科耶夫的认知框架下，主体欲望指向的就是他者的认可。

这就像一个人在社会之中，无论他的爱人和挚友如何褒扬他，他都不会感到真正的、完全的满足。原因无他，因为对他来说，爱人和挚友只不过是小他者（the other）——在拉康一派的理论体系中，所谓小他者，意指我们身边具体的单个个体——获得小他者的认可也许会让主体得到短暂的快乐，但

[①] Slavoj Žižek, *The Plague of Fantasies*, London: Verso, 2008, p. 8.
[②] Slavoj Žižek, *The Plague of Fantasies*, London: Verso, 2008, p. 8.

归根结底，只有当他让自己成为大他者欲望的客体之时，他才有可能得到满足。然而，如此的论述很容易造成这样一个误解：似乎主体努把力，再加上机缘恰合，他的欲望就能满足。如要对此有一个真正的理解，就不得不引入拉康的另一个理论节点——菲勒斯（phallus），这在理论上与早期拉康的欲望/客体理论呈现出互为支撑的关系。根据拉康的理论，前符号时期的孩子试图与母亲的欲望达成认同，希望成为母亲欲望的唯一对象和客体，换言之，他希望成为母亲唯一所爱。但对母亲来说，无论她怎么爱自己的孩子，孩子都不是她的欲望的全部对象，因为在她身边，还会有她的丈夫、长辈、亲友等。而父亲的出现，就在于他把符号的禁忌引入了孩子的世界。符号阉割则将孩子从试图成为母亲的菲勒斯的重担下解脱了出来，从此以后，孩子便进入了象征世界，在那里他终身的目标便是与代表了社会法则和象征秩序的父亲符号进行认同，从此以后，他的意义世界是由大他者来确定的。在此，必须立即指出的是，这个父亲并非指实证意义上的生理父亲，而是象征的父亲，所以拉康又用父亲之名（name of the father）来指称他，因为"从根本上说，父亲的真正功能在于使欲望与法则结合起来（而不是使它们对立起来）"①。

关于早期拉康视野中的客体，齐泽克归纳道："客体被简约为自身毫无意义的标志，因为只有当自身的欲望和大他者的欲望相交时，它才有意义。"②此处，不妨以那个被简称为"民科"的民间科学爱好者群体为例。民科主要是指那些游离于科学研究正规体制之外且又热衷于科学研究的人员，也指那些虽然在科研体系之中，却从事一些并未列入科研计划的个人兴趣研究课题的人。由于民科人士或者没有受过高等教育，而是通过自学进行特定领域的研究；或者受过高等教育，但研究方向却并不在他所学的专业领域，因此即使他们的个别研究也许在特定要点上有所建树，却往往得不到体制内专家的认可。此处，体制内专家无疑代表了大他者。对民科来说，其研究客体如果不能经过大他者之欲望的金手指确认一下，这个客体就不会被赋予意义。这意味着，与其说意义一物来自主体之认知行为和实践能力，毋宁说是来自大他者的确认。这是一个相当有趣的观点：对主体而言，他并不具有赋予客体以任何意义的能力，客体是否有意义绝不仅仅取决于主体的意识是否覆盖到

---

① Jacques Lacan, *Ecrits*, trans. Bruce Fink, New York: W. W. Norton & Company, 2006, p. 698.
② Slavoj Žižek, *The Plague of Fantasies*, London: Verso, 2008, p. 10.

客体；但同时，它也绝不是如唯物主义者所认为的那样，意义完全是由外在于主体的客观世界来给定的。

在此层面上，诚如齐泽克所言，客体只是一个标示，它本身毫无意义。对此可以借用青藏高原上的圣山来理解这个题旨。遍布青藏高原的那些高耸入云的雪山，它们本身只不过就是地壳的某种自然活动的产物，有没有人类的存在，它们都在那里，绝不会因哪个人、哪个民族的出现而自然而然地改变自身。但藏人根据自己独特的文化习俗，将雪山认定为是神的化身，并由此指认了藏区各种各样的圣山的名字。如此一来，主体的欲望便与大他者的欲望交汇在一起，原本与人类无关的高原雪山由此便得到了自己的意义，譬如西藏阿里地区的冈仁波齐山便被认为是世界的中心，它同时被中国西藏雍仲苯教、印度教、藏传佛教，以及古耆那教认定为自己的圣山。

我们知道，宗教是一种标准的大他者的形式。在早期拉康的视野下，当主体的内在欲望与外在的象征秩序亦即大他者的欲望之间出现交集之时，也就是说，当作为客体的纯粹自然的雪山出现在主体欲望与大他者秩序中的宗教、信念的交汇处，意义就产生了。在这个层面上，主体的意义维系在大他者的欲望之上。

二、中期拉康

对于中期的拉康，齐泽克说："中期的拉康将大他者作为匿名的象征结构的'结构主义'主体。"[1] 在结构主义的架构之中，拉康力图瓦解传统的主体概念，用主体与他者的辩证依存关系来颠覆主体的同一性。这个思路，赋予了我们一个审视和考察这一题旨的有利位置，在主客之间的动态平衡中，拉康之意义观得以彰显出来。

拉康的主体观大致经过了以下三个阶段。

第一阶段，拉康在《逻辑时间与预期确定性断言》("Logical Time and the Assertion of Anticipated Certainty"，1945年）一文中，曾论述过三种主体。文中，拉康用了这样一个例子来阐释这个题旨：监狱长给三个囚犯出了一道题——有三白两黑共五个圆盘，其中一个圆盘将放到三个囚犯各自自己看不到但其他二人能看到的地方，然后让他们猜自己头上顶着的是什么颜色的圆

---

[1] Slavoj Žižek, *The Plague of Fantasies*, London: Verso, 2008, p. 8.

盘,最先猜中便可离开监狱。然后,监狱长在三个囚犯头上都放上了白色圆盘。囚犯各自观察一阵,判断自己的圆盘是白色,一起跨出了门,全部获得了自由。他们的理由是:首先,我能看到其他两个同伴是白色。其次,如果我是黑色,其他两人一定会这样推理:如果我也是黑色,另一个立马就能判断出他是白色,然后会立刻出去。如果另外两人没动,那显然就是因为我也是白色。所以三人才会一起出去,因为他们都判断出自己是白色的。这个逻辑比较隐晦,关键是他们的迟疑——如果看到两个黑色,就不会有这种迟疑,因此囚犯们各自从其他两人的迟疑那里得出了自己的答案。这里的关键是迟疑的时间,一个判断上的主观时间被客体化了。这种形式无疑与断言主语的逻辑独创性有关,这里的逻辑主体不过是认知主体的人称形式,只能用"我(I)"来表达。由此,拉康给出了他在那个时期对于三种主体的洞见:首先是那种独立于他者的纯粹语法意义上的"非人"(impersonal)主体;其次是匿名的、只能在与他者的对等物中辨识自我的"未定义的互换"(undefined reciprocal)主体[1];最后是拉康接受并在那一时期的著作中广泛用到的主体范畴,即"个人"主体,"此处的逻辑主体便是个人的形式(personal form),亦即那个只能由'我'来表达之正在知晓的主体"[2]。所谓知晓的主体,某种程度上便是具有认知能力的主体。

第二阶段,从 1953 年起,拉康将主体与自我区分开来。对此,可以借助拉康在 1955 年第 2 期研讨班上提出的图示 L(参见图-1)来理解。

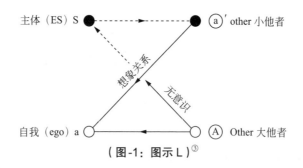

(图-1:图示 L)[3]

图示 L 中,S 即主体,a′ 为小他者,a 是自我,A 是大他者,它们分布于四角,被矢量箭头连接,呈现出了各要素之间错综复杂的结构力学关系,并由此展

---

[1] Jacques Lacan, *Ecrits*, trans. Bruce Fink, New York: W. W. Norton & Company, 2006, p. 170.
[2] Jacques Lacan, *Ecrits*, trans. Bruce Fink, New York: W. W. Norton & Company, 2006, p. 170.
[3] Jacques Lacan, *Ecrits*, trans. Bruce Fink, New York: W. W. Norton & Company, 2006, p. 40.

现了两种认同：S 与 A 的象征性认同，S 与 a′ 的想象性认同。主体 S 总是试图向大他者 A 言说，以便从大他者那里得到认同。但是，因为语言的遮蔽，主体的言说总是不能完全到达象征轴另一端的大他者，这便是从 A 到 S 的轴线有一半是虚线的原因。一旦大他者（象征秩序）通过语言来呈现自身，它就必然会跌入符号象征的能指链条之中，这使得主体与躲在语言之墙背后的大他者被永远分隔开来。而从左上角 S 到左下角 a，要经过右上角的小他者 a′，即走一个"7"字形的折线。a′—a 是想象轴，它表示主体与小他者产生认同，从而建构起了左下角的言说主体的想象性自我。同时，它也表示主体发出的言说通过小他者 a′ 送到了自我 a 那里，故而它们之间以实线相连。通过这个程序，拉康将自我与主体做了清晰的分离。

对于主体而言，从实在界进入象征领域的主体遭到了符号的阉割，形成了永久性的创伤，规范并决定着他的真相（truth）的那些东西永远被压抑掉了，从此主体便成了分裂的主体。由此我们说，在主体身上形成了一种分离，他的精神空间被分别放置于意识与无意识之中——或者用拉康的表述，放置于实在界和象征界。主体关于自身的问题，都被引导到了大他者那里去寻找答案。拉康进而把主体定义为能够被一个能指所再现的另一个能指，这意味着拉康开始将主体看成是语言的产物："这个主体便是那个能指所再现的，后者除了另一个能指，不能再现任何别的东西。"① 主体只能依靠能指呈现自身，而能指指向的只不过是另一个能指，直至无穷。这意味着主体被闭锁在了能指链条之中。

第三阶段，拉康开始认为真正的主体是无意识主体："无意识就是言说对主体之影响的总量，在那个层面上，主体在能指的影响之外构建了他自身。"② 主体在意识层面上对自身的任何认知，都是存疑的。如此主体之决定性本质来自无意识深处的那个永远逃避符号化的东西，亦即 das Ding 或对象 a。在拉康看来，主体之存在有赖于一个主体与他者共享的社会前提，这个前提即是语言关系。职是之故，拉康那个著名的判断"无意识就是他者的话语"在某种程度上实则暗示了这样一个立场：无意识同时也是主体的他者。而这个他者并不仅仅指代主体身边的其他个体，更多指涉的是主体所体验到的语言秩

---

① Jacques Lacan, *Ecrits*, trans. Bruce Fink, New York: W. W. Norton & Company, 2006, p. 708.
② Jacques Lacan, *The Four Fundamental Concepts of Psychoanalysis: The Seminar of Jacques Lacan, Book XI*, trans. Alan Sheridan, New York: W. W. Norton & Company, 1998, p. 126.

序，这个语言秩序既创造了贯通主体的文化，也结构起了主体的无意识。语言成为构建无意识的材料，在此基础上，主体就成为一种符号的建构，而这种象征结构具有一种匿名的、社会的、历史的、文化的性质。

三、晚期拉康

从早期的拉康那里，我们得知主体的欲望就是为了从他人那里获得好评，所以主体便根据大他者的欲望来组织自己的欲望。中期的拉康强调的是结构主义的主体，并由此引入了语言维度。然而，在拉康关于主客关系的流程中却存在一个问题：外在的大他者并不总是亲自将自己的要求告诉主体，那么，主体又何以保证大他者真的会有一个他所认为的对他的期待呢？这就像我们从别人的话中去揣度别人的意思，有可能正确，也有可能错误。正是在此点上，晚期拉康相对于早期拉康给出了一个理论改进和提升。

对于晚期的拉康，齐泽克阐述道："客体正是在那'在主体之中，又溢出主体之外（in the subject more than the subject）'之物，即在我构建的幻象中，大他者因我而着迷，从我这里看到的东西。"[①]对于晚期拉康来说，幻象是一个关键词，在其中，客体不再是"我"的欲望和大他者的欲望之间的中介。这就像恋爱中的女生想从男生那里得到一朵玫瑰，她要的并非玫瑰本身，而是希望以玫瑰这个客体为媒介，让自己成为男生（他者）欲望的对象，亦即欲望的客体。此处的玫瑰并无实用功能，它不过就是爱情的中介。

客体"in the subject more than the subject（在主体之中，又溢出主体之外）"这个表述中，前半部分的 in the subject 喻示了客体的意义是由主体赋予的这么一个立场，客体在主体中，当然便是由主体来决定。这里面的逻辑可以在每天都花大量时间梳妆打扮的女人那里看到。通过以各种手段装扮自己，女人由此为自己建构起了一个幻象，在其中，她设想，她有可能成功地吸引大他者的注意。之所以是大他者，而不是体现为我们身边一个又一个单独个体的小他者，乃是因为女人打扮自己，并非总是为了特定的个人。更多的时候，女人是为了大街上的回头率而"容"——大街上不认识的那些人，实则已经暗中被这个女人当成了大他者的化身。但必须要指出的是，这个吸引了大他者注意，甚至让大他者对她着迷的这个场景，是女人自身建构起来的一个幻

---

① Slavoj Žižek, *The Plague of Fantasies*, London: Verso, 2008, p. 10.

象，即是说，它并不一定是真实存在。由此可见，主体将自己作为一个客体呈现给大他者，力图让自己成为大他者欲望的客体，在此层面上，客体寓于主体之中。

而后半部分的 more than the subject 则又暗示，客体的意义溢出主体，由某种外在的力量所决定。"在主体之中，又溢出主体之外"意味着拉康试图将曾经被他隔断在主体之外的客体重新拉回到主体的操控范围之内，客体的意义既由主体决定，又不由主体决定。只有这样，他才能很好地阐明我们在上面遭遇到的那个疑问——依据大他者欲望而欲望的主体何以确定大他者有那么一个欲望？在晚期的拉康这里，这个问题的答案就是：主体不一定非要确知大他者的欲望是什么，主体可以通过构建幻象的方式去猜测。从主体的角度来看，只要"我"觉得大他者会对"我"有某种期待，"我"的欲望便会因此而形成，从而令"我"尽量去满足这种期待，以便收获"我"心中预期的大他者的赞许。

主体是一种缺乏对称性的存在，这表明，主体的存在并不与主体的意识或外在的客观世界达成一种严格的对应关系。只有当主体和符号现实被实在界分裂之后，这样的主体才能与社会符号秩序"统一"，主体才能认同于社会符号秩序所提供的意义。从广义上说，文学意义与其他的意义从认识论上来看并无太大不同。文本意义的产生绝不是一个线性的、内在的、必然的逻辑进程，意义绝不是从某些最初的内核中自我展示出来的。换言之，就事物内在的机制而言，那里面没有任何先验的意义存在，意义都是在主体对事物投去关注和思考的目光之后才产生的。这样的洞见并不仅仅是在形而上的层面上做出来的，在某种程度上，它还完全可以在量子力学上获得有力的支持。

奥地利著名物理学家、量子力学的创始人之一薛定谔（Erwin Schrödinger）在1935年提出了有关猫的生死叠加的著名思想实验"薛定谔的猫"，可以为我们理解晚期拉康提供一些思路。实验中，他假定在一个暗箱中，有一只猫。打开箱盖前，谁也不知道那只猫是活着还是死了。以薛定谔的看法，猫处于既死又活的状态。由此，"薛定谔的猫"展开了一个全新的认知路径。在量子的世界里，当盒子处于关闭状态，整个系统一直保持不确定性的波态，即猫生死叠加，既生又死。猫到底是死是活必须在盒子打开后，外部观测者观测时，物质以粒子形式表现后才能确定。这意味着，在所谓客观的外在世界，人并不仅仅只是一个被动的观察者，人的意识实际上可以参与到物质世界的活动之中去，意识是可以直接作用于物质并改变它的。

对此，齐泽克如是归纳道："晚期的拉康转换到了主体自身所'是'的那个客体，一个为主体之存在提供最低限度的幻象一致性保障的秘密宝藏。"[①]对于拉康来说，客体不再是"我"的欲望和大他者欲望之间的中介，毋宁说，它就是大他者的欲望本身，这一欲望是被画斜杠的主体 $——被符号阉割之后的主体——和主体所是的那个迷失的客体之间的中介。

通过对齐泽克视野中之不同时期的拉康在欲望框架中对客体地位的安排进行整理和考察，围绕意义的一些问题开始渐渐变得明朗起来。欲望是大他者的欲望，它乃是从主体之外赋予主体的。拉康认为主体之欲望便是要对 *Chè vuoi?*（你想要什么？）做出反馈，对实在界做出应答。而实在界的内核便是那永远逃避符号化的 das Ding/ 对象 a，它构成了欲望的对象-原因；欲望的外在指涉是大他者，欲望根据大他者的欲望来编织自身。而在对大他者欲望的揣摩、猜测、追寻中，主体实则是殚精竭智地试图从大他者那里获取关于大他者欲望的意义。这种意义，在晚期拉康看来，既存在于主体之中，又溢出主体，并受制于主体之外的大他者。

第二节 意义的回溯性

文学艺术本身具有自己先在的、不以人的意志为转移的意义吗？从人文思想的发展来看，今天的主流答案是否定的。文学艺术就像薛定谔的那只猫，如果它的死活状态是相对于观察主体的一种意义，只有当作为主体的观察者将观察的目光投向它之时，其意义才会确定，我们才会知道猫到底是死是活。换言之，事物的意义，与主体的观察角度和观察行为有关，而观察又是主体精神的产物。这意味着，那些我们曾经奉为圭臬的先验的事物秩序和意义不复存在。这一点，不仅在人文学科的思想史上可以找到大量的论据；同时，随着量子力学的发展，我们又从科学上获得了有力的支撑。

一、拉康欲望图一：时间与意义

拉康在欲望图一中（参见图-2），对意义的时间性进行了论述。

[①] Slavoj Žižek, *The Plague of Fantasies*, London: Verso, 2008, p. 9.

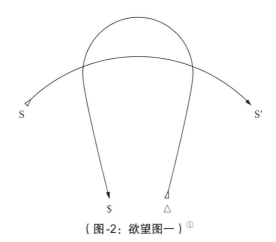

（图-2：欲望图一）①

上图底下右边的"神话的、前符号的意图，标记为△"②意指无意识，它构成了欲望图一的起点。从左到右的 S → S′ 是能指线，S 即 signifier（能指）的缩写；而从右到左的 △ → $ 这条线描述的是主体无意识之中的流动。"指意链条被认为是被矢量 S-S′ 所承载"③，从前符号意图△出发的无意识主体与能指链条两次遭遇，主体最终成了分裂的主体 $。图中，右边相交点是共时性的，左边相交点则是历时性的。在拉康看来，相对于历时结构，共时结构更为隐蔽，然而，"正是这个结构将我们带到了起源处"④。那些超越了历史时代、文化变迁的东西，过去、现实、未来共时地在一个平面上铺开，其所指意义便处于一种相对静止的漂浮状态。

欲望图一背后的逻辑，是时间。那么，对拉康来说，时间意味着什么？

在回答这个问题前，有必要对铭刻在西方哲学主线上的时间观念做出简要的厘清。在黑格尔那里，时间"其实它就是实际存在着的概念自身"⑤。这里的概念，指的是那些尚未被主体理解的、仅仅被直观的方式所把握的概念。时间是否等同于概念本身呢？这种直观是实存呈现在意识面前的一种空洞的直观，而精神就在这个时间之中，也就是说，在这个直观的内容之中。黑格尔说："通过这样的运动，纯粹的思想就变成概念，而纯粹思想这才真正是纯

---

① Jacques Lacan, *Ecrits*, trans. Bruce Fink, New York: W. W. Norton & Company, 2006, p. 681.
② Slavoj Žižek, *The Sublime Object of Ideology*, Verso, 2008, p. 112.
③ Jacques Lacan, *Ecrits*, trans. Bruce Fink, New York: W. W. Norton & Company, 2006, p. 681.
④ Jacques Lacan, *Ecrits*, trans. Bruce Fink, New York: W. W. Norton & Company, p. 682.
⑤ ［德］黑格尔：《精神现象学》上卷，贺麟、王玖兴译，北京：商务印书馆，1983年，第30页。

粹思想、自身运动、圆圈，这才是它们的实体，这才是精神本质性。"① 这表明，如果时间就是概念，那么在一种对自我的固定性和无条件性的固定性的扬弃的姿态中，概念源自纯粹的思想，而纯粹的思想则构成了精神的本质。同时，因为"思想要变成流动的"②，所以精神就不是静止的，而是发展变化的，因此精神的发展即时间。

对此，海德格尔点评道："对黑格尔来说，无限的存在也是时间的本质；对我们来说，时间是存在的源始本质。"③ 如此，海德格尔便抓住了黑格尔在《精神现象学》里对时间这一范畴所做的雄辩阐述的内核。那么，与力图描述人的精神现象在时间之内的发展历程的黑格尔相比，海德格尔的时间观又是怎样的呢？

对于海德格尔来说，此在是在时间维度上的一个整体，而时间又具有过去、现在、未来等三个不同的向度。根据海德格尔的看法，时间的这三个向度具有内在的统一性，我们既不能把它们看成是彼此隔离的不同部分，也不能理直气壮地将其当成时间维度上的连续的线性过程。简言之，如果形而上学的时间乃是非此在式的抽象的时间，那么海德格尔的时间则是具体的此在式的时间。这表明，在从黑格尔到海德格尔这条理论线索上，时间赫然成了会通内在精神与外部存在之间的一座重要的桥梁。

我们知道，从常识来看，时间是物质的永恒运动、变化的持续性和顺序性的表现，它是人类用以描述物质运动过程或事件发生过程的一个不可替代的参数。如是观之，似乎可以这样来归纳："在海德格尔那里，时间是存在的本质；而在黑格尔看来，精神又构成了时间的本质。"④ 这一引文蕴含着这样的判断：在前者，运动构成了存在的最根本的特质；在后者，促成了运动的本源性动因乃是主体的精神。

然而，拉康的精神分析时间观却有所不同。对他来说，时间不仅是运动的测量参数，更重要的是，当我们为这个世界设定意义之时，时间具有某种逆动的特质。具体到欲望图一，两条线第一次相交，只得到漂浮的意义——

---

① [德]黑格尔：《精神现象学》上卷，贺麟、王玖兴译，北京：商务印书馆，1983年，第22页。
② [德]黑格尔：《精神现象学》上卷，贺麟、王玖兴译，北京：商务印书馆，1983年，第22页。
③ Martin Heidegger, *Hegel's Phenomenology of Spirit*, trans. Parvis Emad &. Kenneth Maly, Bloomington: Indiana University Press, 1988, p. 146.
④ 赵淳：《精神分析学之文化逻辑》，北京：科学出版社，2020年，第38-39页。

譬如"中国女性"，这个词本身并没有问题。在中国——推而广之，在整个世界——从生理学特征来看，几乎一半的人口都可归于女性的队伍。这意味着我们很难用这个具有过于宽泛的普遍性的词去指涉占中国人口一半的七亿多具有不同个性、有着鲜活特色、蕴含着独特精神空间的女性——只有到两条线在左边第二次相交时，意义才能被固定下来。拉康将此点"称为'缝合点（point de capiton）'，通过这个点，能指让意义的滑动停了下来，这种滑动原本是无止境的"①。缝合即是将若干漂浮能指固定下来。譬如给"中国女性"加上"2023年"这么一个限定，使其成为具有个体性、差异性和多元性特征的"2023年的中国女性"，其意义便被钉在特定的时空之内，而不再飘在空中。因此，拉康说："在句子中可以找到缝合点的历时功能……通过其回溯功能，封住了它们的意义。"②在前符号意图刺穿能指链的左边点时，能指意义被历时功能回溯性地固定，意义的滑动旋即被中止。这也正是拉康要让△-$ 主线从右到左与能指线 S-S′ 反向相交的理论意味——意义乃回溯性地被给予。

然而，必须指出的是，拉康提出的意义的回溯性只是给出了一个在时间线性上的意义的获取路径和方案，它并不能为意义的确定性和真理性提供任何额外的保障。在福柯看来，这只是一种事关位置的游戏，因为既然"一种既是最后又是超越时间的话语的理想类型"已经不复存在，因此再也不能把"陈述的形成归结于认识的纯粹形式和心理主体"，因为"我们始终停留在话语的范围中"，处于"某一主体的可能位置的游戏"之中③。对此，拉康亦有感知，所以他说："回溯性错觉将这种被赋予了原初性质的感知事物与似曾相识的领域联系起来。"④即是说，回溯的过程只是将那些进入我们感知领域的事物与此前已经在我们认知空间里的那些似曾相识的要素关联起来。就像要谈论"中国女性"的前提，那是因为我们已经有了关于"中国女性"的种种海德格尔式的前理解，只有这样，才有可能将意义回溯性地赋予事物。

---

① Jacques Lacan, *Ecrits*, trans. Bruce Fink, New York: W. W. Norton & Company, 2006, p. 681.
② Jacques Lacan, *Ecrits*, trans. Bruce Fink, New York: W. W. Norton & Company, 2006, p. 682.
③ Michel Foucault, *Archaeology of Knowledge*, trans. A. M. Sheridan Smith, London: Routledge, 2002, p. 78, p. 85, p. 122.
④ Jacques Lacan, *The Seminar of Jacques Lacan: Freud's Papers on Technique 1953-1954, Book I*, trans. John Forrester, New York: W. W. Norton & Company, 1991, p. 59.

二、弗洛伊德：狼人的意义世界的建构

意义的回溯性这一立场，亦为拉康之前的弗洛伊德所持有，虽然弗洛伊德自己也许并没清晰地意识到这一点，并将之明确地提出来。弗洛伊德曾给出了一个现已成为精神分析学中著名案例的俄国病人（狼人）的病例，此案回溯性地支撑了拉康的意义回溯性之洞见。

弗洛伊德以"狼人"为例，试图阐明此点。这个病人之所以叫"狼人"，是他做过一个关于狼的梦，这个梦与他精神空间的困扰有着密不可分的关联。狼人在一岁半的时候，无意中目睹了父母的背侧性交。从最初的意义上来说，这个场景的发生并没有带来什么创伤性的东西。原因无他，因为在那个时候，这个事件是外在于孩子的认知体系的，对孩子来说是完全没有意义的，故而他并未对此深感震惊，而只是把它作为一个其意义尚不明确的事件深深地、悄悄地铭刻在意识的深处。对此，弗洛伊德说：

> 这样一个病人，在那么长的一段时间里，可以从一个很广泛的领域内获取各种印象、思想以及知识；在这之后，他完全可能将所得反向投射到自己的童年里，并使之与自己的父母建立关联。①

这意味着，父母性交的场景作为一种暂时还没有任何意义的原初意象被压抑、储存到了孩子的意识深处。某种程度上，那就形成了如弗洛伊德所说的从外部闯入并扰乱了我们精神生活的平衡的创伤。这个创伤的后果是如此的严重，它最终导致了组织主体之经验的符号坐标的紊乱。因此，一般而言，精神分析对创伤的治疗方案就是，取消创伤对主体的混乱性冲击，将它符号化，并最终将其融入我们所能理解的意义世界之中。这样的治疗过程，我们经常会在小说、电影和电视剧中看到。譬如，精神治疗师会让病人躺在一张躺椅上，然后在他眼前晃悠着一块怀表，以将其导入某种放松的状态，从而让病人能够回溯到曾经的创伤那里。

这样的精神分析实践，涉及弗洛伊德的一个基本出发点："在心理症形成之初，那些来自童年的影响力的存在就已经被感知到了，因为它们的干预在决定个体是否以及将在何时败给现实生活的问题上，起着至关重要的作

---

① [奥]弗洛伊德：《狼人的故事：弗洛伊德心理治疗案例三种》，李韵译，上海：上海社会科学院出版社，2007年，第271页。

用。"① 幼年时期的心理沉淀，必然会在随后的某个时间节点上爆发出来。某种程度上，这与齐泽克总结的"未知的已知"有着极其相似的运作机制。后来的狼人最怕人立行走的狼，弗洛伊德指出，那其实就是怕背侧性交的父亲。狼人的那个关于狼的梦，恰好说明了他把自己置于"被插入"的地位了。这是一种对"变性"的担忧和焦虑。对变性的恐惧，实质上就是对被阉割的恐惧。

多年后，当狼人开始受到"我从哪里来？"这样一个问题困扰之时，也就是弗洛伊德所说的，"每当这个小男孩感到自己经验的贫乏之时，他就会回到那原初意象中寻求帮助"②。背侧性交看起来很容易被误认为是肛交，所以根据弗洛伊德的看法，狼人在随后的日子里，逐渐开始围绕着肛门构想起了自己的幼稚的性理论。弗洛伊德说："根据那个涉及肛门的重生幻想所提供的模式，他自行建立了一个童年场景。"③这时，他就把曾经目睹的父母背侧性交那段原本没有意义的、无序的记忆挖掘出来，把它当作一个代表了性行为之秘密的创伤性事件而加以符号化。为什么会符号化呢？因为孩子无法找到性行为秘密的答案，陷入了符号象征世界的僵局。而如果主体的符号象征世界陷入混沌的状态之中，那就意味着这个主体走到了精神崩溃的悬崖边缘。对此，齐泽克道："为了填补意义世界的裂隙，创伤性的事件被唤醒了。"④符号化就意味着创伤化，亦即将当年狼人父母的那个场景作为一种心灵深处的创伤加以唤醒，并将其提升为一个创伤性的实在界，从而对符号世界的僵局提供一个回溯性的解决方案。在狼人回溯的过程中，意义被赋予了事物。

整体而言，弗洛伊德对狼人案例的观照和处置顺序是这样的："一个真实的事件——发生在非常年幼的时候——观看——纹丝不动——有关性的问题——阉割——父亲——某些可怕的事情。"⑤经过以上的阐释，如果仍然对弗洛伊德"狼人"案例的回溯性意义感觉有一丝模糊，那么，还有一个更直观的例子可以有助于我们对此的理解。在悬疑片中，在电影的前半部，通常来说，导演会给出大量的看似毫无意义的镜头，讲述着生活中一个又一个破碎

---

① [奥]弗洛伊德：《狼人的故事：弗洛伊德心理治疗案例三种》，李韵译，上海：上海社会科学院出版社，2007年，第269页。
② [奥]弗洛伊德：《狼人的故事：弗洛伊德心理治疗案例三种》，第313页。
③ [奥]弗洛伊德：《狼人的故事：弗洛伊德心理治疗案例三种》，第318页。
④ Slavoj Žižek, *How to Read Lacan*, Granta Books, 2006, p. 74.
⑤ [奥]弗洛伊德：《狼人的故事：弗洛伊德心理治疗案例三种》，第248页。

的、没有关联的瞬间。当然，作为对悬疑片有一定认知的观众来说，我们知道，电影中前期的这些碎片是有作用的，它们就像摆在厨房里中央岛台上各种各样的食材一样，总归会依据某种食谱形成美食。回到悬疑片，貌似无关的大量的碎片，总会在某个特定的时刻，被赋予逻辑，被组织起来，形成连贯的意义，然后观众恍然大悟。在此层面上，我们说，意义被回溯性地赋予事物了。

三、齐泽克：回溯性的幻觉

通过欲望图一，拉康展示了意义的回溯性的生成路径。这一洞见，在弗洛伊德那里得到了证明。虽然在弗洛伊德的学术生涯中，他并未明确指认出意义的回溯性这样一个结构，但在其一系列的论述中，通过追溯幼年时代的遭遇，将意义赋予主体后来的种种看似匪夷所思的不正常的行为。在弗洛伊德的意义重建过程中，一个可能的疑问就是，通过对主体（亦即弗洛伊德的病人）的种种蛛丝马迹——譬如，狼人的幼年经历，或主体的梦境——的审视和考察而得到的意义，难道不是如探宝一样，发掘出了事物的本真意义吗？这取决于是否存在先验意义。在几千年的人文思想史上，"意义"范畴经历了沧海桑田般的变迁。对于持有意义与语言一体化这一认知立场的本雅明来说，没有凌驾于语言之上的意义。本雅明以翻译为例，提出翻译是一种意义建构的过程，翻译的对象不仅仅是表面的语言符码，而应该是纯语言。与符号相对立的纯语言"实际上不仅仅是对可传达之物的传达，同时也是不可传达之物的象征"[1]。如果认为翻译主要承担的是信息传递功能，那么，这就是"糟糕翻译的特征"[2]。这表明了本雅明的理论立场：纯语言超越了符码的桎梏，翻译是对非符号化存在的意义认知和符号再现。

在今天的学术语境中，先验意义已经不是一个可以被人们接受的东西。在罗蒂（Richard Rorty）的"真理是被制造出来的，而不是被发现到的"[3]这一具有很强代表性的判断中，真理不再像人们曾经认为的那样，如一颗被埋藏在地下某处的璀璨钻石，等待着人们去发现和发掘。毋宁说，真理只是一

---

[1] Walter Benjamin, *Oeuvre (t.1)*, trad. par Maurice de Candillac, Paris: Gallimard, 2000, p. 165.
[2] Walter Benjamin, "The Task of the Translator", in Lawrence Venuti ed. *The Translation Studies Reader*, London: Routledge, 2004, p. 15.
[3] Richard Rorty, *Contingency, Irony, and Solidarity*, Cambridge University Press, 1993, p. 3.

种主观建构的产物——对此，拉康和弗洛伊德的精神分析学甚至给出了一个更为悲观的立场：在很多时候，真理的建构甚至与理性无关，它完全有可能就是无意识的回溯性结晶。如是观之，弗洛伊德对狼人、鼠人、小汉斯、少女朵拉等著名的病人的案例解读，实则便是根据后来掌握的证据——这些主要是由当事人口诉而来的证据的真实性无法得到明晰的保障——重新建构了主体的精神空间。

如果说拉康在欲望图一中通过能指线 S → S′ 和无意识线 △ → $ 在时间维度上的逆向交叉运动，而在黑格尔与海德格尔的时间观之外，给出了精神分析学的回溯性意义观，那么，齐泽克在学理层面上进而提出："意义是回溯性产生的，其产生的过程也具有强烈的偶然性。"[1] 他在意义之回溯性之外，强调了其偶然性，并进而将自己的理论旨趣映射到了对意识形态的研究上。他指出："当主体在一种意识形态召唤中辨识出自身，他自动地就忽略了这样一个事实：正是这个辨识行为本身创造出了那些他从中辨识出自身的内容。"[2] 当主体认同于一种意识形态时，并不是因为那种意识形态先已被证明是正确的，意义乃是以回溯性的方式偶然地赋予意识形态的。

在这种偶然性的认知基础上，齐泽克指出，"'真正的'意义是由一系列随后的解读构成的"[3]。在前面发生的事件完全一样的情况下，我们却能赋予它不同的结局，从而获得不同的意义。新历史主义所说的文本的历史化和历史的文本化，某种意义上便是齐泽克所说的"一系列随后的解读构成的"，因此才会有那句著名的话语：一切历史都是当代史，都是当下的人们在权力话语、利益架构、无意识欲望规约和操控之下的产物。

对此，齐泽克说："唯一的答案就是，对事件线性的'有机'流动的体验是必要的幻觉（illusion），这个幻觉掩盖了这样一个事实，即结局回溯性地把有机整体的一致性赋予了前面的事件。"[4] 如此之案例，可在拥有至高无上的威权的国王那里看到。臣民为什么会认定某人为国王并心甘情愿地对之俯首帖耳呢？齐泽克一针见血地指出："国王之所以是国王，是因为他的臣民把

---

[1] Slavoj Žižek, *The Sublime Object of Ideology*, Verso, 2008, p. 114.
[2] Slavoj Žižek, *Tarrying with the Negative: Kant, Hegel, and the Critique of Ideology*, Duke University Press, 1993, p. 73.
[3] Slavoj Žižek, *The Sublime Object of Ideology,* Verso, 1989, p. 214.
[4] Slavoj Žižek, *Looking Awry: An Introduction to Jacques Lacan through Popular Culture*, The MIT Press, 1991, p. 69.

他当成国王，而不是相反。"① 同理，在爱情故事片中，为了构建一个情感的世界，以便说服观众，电影中呈现的那段感情乃是上天注定，聪明的导演会做一系列的铺垫，就像张曼玉和黎明主演的华语经典爱情片《甜蜜蜜》里安排的那样。然而，实际上一段情感之所以有一个好的结果，原因很多。如果一方将另一方当成了前世姻缘的投射，那只不过是一个他/她暗中心仪的人偶然地来到了身边，并占据了情侣的那个位置而已。凝聚在他/她身上的所有意义，都是后来被赋予的。职是之故，齐泽克认为，人与人（国王与臣民、男与女）之间的认同是一种幻觉。但是，对主体来说，这种幻觉却是必要的，因为"这样的'幻觉'结构了我们的（社会）现实本身。因而，幻觉的消除会导致'现实的丧失'"。② 幻觉并非外在的知识，而是已经内化、铭刻于人的认知体系之中了。在此层面上，现实就是被幻觉所结构起来的，没有了幻觉，就没有了现实。对此，齐泽克指出，"在（真正的）知识和（符号的）信念之间的鸿沟决定了我们日常的意识形态态度：'我知道没有上帝，但是，我的行动就好像（我相信）他存在一样'。"③ 在他看来，幻觉与知识无关，而是与信念相连。当我们将意义赋予某物，并非因为我们确切地知道（亦即知识）这个意义存在于斯，而是因为我们相信它会有这个意义，然后在我们的行动中，将这个意义实践出来。因此，意义产生于幻觉，而幻觉又构成现实。当我们回溯性地将意义赋予事物，并非是因为意义早已在那里等着我们去发现，而是我们先已在幻觉的支撑下认定了这个意义，然后才试图去为这个所谓的意义的产生做出解释。

第三节　意义的路径

拉康认为："正是语言的世界创造了事物的世界。"④ 我们关于世界的认知是通过语言来建构的。而语言一旦介入，就不能不涉及能指和所指这一对不可能绕过去的范畴。就能指而言，拉康提出的观点是"我们的想法是要指出

---

① Slavoj Žižek, *The Sublime Object of Ideology*, Verso, 1989, p. 146.
② Slavoj Žižek, *Looking Awry: An Introduction to Jacques Lacan through Popular Culture*, The MIT Press, 1991, p. 71.
③ Slavoj Žižek, *For They Know Not What They Do: Enjoyment as a Political Factor*, Verso, 2008, p. 243.
④ Jacques Lacan, *Ecrits*, trans. Bruce Fink, New York: W. W. Norton & Company, 2006, p. 229.

能指相对所指来说的优先性"①。这一洞见强调的是主体之行为受制于实在界中的那些晦暗的源头,而不仅仅是那些源头投射到象征界中的所指意义。在这个过程中,语言构建了象征世界,并创造了我们对物质空间的认知量。

那么,在这样的一个基本理论框架下,意义产生的路径是如何被认知和阐释的呢?

一、镜子、意识、唯物主义

第2次研讨班上,拉康使用了他颇为喜好的镜子隐喻来阐释主体、意义及其唯物主义特质等一系列问题。之所以说他"颇为喜好",那是因为那面镜子是在他对想象界的镜像阶段进行阐释时反复用到过的重要道具。而在此处这个节点上,拉康试图用镜子来阐明介于实在界和象征界之间的意义题旨。

根据拉康的看法,镜子里呈现出来的并非直接就是处于外在现实空间里的客体,而是那些客体的想象性图像。拉康说:"真实的客体并不是你在镜子中所看到的客体。因而在此便有一个意识现象。"②所谓意识现象,意即这个客体带有了意识的某些特质。拉康并不试图在客体与意识之间画下等号。

拉康假设,如果包括人在内的所有生物都从这个世界上消失——他当然不会真的以为人会消失,这个假设只是拉康偶尔会出现的含混表述的一种外化形式,他的意思应该是,如果人不再出现在镜子面前、不再去观察镜子——那么,"镜子里面还剩下什么?"③或者更准确地说,人曾经在镜子中看到的那些瀑布和泉水、闪电和雷鸣等,以及它们在湖面上的倒影的图像还存在吗?拉康的观点是,那些东西当然会继续存在,因为曾经所有的那一切都可以被胶片——拉康的时代没有数码相机,所以他只能想到胶片这个记录工具——录制下来并保存起来。然后,未来的某一天,人又回到这个世界,他就可以从胶片上读取图像。曾经在这个世界上存在过的叠嶂的山峦,以及它们在湖面上的倒影,都会被重新呈现出来。

---

① Jacques Lacan, *Ecrits*, trans. Bruce Fink, New York: W. W. Norton & Company, 2006, p. 20.
② Jacques Lacan, *The Ego in Freud's Theory and in the Technique of Psychoanalysis 1954-1955: The Seminar of Jacques Lacan, Book II*, trans. Sylvana Tomaselli, New York: W. W. Norton & Company, 1991, p. 46.
③ Jacques Lacan, *The Ego in Freud's Theory and in the Technique of Psychoanalysis 1954-1955: The Seminar of Jacques Lacan, Book II*, trans. Sylvana Tomaselli, New York: W. W. Norton & Company, 1991, p. 46.

对此，拉康归纳道：

> 好了！这就是我让你们当作本质上是一种意识现象的东西，它将不会被任何一个自我所感知，也不会被任何貌似自我的经验所反思——任何一种自我或者自我意识在这个时期都是缺席的。①

在这个镜子与人的案例中，存在着一些含混不清的意蕴。实际上，拉康的意思是，如果有一天，人不得不从通过镜子折射并保存在胶片之中的那些图像去认知世界，那么我们该如何去认识和评估由此产生的意识？在此，意识是借助符号工具而形成的，它反映的并非真实的客体，而是象征化、符号化的客体。

如此，对于此处正在论述的意识来说，根据拉康的逻辑线索，我们可以概括三个理论点：

首先，在当代技术条件下，意识现象是可以被记录的，这就意味着意识的客体并不一定非要存在于大脑之中，由此推演开去，意识与外在于它的某些东西紧密关联；其次，如果意识可以由外界某物（譬如胶片之类）所提供的对象客体来支撑，这表明虽然镜子所呈现的看起来只是某种幻觉，但这种幻觉却来自客观世界，因此在某种程度上，可以说这是一种具有客观意味的幻觉；其三，所谓在主体意识中产生的意义，不过就是人的眼睛和耳朵发挥了对事后播放的摄影胶片的观看和聆听功效的结果——就此而言，拉康与现象学的基本立场倒颇有几分暗通款曲的意味，在后者看来，我们对这个世界的认知，不过就是通过听觉、视觉、嗅觉、味觉、触觉这五种感官对现象的感知而已。

与本书以上三点的归纳相比，拉康的概括就显得更为志向不凡、立意高远，雄心勃勃的他试图为意识下一个唯物主义的定义："每当意识发生的时候——它发生在最意想不到、最迥然不同的地方——有一个可以产生它称之为图像的表面。这是一个唯物主义的定义。"② 拉康的意思是，意识是外在客观

---

① Jacques Lacan, *The Ego in Freud's Theory and in the Technique of Psychoanalysis 1954-1955: The Seminar of Jacques Lacan, Book II*, trans. Sylvana Tomaselli, New York: W. W. Norton & Company, 1991, p. 47.

② Jacques Lacan, *The Ego in Freud's Theory and in the Technique of Psychoanalysis 1954-1955: The Seminar of Jacques Lacan, Book II*, trans. Sylvana Tomaselli, New York: W. W. Norton & Company, 1991, p. 49.

世界在人的精神空间上的投射图像的结晶，这个投射必须借助外在的符号界面（譬如拉康举的那个镜子的例子）的辅助，才能实现。拉康由此判断，这些外在的符号工具将某种唯物主义色彩赋予了意识。顺着他的逻辑，我们似乎就有理由得到这样一个小小的结论：无意识固然存在于主体无法把握的某个精神黑洞之中，但意识却不是一个全然主观的东西，"所有想象性的东西，所有可能说起来像是幻想性的东西，并不意味着它就是主观的"[1]，而是某种可以客观化的幻觉的产物。

对于拉康来说，如果条件合适，世间所有外在于主体的东西都可以像镜子一样运行。在这种情势下，所谓意识，不过就是现实的一个点对应到我们精神空间内的另一点的效果罢了。概言之，意识是一种借助符号界面的投射，在这个流程中，意识并不与现实直接关联，其内容取决于界面在何种程度上、以何种方式发挥作用。由此可见，意识一物，在拉康精神分析学的唯物主义里和马克思辩证唯物主义中的内涵，是有着显著的区别的。在后者那里，意识是自然界长期发展的产物，是人脑的机能和属性，是客观世界的主观映像；意识乃是源于物质，但不是物质，也不等同于物质，它对物质世界有着积极的能动作用。

而对于拉康来说，他虽然指认了意识的某些唯物主义性征，但他的目的却并非真的要将意识客观化。根据拉康的看法，在这个意识生成的过程中，人成为一个去中心化的主体，他从这个过程中获取的任何意义，与引出意义的东西——譬如此处的镜子和胶片——的关系并没有我们期待和想象的那么大。毋宁说，意义的效果反倒与实在界强相关。这便是拉康在多年以后的第20次研讨班上的一个结语："假如它们看起来跟引出意义的东西没有关系，那是因为我们期望引起它们的意义的东西，要跟实在界有某些关系。"[2] 即是说，对于主体来说，意义既以客观化的幻觉这样一种迂回曲折的方式与外在客观相连，更与他那被压抑、被阉割在实在界深处的某种东西有关。总之，拉康通过对意识的研究，在辨识出意识的唯物主义色彩的同时，还力图从主体的实在界出发去审视意识的滥觞，这是一种值得肯定的辩证法趣向。

---

[1] Jacques Lacan, *The Ego in Freud's Theory and in the Technique of Psychoanalysis 1954-1955: The Seminar of Jacques Lacan, Book II*, trans. Sylvana Tomaselli, New York: W. W. Norton & Company, 1991, p. 49.

[2] Jacques Lacan, *Encore, Book XX*, trans. Bruce Fink, New York: W. W. Norton & Company, 1999, p. 19.

二、意义与外在的社会历史文化

借助一面镜子，拉康论述了意识的性质，并由此拓展到对意义的生成机制的思考。意义并非直接从客观现实那里得到，它必须经由符号界面的中介，然后才能在意识中形成对外在世界的认知，而这种中介将唯物主义性质赋予意识。换一个角度看，因为以语言为代表的符号系统的隔离，"我"并不能在意识的场域被直接把握，"在镜子平面上，存在着自我与其同质的小他者的对称世界。我们不得不将其与另一个我们称之为语言之墙的层面相区别"[1]。如果说镜子的功用在于它将现实折射给主体，那么语言之墙则构成了主体和大他者（亦即象征空间）之间的一堵过滤墙，主体与大他者之间的任何信息交流都会不可避免地遭到这堵墙的影响、扭曲，甚至颠覆。在拉康看来，象征领域中的主体无法避免语言的传递和干扰。而语言是以一种类似于墙的方式在起作用——我们不妨将这堵墙理解成是露天电影的屏幕，主体和大他者分居屏幕的两侧。这充分地描述和体现了语言之墙所具有的特质：一个存在于符号象征领域之内的有组织的系统。

在霍尔看来，"意义就是赋予我们一种自我认同感的东西"[2]。这意味着，认同是主体获取意义的主要成分来源。将意义与认同关联起来，这一深刻洞见所折射出来的学理之光，并不仅为霍尔所独美。拉康的欲望图二（参见图-3）便对这个题旨有过非常精妙的图解和论述。

欲望图二旨在通过欲望的两种认同方式来揭示意义的构成机制。在拉康一派看来，意义的内容，主要受到来自外在的社会历史文化和主体的内在精神空间两个方面的影响，这两者在欲望图二中分别体现为 $ 经过大他者 A、回溯性地得到大他者所指意义 $s(A)$ 而最终达成的象征性认同 I(A)，以及分裂的主体 $ 经过与小他者的认同 $i(a)$ 而形成自我 m 的想象性认同。

---

[1] Jacques Lacan, *The Ego in Freud's Theory and in the Technique of Psychoanalysis 1954-1955: The Seminar of Jacques Lacan, Book II*, trans. Sylvana Tomaselli, New York: W. W. Norton & Company, 1991, p. 244.

[2] Stuart Hall ed., *Representation: Cultural Representations and Signifying Practices*, Sage, 2003, p. 3.

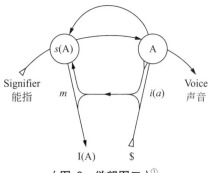

（图-3：欲望图二）①

欲望图一的相交两点，在欲望图二被标注为大他者 A 和大他者的所指 $s(A)$，后者即回溯性地被凝固下来的意义。拉康强调："这两者间是不对称的，A 是地点；$s(A)$ 是时刻。"② 即 A 为共时点，$s(A)$ 为历时点。至于能指链条右端的 Voice（声音），齐泽克说："声音就是在我们从能指中减去制造意义的回溯性'缝合'操作之后，所剩下的废料。"③ 就像"中国女性"范畴，经过"2023 年"的缝合之后，其意义才被固定下来，但在那之外还存在大量残余物，如中世纪的欧洲女性、18 世纪的非洲女性，等等。

与欲望图一相比，欲望图二底部从右到左的 △-$，变成了 $-I(A)，这是因为"回溯性效果被体验为从一开始就已经如此的某物"④。原本是前符号意图 △（无意识）为起点，由于被回溯性给予的意义的出现，主体便误认为那个意义是先验存在，并由此产生幻觉，以为此刻已分裂成 $ 的主体意识才是欲望的出发点。至于欲望图一的 $ 变成了 I(A)，那是因为 I(A) 代表了象征性认同——这正体现了欲望图二的主旨：象征性认同的权重更大。

欲望图二中，象征性认同必须经过 $s(A)$，才能回溯性地形成所指意义。而在图示 L（参见图-1）中，矢量箭头从 A 指向 S，形成象征轴。在这条线上，主体 S 试图向大他者 A 言说，并从大他者的反馈中获得象征性认同。

象征性认同，就是试图从体现为社会符号秩序的大他者那里获取意义。在这条轴线上，语言的因素必须被考虑进来。对于语言在意义建构中的作用，致力于研究在意义生产中再现的理论功用的霍尔正确指出："正是通过文化和

---

① Jacques Lacan, *Ecrits*, trans. Bruce Fink, New York: W. W. Norton & Company, 2006, p. 684.
② Jacques Lacan, *Ecrits*, trans. Bruce Fink, New York: W. W. Norton & Company, 2006, p. 682.
③ Slavoj Žižek, *The Sublime Object of Ideology*, Verso, 2008, p. 115.
④ Slavoj Žižek, *The Sublime Object of Ideology*, Verso, 2008, p. 115.

语言，意义的生产和循环才能发生。"① 这表明了他的一个基本立场：一方面，"意义是在语言中并通过语言而被建构的"②，这便是霍尔的意义建构论；另一方面，当霍尔将意义与文化和语言关联起来，由于文化与主体的内在精神密不可分，因此，顺理成章地，"意义取决于世上诸事物——人、物和事，不论是真实的还是虚构的——和可以作为其心理再现（mental representations）来运作的概念系统之间的关系"③，意义与主体的心理机制相关，而心理机制正是拉康一派所关注的题旨之一。

对霍尔关于意义与语言的这一系列基本洞见，拉康虽未有过评述，但从逻辑上来看，他应是绝对赞同。在图示 L④ 中，主体试图向大他者寻求象征性认同，但这种认同必然会遭到语言之墙的干扰和阻隔。拉康说："通过语言之墙，主体与大他者被分开。"⑤ 如前所述，语言之墙就像黑暗中的幕布隔开主体和大他者，主体能看到的只是大他者投射到幕布上的光影。根据物理学常识，如此光影都是以左右颠倒的形式被呈现到幕布的另一边来的。恰巧拉康也说："发送者以一种颠倒的方式，从接收者那里接收到他自己发出的信息。"⑥ "颠倒"并非是说否定，而是干扰和扭曲。所以拉康又说："在大他者中建构起我们的语言，同时也强烈阻止我们去理解它。"⑦ 因为在我们与大他者之间，总是矗立着一堵由符号构建起来的高墙。

如是观之，主体 S 总是试图向大他者 A 言说，但此言说总是不能完全到达象征轴另一端的大他者。一旦大他者（象征秩序）通过语言来呈现自身，它就必然会跌入符号象征的能指链条之中，而拉康认为，符号象征界必然体

---

① Stuart Hall ed., *Representation: Cultural Representations and Signifying Practices*, Sage, 2003, p. 5.
② Stuart Hall ed., *Representation: Cultural Representations and Signifying Practices*, Sage, 2003, p. 15.
③ Stuart Hall ed., *Representation: Cultural Representations and Signifying Practices*, Sage, 2003, p. 18.
④ 图示 L 是拉康的提法，但他没解释为何叫 L。学界对 L 有猜测，认为之所以叫 L，乃因它与读音为 Lambda 的大写希腊字母 Λ 形状上有几分相似。也有学者认为 L 乃拉康名字的首字母，故亦可称为"拉康图示"。
⑤ Jacques Lacan, *The Ego in Freud's Theory and in the Technique of Psychoanalysis 1954-1955, The Seminar of Jacques Lacan, Book II*, trans. Sylvana Tomaselli, New York: W. W. Norton & Company, 1991, p. 244.
⑥ Jacques Lacan, *Ecrits*, trans. Bruce Fink, New York: W. W. Norton & Company, 2006, p. 30.
⑦ Jacques Lacan, *The Ego in Freud's Theory and in the Technique of Psychoanalysis 1954-1955, The Seminar of Jacques Lacan, Book II*, trans. Sylvana Tomaselli, New York: W. W. Norton & Company, 1991, p. 244.

现为对它所指代的物体的扼杀，这使得主体与躲在语言之墙背后的大他者永远被分隔开来，这便是为何 A-S 的象征轴线有一半是虚线的原因，因为象征性认同并不完全成功。

三、意义与主体的内在精神空间

主体从大他者那里得到的意义，总会受到语言之墙的干扰：这一洞见并非拉康意义观的全部。来自于外在社会历史文化维度的象征性认同所得之意义，还会受到想象轴的干扰。拉康之意义是欲望框架下的意义，而分裂的主体对对象 a 的欲望构成了幻象。在幻象中，主体会遭遇无数与自己一样的其他个体，亦即小他者。因此，来自想象轴的意义，取决于主体是如何与小他者发生认同的。

1. 小他者是占据大他者位置的个体

格洛兹（E. Grosz）从女性主义视角出发对图示 L 中小他者的解读颇具代表性："这个小他者就是'真实的'他者，具体的个体，而非大他者的代表或代理。"[①]意即小他者便是主体身边的其他鲜活个体。但这个观点有其逻辑上的瑕疵。

图示 L 中，由于语言之墙的屏蔽，主体 S 最初朝向大他者 A 的言说实际上却转向了右上角的小他者 a′，并经过 a′ 折到左下角的 a（自我）。a′-a 是想象轴，表示主体与小他者产生认同后，建构起想象性自我（ego）。S 从 A 向 a′ 的这种转移缘起于移情作用。我们可这样来理解：教徒希望对上帝（大他者）忏悔，但上帝当然不可能来到他身边，因此他只能移情于作为小他者的牧师，在忏悔室里对着隔窗外面的牧师言说，但牧师只是大他者（上帝）的替身。通过与牧师互动而达成认同，主体（教徒）获得了某种意义，并以此建构起自我。但"自我是想象的"[②]，是人自以为是的那个样子。"对拉康来说，关键在于要认识到，'移情'的维度为我们提供了一种与象征性认同相对立的认同"[③]，即想象性认同。这就是我们在图示 L 中看到的上面那一条虚线（S-a′）的原因，虚线表明教徒对牧师的忏悔不可能通达上帝（大他者），是空洞的。

[①] Elizabeth Grosz, *Jacques Lacan: A Feminist Introduction*, Routledge, 1998, p. 74.
[②] Darian Leader &. Judy Groves, *Introducing Lacan*, Icon Books, 2000, p. 65.
[③] Charles Shepherdson, *Lacan and the Limits of Language*, Fordham University Press, 2008, p. 14.

小他者位置上的个体具有什么性质？通过拉康那两个无处不在的著名判断，"无意识就是大他者的话语"和"人的欲望就是大他者的欲望"①，我们知道，体现为象征秩序的大他者乃是将无意识和欲望连接在一起的枢纽。而大他者在语言之墙上表现为抽象的社会、历史、文化规则，它往往附着在某些具体个体之上，譬如儒家的孔孟、基督教的耶稣等。只不过那些光辉的个体已经被抽象化、符号化、理想化，他们高高在上，与我等凡夫俗子拉开了不可逾越的距离。反过来也可认为孔孟、耶稣等不过是偶然地占据了大他者位置的具体个体，孔孟、耶稣如果不去那个位置，还会有别的个体去。大他者也许体现在某个个体身上，但不能说某人便是大他者。

2. 小他者是对象 a 的投射

大他者透过语言之墙召唤主体，要求主体成为一个高尚的人、脱离了低级趣味的人、有益于人民的人。无意识主体对大他者的言说就是建立在这个召唤之上。但是，为什么这世界还会有那么多不怎么高尚的人？这表明，主体与小他者之间的想象性认同，并非无条件的。

对此，可从拉康的著名论断"不存在性关系"切入。这一洞见之精要就在于，它并不仅仅指涉性关系本身，拉康希望借此阐明，对于幻象之中的社会关系来说，并不存在一种具有普遍性的意义保障。

拉康的"不存在性关系"这一论断旨在阐释象征界中人与人关系的内涵，它构成了齐泽克精神分析文学观的基本出发点。并且"欲望的所有区间都在性关系中发挥着作用"②。在拉康看来，幻象中人的欲望是由他者的欲望来构建的，"因此就不存在什么中性的、对称的、不为权力所扭曲的性关系"③。如果主体觉得他与某人的性关系是由上天注定或自己选择的结果，那就错了。性关系只是对象 a 在象征界中的投影，因此就根本而言，"性关系是不能被书写的"④，不能符号化。这一洞见也可辐射到所有的社会关系上。主体之所以爱上某人，或感觉与某人相处愉悦，那是因为对象 a 先已为主体勾勒出了一个幻

---

① Jacques Lacan, *Ecrits*, trans. Bruce Fink, New York: W. W. Norton & Company, 2006, p. 690.
② Jacques Lacan, *The Four Fundamental Concepts of Psycho-Analysis, The Seminar of Jacques Lacan, Book XI*, trans. by A. Sheridan, New York: W. W. Norton & Company, 1998, p. 192.
③ Slavoj Žižek, *The Plague of Fantasies,* Verso, 2008, p. 91.
④ Jacques Lacan, *On Feminine Sexuality, The Seminar of Jacques Lacan, Book XX, Encore, 1972-1973*, Bruce Fink trans., Norton 1998, p. 35.

象框架，主体心悦、并愿与之认同的那人（小他者）只不过是部分或全部地满足了幻象框架的要求而偶然占据了幻象中对象 a 的那个位置。这就像有些男人喜欢娇小玲珑，而另一些则喜欢高大丰满，他们最终真正喜欢上谁谁谁，乃因她满足了他的对象 a 预设的框架形式且又偶然出现在他身边而已。从理论上说，在社会关系的幻象中，主体不是在和另一个人，而是与自身之对象 a 发生关系。然而，大多数情况下，并非遇见心仪的那个人，主体就能与之成为情侣、朋友、知己，这是因为性关系（推而广之，社会关系）的意义并不仅是由想象轴上的对象 a 来决定的，它更多地受制于象征轴上的社会、文化、哲学规范。

如是观之，理解想象轴上小他者的关键词是"位置"，它既可能是大他者的位置，也可能是对象 a 的投影点。但归根结底，在图示 L 中，A-S 之间的符号象征关系总是在某种程度上被 a'-a 想象轴所扭曲，"想象性认同 $i(a)$ 总是服从于象征性认同 $I(A)$"[①]。这就是为何正常状态下的主体不会去跟一个与大他者之要求格格不入的自私、卑鄙、凶残的个体发生想象性认同的原因，因为认同意味着获取意义，对于主体之意义的构成而言，主体之内在精神空间的无意识结构（对象 a）虽然有着不可或缺的决定力量，但在语言之墙上呈现出来的那些铭刻在象征轴上的社会文化则具有更为重要的构成性功能。

总之，某种程度上，人文学科之研究，便在于对意义的追索。哪怕是在语言学转向后的今天，学术开始转而更多地关注获取意义的方式和策略，但实际上意义本身仍是终极诉求。就人文思想史的主要线索来看，再现是赋予世界以意义的一种指意实践，因此在我们认知框架和话语实践中的现实，是一种被重新构建的符号现实。人并非存在于真空之中，而是社会关系的总和，意义的建构就绝不仅仅由某种单一因素所决定，它必然还会与主体的无意识欲望、利益立场、认知结构、经验惯性、文化传统、权力关系和研究范式等等密切相关。

对于主体和意义这个题旨，在不同的阶段，拉康有着既相互关联，又有所推进的观点。通过欲望图一，拉康对意义的回溯性进行了卓有成效的研究。通过欲望图二，在对意义的生成路径和构成机制进行考察和观照中，拉康将

---

① Slavoj Žižek, *The Sublime Object of Ideology*, Verso, 2008, p. 120.

他对意义的思考放在了一个更为广阔的层面之上。拉康认为，借助语言为中介，回溯性产生的意义主要来自以外在的社会历史文化为表征的象征性认同与缘起于主体内在精神空间的想象性认同之互动、互补、互证。虽然会受到来自实在界深处的对象 a 的巨大影响，意义很大程度上同时也是那些铭刻在大他者架构之上的社会、文化、历史的产物。这一洞见，在构建起了精神分析学与马克思主义进一步对话的平台的同时，也在特定的理论空间内丰富和发展了马克思主义。

第三章
文学起点及其马克思主义维度

精神分析学与马克思主义之间，在学理层面上，是否具有某种可供两者融会贯通的结构？对于这个问题，本书并不寻求像西方马克思主义者那样，力图为精神分析学与马克思主义提供一个直接的会通方案。毋宁说，本书希望通过对如下问题的审视、考证和阐释，来探索融汇两者的学理基础：西方马克思主义者试图会通两者的最初尝试是基于什么样的理论设定？两者是否至少在某些方面具有足以支撑其交汇的同一性？在两者的阐释方案之中，有着什么样的底层逻辑？当不同的底层逻辑映射到两者各自的问题意识，它又体现了何种价值指向？在此基础上，精神分析学"文学何来？"这个题域是否具有某种与马克思主义相关理论进行呼应、对话和会通的可能性？

第一节　会通精神分析学与马克思主义的最初尝试

通常认为，以弗洛伊德和拉康为代表的精神分析学力图从内在精神着手，马克思历史唯物主义和辩证唯物主义从外部客观切入，两者分别提供了两个极其重要的认识论框架和方法论策略，并在此基础上给出了各自鲜明的问题意识。在西方学界，一直都存在试图会通两者的尝试，并在一定程度上取得了有相当学术影响的理论成效。

一、马克思与弗洛伊德和拉康的相关理论节点

在马克思辩证唯物主义和历史唯物主义生成的19世纪，意识在某种程度上被认为是透明的："意识在任何时候都只能是被意识到了的存在，而人们的存在就是他们的现实生活过程。"[①] 也就是说，在主观和客观之间、在意识和物

---

① ［德］马克思、恩格斯：《德意志意识形态》（节选本），中共中央马克思恩格斯列宁斯大林著作编译局译，北京：人民出版社，2003年，第16页。

质之间，不存在一个符号转换系统，不存在语言的遮蔽。这一19世纪的认知，至少隐含着两层内在的逻辑：其一，由于社会存在是可以认知的，因此反映了社会存在的意识自然也就应该是清晰的。如果出现意识模糊的问题，那是因为我们的认知活动还没达到足够深入和细致的程度。其二，意识的内容就是主体现实生活过程，就是外在的客观世界，除此无他。至于两者的关系，马克思明确指出："不是人们的意识决定人们的存在，相反，是人们的社会存在决定人们的意识。"①这一著名论断，通常被看成是马克思历史唯物主义的基本出发点。对此当然绝不能简单地以某种机械唯物主义的模式加以理解。在存在和意识之间并非简单地是一个单向度的决定关系，两者位于某种辩证结构之中——存在决定意识，意识反作用于存在。这一洞见暗示了这样一个关键逻辑：意识是可控的，且只有当意识可控之时，它才能有效地反作用于外在世界，并革命性地改造之。

马克思的这一观点当然是其历史唯物主义立场的必然延伸。而当如此之认知范式应用在政治经济学中时，恩格斯指出："如果有人在这里加以歪曲，说经济因素是唯一决定性的因素，那么他就是把这个命题变成毫无内容的抽象的、荒诞无稽的空话。"②诚然，经济状况是基础，但是上层建筑的各种因素对历史斗争的进程也有着不可忽略的影响，并且在许多情况下还是决定斗争形式的主要因素。故而，一方面体现为外在客观存在的经济条件归根到底制约着历史、政治、法律、哲学、宗教、文学、艺术等的发展；另一方面，所有这些受制于经济条件的因素并非处于某种消极、被动的状态，它们相互作用，并最终将这种作用投射到经济存在上面，并产生不可忽略的影响，"这里表现出这一切因素间的相互作用"③。各种因素之间的相互联动，实则便是对经济还原论的有力回应。所谓还原论（Reductionism，又译化约论），是一种将复杂的系统、事物、现象简约为各部分之组合来加以理解和描述的哲学立场。

但弗洛伊德理论的出现，辨识出了无意识，从而让人的精神空间不再透明。他虽不能说彻底改变了理论版图，但至少在一定程度上对此前的认识论、方法论和本体论产生了重大的影响甚至修正。阿尔都塞评价道："自马克思起，我们便知道了人类主体和经济、政治或哲学的自我并非历史的'中心'"，

---

① 《马克思恩格斯文集》（第2卷），北京：人民出版社，2009年，第591页。
② 《马克思恩格斯文集》（第10卷），北京：人民出版社，2009年，第591页。
③ 《马克思恩格斯文集》（第10卷），北京：人民出版社，2009年，第591页。

而自弗洛伊德起,"人的主体是无中心的"①。这意味着,主体不再是自我意识的绝对主人,当然也就根本不可能做到如笛卡儿所描绘的那种"我思故我在"式的对自我意识的绝对控制。

通过弗洛伊德的辨析和指认,我们知道了在主体精神空间内暗中存在着一块被叫作是无意识的蒙昧之地。在这块疆域的中心,存在着一个永远不受意识控制、也永远无法符号化的创伤性内核,拉康称之为 das Ding 或对象 a——在此有必要回想一下齐泽克对两者关系的解释:das Ding 是"本体的(ontic)",对象 a 是"本体论的(ontological)"——它如此重要,以至于"任何一种指意网络都是围绕着这种'核心不可能性(central impossibility)'结构起来的"②。如是观之,因为主体的精神被分为意识和无意识两个部分,此前所谓的主体乃是自我意识的主人的认知基础遭到了具有深远意义的质疑和颠覆。主体只能从意识的部分出发来说话,他的无意识那一部分精神空间对他来说永远都是处于暗黑之中,永远不可符号化。任何对弗洛伊德指认的无意识和拉康划分的实在界的符号化尝试,都是对它们的否定。

简言之,"无意识是外在于思想本身的思想形式"③,虽然主体不知它在那里,但它实际上却总是暗中发挥作用。在此意义上,说弗洛伊德掀起了一场人文学科的哥白尼式革命,并不夸张。这意味着,在原本清晰的物质与意识之间的地带,一个新的要素被插入其间,那就是无意识。此后,任何对精神分析学和马克思主义的研究,都必须面对这个无意识,并做出符合逻辑和学理的解释。

二、赖希:性经济社会学

弗洛伊德的学生赖希(Wilhelm Reich)是西方学界最早关注精神分析学与马克思主义之理论会通的学者。在他看来,如果能够在存在与意识之间原本清晰的场域中评估和安置无意识这个闯入者,那么,融汇和整合精神分析学与马克思主义便有可能具有足够的学理可能性。由此,在这个题域中,赖

---

① Louis Althusser, *Lenin and Philosophy and Other Essays*, trans. by Ben Brewster, New York: Monthly Review Press, 1971, p. 218.
② Slavoj Žižek, *Looking Awry: An Introduction to Jacques Lacan through Popular Culture*, Massachusetts: The MIT Press, 1991, p. 143.
③ Slavoj Žižek, *The Sublime Object of Ideology*, London: Verso, 2008, p. 19.

希进行了一系列的理论实践。

在 1929 年的《辩证唯物主义和精神分析学》一书中，赖希开始了对两者进行整合的努力。在 1936 年再版的《性革命》一书的序言中，他第一次使用了"弗洛伊德主义的马克思主义（Freudianism Marxism）"表述。他认为，马克思和弗洛伊德"一个缺乏心理学思考，一个缺乏社会思考，这种状况是马克思主义社会学和精神分析学发展的巨大障碍"[①]。赖希指出，马克思主义固然是一门唯物主义，精神分析学实则也是唯物主义。这便让它们之间互通有无、互补长短有了学理上的可能性。在他看来，不管马克思对资本主义的经济规律的揭示具有多么伟大的理论意义，对于真正解决人类奴役和自我征服问题，马克思主义尚有提升的空间。具体而言，赖希认为，只有消除了社会、历史、文化对主体的原初压抑，主体才有可能获得解放。而这种压抑针对的主要对象乃是主体的力比多。所谓力比多，是弗洛伊德最初在《性学三论》一书中提出的一个精神分析范畴。它指涉的是某种与性本能相关联的潜在能量。它具有某种性欲化本质，是一种可以移植、转移的能量。

文明对于主体本能的压抑，在弗洛伊德那里，是一个极其重要的研究题旨。一方面，随着科学技术的进步，人类文明经历了极大的发展，并为人们的生活提供了丰富多彩的选择；另一方面，伴随着文明的进程，是理性力量的不断增强，譬如说，作为文明重要的构成部分的教育，它的一个隐含的后果就是抑制人的天性，让人不能跟着自己的本能冲动随心所欲，但同时教育又是文明的一个绝对不能缺少的要素。而理性对于主体的本能，有着某种天生的压抑倾向，在这个效应下，在理性指引下的个体本能经常会自愿做出牺牲。然而，文明也许确实对人的本能产生了很强的抑制作用，但这并不是说，文明就一无是处，更不是说要抛弃文明。在赖希看来，面对不断发展的工业文明的当今人类所面临的最主要的问题就是：如何在遵从文明秩序的同时，能够让自己的力比多本能——那里面占据决定性意义的成分就是性本能——能够得到释放。

文明通过意识呈现出来，本能被驱逐到无意识之中。对于显现的意识与被压抑的无意识之间这个理论上看起来难以通约的鸿沟，赖希的方案是建立

[①] Wilhelm Reich, "Character and Society", Theodore P. Wolfe(ed.), *International Journal of Sex-Economy and Orgone Research*, Vol 1, New York: Orgone Institute Press, 1942, p. 248.

用以分析群众心理的性经济社会学（Sex-Economy）："性经济社会学解决了那种使精神分析学家忘记社会因素，同时又使马克思主义忘记人的动物根源的矛盾。"① 很明显，赖希试图调和的就是人的社会动因与动物根源之间的冲突。在此，赖希希望能够重新清理经济基础与意识形态之间的关系。性经济社会学认为，人并不完全如马克思主义所认定的那样是被一种反映了外在客观世界的理性的意识所驱动，他更是一种生物性的存在——这一论断的提出，意味着赖希对弗洛伊德的无意识理论有着明晰的认知。赖希追问道："为什么人几千年来都屈服于奴役？"② 在马克思主义看来，之所以存在剥削，那是因为生产力的发展已经到了这样一个地步，人们的劳动能够生产出超过维持劳动力所必需的、可供剥削榨取的剩余产品。但是，如果生产力的发展达到了"不仅可以满足所有人的需要，而且还有剩余产品去增加社会资本和进一步发展生产力"③的程度，就有可能根除剥削。对此，赖希认为，马克思只揭示了社会的经济机制，并未真正解决人的自我解放问题。在他看来，该问题的答案应该在弗洛伊德那里找寻。在弗洛伊德那里，性压抑是人类为了文明发展必须付出的代价。遭受到性挫折的主体会有一种无能感，这迫使他寻找各种各样的替代性满足，其后果就是"性禁锢大大改变了在经济上受压迫的人的性格结构，以致他的行动、感情和思想都违背了他的物质利益"④。肉体上的力比多快感才是任何有意义的解放的必要因素，只有摆脱了压抑，人类的解放才真正具有意义，从而达到一种如马克思所设想的那种自足、自满、自立的境地。

赖希致力于在物质与意识之间直接插入被压抑的力比多快感，看起来是将精神分析学与马克思主义并置在了一起，但实则并未从学理上找到联系两者的深层逻辑，并未真正弥合内在的力比多与外在的客观世界之间的鸿沟。相对于马克思主义，他只是从精神分析学视角提出了一个力比多方案，并认为在人的解放进程中，后者比前者更重要。

---

① ［奥］赖希：《法西斯主义群众心理学》，张峰译，重庆：重庆出版社，1993年，第三版修订增补序言，第14页。
② ［奥］赖希：《法西斯主义群众心理学》，张峰译，重庆：重庆出版社，1993年，第22页。
③ 《马克思恩格斯选集》（第1卷），北京：人民出版社，1995年，第238页。
④ ［奥］赖希：《法西斯主义群众心理学》，张峰译，重庆：重庆出版社，1993年，第27页。

三、奥兹本：意识收编无意识

在这个会通两者的题域中，英国学者奥兹本1937年所著《弗洛伊德和马克思》一书是中国学界较早接触到的相关理论专著。此书1940年被董秋斯译介进中国，2004年由中国人民大学出版社再版。

奥兹本力图证明，只有将弗洛伊德和马克思结合起来，人类的主观生活和客观世界才能得到适宜的描述："弗洛伊德理论让我们意识到主体生活的复杂性，但这一视点隔离于社会背景。马克思主义让我们关注人类活动的社会决定因素，但忽略了导引着人们进入到与社会环境发生活跃关系的主观压力。"[①] 奥兹本的基本出发与赖希颇有相近之处，他们都认为，马克思主义从外在客观切入，弗洛伊德精神分析学从内在主观着手，这两门理论分别为主体的疆域框定了极其重要的疆域。

奥兹本认为，心理过程是以辩证的方式进行的。对于精神分析学者来说，有许多心理行为的案例，在方法论上，"如不从辩证法的角度来看，便几乎不能理解"[②]。为了进一步说明此点，奥兹本举了现实与"爱德"的关系的例子。此处的"爱德（id）"，后来被中国学界译为"本我"。奥兹本尝试通过以自我（ego）为中介来弥合两者之间的冲突。他视野中的自我主要是意识的，它与马克思主义的意识范畴非常接近。但是，如果自我是属于意识那一部分的产物，那么它是如何来的呢？在奥兹本之后的拉康那里，通过如前所论、所引的图示L，我们知道，自我乃是主体试图从语言之墙的另一边的大他者那里寻求直接的象征性认同而不成，不得不转向小他者去找寻想象性认同的产物。当然，奥兹本在他的时代，并未对自我的研究做出如此深刻、具体的研究。他眼中的自我，就是意识投射的产物。而本我（1940年的董秋斯将其译为"爱德"）则对应的是无意识。本我的冲动由于现实原则的阻挠而发生了变化。奥兹本认为，"自我有一种现实的原则，而爱德却依一种快乐的原则来寻求满足"[③]，在这一个理论节点上，两者之间是一种辩证的关系。而在本我之中，存在着生与死两种本能，其关系恰如恩格斯所说：

---

① Reuben Osborn, *Marxism and Psychoanalysis*, New York: A Delta Book, 1965, pp. 154-155.
② [英]奥兹本：《弗洛伊德和马克思》，董秋斯译，北京：中国人民大学出版社，2004年，第122页。
③ [英]奥兹本：《弗洛伊德和马克思》，董秋斯译，北京：中国人民大学出版社，2004年，第123-124页。

同样，任何一个有机体，在每一瞬间都既是它本身，又不是它本身；在每一瞬间，它消化着外界供给的物质，并排泄出其他物质；在每一瞬间，它的机体中都有细胞在死亡，也有新的细胞在形成。①

此处，必须提出强调的是，上面这段恩格斯的引文，乃是奥兹本在《弗洛伊德和马克思》一书中给出的，旨在论证本我中所内含的辩证关系。笔者在转引恩格斯的这一段话时，译文根据人民出版社2012年版《马克思恩格斯选集》第3卷做了订正。

奥兹本眼中的本我的内部，形成了如恩格斯所论的两种对立因素的辩证关系。而就整体而言，在现实原则之下，本我是作为一种对立力量出现的。因此，"人们只有在压制那不合理的爱德（笔者注：即id，本我）冲动发出的相互嫉妒和敌视的条件上，才能形成大的稳定的社会单位"。②本我与本能冲动相关，后者具有齐泽克所说的"未知的已知"性质。如果这个超出了意识控制范围之外的力量不能被有效地限制和收编，那么弗洛伊德与马克思的结合就不存在认识论上的基础。为了论证弗洛伊德与马克思之间的学理关系，奥兹本举了希特勒和墨索里尼这样的所谓"领袖"的案例："领袖是幼年的父亲的代替物，含有父亲万能的幼稚概念。"③法西斯的领袖将自己伪装成父亲那样的理想化角色，假装自己能提供父亲般的保护，通过欺骗群众感情，达到独裁的目的。

总之，在沟通精神分析学和马克思主义的理论线索上，奥兹本的方案是将弗洛伊德在马克思的物质与意识之间所勘定的新场域——无意识——置于意识的把控之下，从而在物质、意识、无意识三者之间达成某种平衡。但这也正是奥兹本的问题所在。在精神分析学看来，在精神空间内，能够被意识捕捉和掌控，并加以符号化的，都不是无意识；无意识永远在意识的疆域之外。奥兹本设想的要通过让意识收编无意识来达到融会贯通人的主观世界和客观存在的目的，从学理上看，并不成立。

在弗洛伊德和马克思的最初相遇中，早期的学者，如赖希和奥兹本等，虽然囿于时代局限，并未真正解决弗、马两派在认知方案上存在的重大分

---

① 《马克思恩格斯选集》（第3卷），北京：人民出版社，2012年，第397页。
② ［英］奥兹本：《弗洛伊德和马克思》，董秋斯译，北京：中国人民大学出版社，2004年，第85页。
③ ［英］奥兹本：《弗洛伊德和马克思》，董秋斯译，北京：中国人民大学出版社，2004年，第132页。

歧——如何恰如其分地在社会存在与主体意识之间安排无意识的位置——但他们开拓了一个问题场域，提出了一个理论趣向，为其后的马尔库塞、拉克劳、墨菲、齐泽克等提供了一个持续关注和研究的学术场域与政治空间，也为我们在新形势下寻求某种将精神分析学这么一门既复杂晦涩又极具阐释力的理论与马克思主义相联系的路径开拓，提供了某种学理铺垫。

第二节　学理同一性

精神分析学与马克思主义分别位于内在精神与外在客观的这两个端头上，似乎南辕北辙，难以交通。在西方学界，融合两者的最初尝试之所以难以成功，主要是因为赖希和奥兹本等学者以一种割裂的方式，将无意识简单而生硬地插入马克思主义的物质与精神这两个维度之中，其结果就是，两门理论各自在自己的疆域内自说自话，并未从学理上交融在一起。那些尝试虽然呈现了会通两者的价值与意义，但并未将其真正落实。

因此，研究精神分析文论之马克思主义维度，一个必要的前提就是，这两门理论之间确实存在着某些内在的逻辑，在此基础上，两者能够有着某些极具理论价值的同一性。

一、弗洛伊德与马克思的阐释策略

在本书的题域中，精神分析学和马克思主义在学理性上是否具有某些可支撑两者融会贯通的基本特质？在此，一个显见的同一性就是，两者同属唯物主义阵营，虽然它们各自的唯物主义指向有所不同，"一个是性，一个是社会历史的阶级动因"[①]。在马克思看来，意识的基础是客观存在的物质世界，这一洞见业已成为马克思主义的逻辑起点和基本常识。而弗洛伊德则认为精神空间中无意识的内在驱力是性和性行为；后来致力于对弗洛伊德进行语言学改造的拉康则提出"无意识就是大他者的话语"这一著名判断，即，无意识寻求的是获得他人的认可。由此可以判断，无论"性"或"大他者的话语"，实则都是在为无意识找寻一个实实在在的唯物主义锚点。共同的唯物主义基础，为我们辨识隐含于精神分析学中的马克思主义维度提供了基本的理论支

---

① Fredric Jameson, *The Ideologies of Theory*, London: Verso, 2008, p. 108.

撑。这样的共同点，某种程度上，在两者之间构成了一种极具张力的交织的网络，它使得我们不至于在南辕北辙的两个极端上认知和处理这两门各自具有极大阐释力的理论。

这两门理论不仅有着共同的唯物主义基础，在方法论意义上，它们也共享着一个虽然相当隐晦、但极具价值的共同点。而这一点，正是齐泽克所指认的马克思与弗洛伊德的阐释程序的同一性。

齐泽克认为，"马克思对商品的分析和弗洛伊德对梦的解析，二者之间存在着基本的同宗同源关系"[①]。这种关系，有别于西方学术传统中的对于形式和内容之关系的普通认知。在黑格尔看来，形式和内容就是统一的，"内容非他，即形式之转化为内容；形式非他，即内容之转化为形式"[②]，形式是内容的外在投射，而内容则是形式的内在决定因素。考察内容必须联系其形式，反之亦然。然而，就我们的知识而言，形式与内容并非总是如黑格尔所断言的那样，具有彼此映射的关系。譬如，巴赫金就不会那么认为。他指出，当采用新的观照事物的方法时，"新的不是所看到的东西，而是看的形式本身"[③]，形式可以独立于事物的内涵而存在。这就像我们面对一颗钻石，决定了内容的钻石本身其实并没改变，但由于我们观照视角的变化、考察形式的更新，钻石完全可能呈现出不同的内容来——这一阐释原理还构成了文学艺术解读的基本方法论指向。

在马克思与弗洛伊德架构中，齐泽克注意到，他们要揭示的并非被形式隐藏起来的隐秘内容，而是这种形式自身的秘密。齐泽克要破除的恰恰就是这样的一种迷信，这种观点假定在所有形式的背后都存在着某些能够决定形式之样态的隐含内容。只有当我们首先在认识论上确立了这样的一种关于形式与内容的新的认知立场，然后才能真正理解马克思主义和弗洛伊德理论在特定场域中的特定意义，才能从中萃取出它们之间所共有的那种阐释程序上的同一性。

齐泽克希望揭示马克思和弗洛伊德的这样一个认知：他们都不迷恋所谓的形式背后的隐含内容。在他们看来，内容并不隐藏在形式背后，内容就是

---

① Slavoj Žižek, *The Sublime Object of Ideology*, London: Verso, 1989, p. 3.
② [德] 黑格尔：《小逻辑》，贺麟译，北京：商务印书馆，1996年，第278页。
③ [苏] 巴赫金：《文艺学中的形式主义方法》，李辉凡、张捷译，桂林：漓江出版社，1989年，第55页。

形式本身。它们都拒绝将内容与形式看成是两个不同的表里层面，在这个架构中，决定其本质意义的东西被形式所掩盖，同时又通过将自身投射到外在形式之上来呈现自身。简言之，在马克思和弗洛伊德各自的理论中，他们希望挖掘的秘密不是被马克思主义的商品形式和弗洛伊德理论的梦的形式所隐藏起来的内容，而是这种形式自身的秘密。

马克思指出，一旦劳动被赋予了商品的形式，它背后隐秘的内容就变得扑朔迷离。他对商品性质的揭示，在阐释程序上分为两步：（1）力图撇开形式直接考察商品的隐含本质；（2）对于作为商品的劳动来说，其隐蔽内核并非独立的存在。"劳动产品一采取商品形式就具有的谜一般的性质究竟是从哪里来的呢？显然是从这种形式本身来的"[1]，马克思敏锐看到，其隐秘的内容恰恰就体现在它那具有极大迷惑性的形式本身。

而在后来的弗洛伊德那里，"梦不过就是一种特定的思维形式而已"[2]。他对梦的阐释程序，也分为两步：（1）假定梦是一种有意义的现象，它背后隐藏着某种秘密，但直接阐释未有结果；（2）不再迷恋于直接探究梦背后的"隐含意义"，转而对梦的形式——"在其中被人以令人惊讶的频率使用着的梦所展现的隐藏主题的形式"[3]——本身加以关注、考察和研究。以形式为切入点，反倒在揭示梦的隐含内容上取得了进展。

从前面的梳理中，我们知道，马克思和弗洛伊德所共享的这种从形式反推内涵的阐释程序，并非一种普遍的学理现象，而是由各自研究对象的特殊性质所决定。在马克思主义和弗洛伊德的精神分析理论中，商品和梦的隐秘内容通过某种特定的形式将自身伪装起来，为了探索它们的实质，在阐释程序上必须聚焦于形式本身，然后才能通达内涵。换言之，内容的秘密并非隐藏在形式背后，而是就在形式之中。形式的秘密就是内容的秘密。

二、马尔库塞的路径

如果说马克思主义与弗洛伊德理论的阐释程序同源性乃是无心的契合，

---

[1] [德]马克思：《资本论》第1卷（上），北京：人民出版社，1975年，第88页。

[2] Sigmund Freud, *The Interpretation of Dreams*, trans. by James Strachey, New York: Basic Books, 2010, p. 510.

[3] Sigmund Freud, *The Interpretation of Dreams*, trans. by James Strachey, New York: Basic Books, 2010, p. 347.

那么，在致力于从精神分析学那里获得理论想象，以便在各自的指向上发展和推进马克思主义的马尔库塞那里，便是有意识地从精神分析学认知架构中萃取出某种可资借用的底层逻辑，并主动地以此构建自己的路径策略。

正如本书在此前梳理的那样，在不同的历史阶段，随着观照角度的调整，马克思认为人的本质分别寓居于劳动、社会关系、需求三个向度。其中，尤以马克思在《1844年经济学哲学手稿》中提出的"整个所谓世界历史不外是通过人的劳动而诞生的过程"[①]这一洞见，对马尔库塞对人的本质的立场产生了比较重大的影响，因为马克思的这一立场明确地将人的本质归于人的自由自觉的活动，亦即劳动。

在马尔库塞那里，性欲和爱欲完全是两个不同的概念。马尔库塞认为，人通过自己的劳动，一方面可以在劳动成果中满足自己对客观的情欲对象的追求；另一方面，他又把劳动成果作为人的现实，在现实中实现了他自身。如此一来，在所有与爱欲相关的活动中，劳动自然便成了最基本的爱欲活动。对于马尔库塞来说，只有当人能够对自己器官进行自由的支配和消费，那样的活动才是摆脱了异化的劳动，才是真正意义上的劳动。如是观之，爱欲解放的核心和关键是劳动的解放，是要回归真正的劳动。顺此逻辑，一个人如若要得到幸福，就必须让自己的劳动爱欲化。反过来说，劳动的爱欲化就是劳动的解放，而劳动的解放就是人的解放。而就幸福而言，马尔库塞认为，"幸福乃是需要的完全满足"[②]。根据弗洛伊德的观点，那些在意识之中被禁止和压抑的自由，却能在无意识中寻求到有力的支撑。而这一洞见，恰好就构成了马尔库塞之爱欲解放论的基本逻辑。

秉承弗洛伊德的看法，马尔库塞认为，后天形成的意识受到现实原则的支配，而与生俱来的无意识则受快乐原则控制。人关于现实的种种看法，乃是意识形态的必然产物，没有一个客观真实的现实等着主体去发现，有的只是文化霸权对主体意识的建构。这个过程，在霍尔那里体现为再现，在福柯那里则是话语对事物意义的建构作用。如此一来，马尔库塞便认为，比起被意识形态权力话语建构起来的意识而言，具有某种先验属性的无意识反倒更能体现人的本质。在此基础上，马尔库塞便提出了一个标志性的观点：爱欲

---

① [德]马克思：《1844年经济学哲学手稿》，北京：人民出版社，2000年，第92页。
② [美]赫伯特·马尔库塞：《爱欲与文明：对弗洛伊德思想的哲学探讨》，黄勇、薛明译，上海：上海译文出版社，2005年，第12页。

构成了人的本质。

关于人的本质，在马克思那里，有着极为精妙的论述。而拉康则提出，欲望才是人的本质，而主体的欲望指向的是大他者的欲望，这是由欲望的内核 das Ding 决定的。因此，对于拉康来说，人的本质也被导入主体内在精神空间之中，在这个无意识的内在空间里，还有着弗洛伊德的性欲和马尔库塞倡导的爱欲。

拉康关于人的本质的观点与弗洛伊德和马尔库塞相关论点有着诸多差别。但在本书看来，它们之间最主要的区别来自拉康的语言观。海德格尔认为："语言特别是存在的家而且是人的本质的住家之所。"[①] 这展现了海德格尔的著名立场：语言是存在的家园。为了加强这一洞见的力度，海德格尔甚至充满诗意地款款说道："语言是存在的语言，正如云是天上的云一样。"[②] 语言与存在相辅相成，互为条件。对于源起于 20 世纪初的语言学转向这样一个重大的学术语境的变迁，拉康当然是心知肚明，且烂熟于胸。因此，对于语言与意识、语言与象征的关系，拉康一直都极为重视，并将其如润物之细雨一般，融沁到自己理论框架中的几乎每一个向度上。主体试图向大他者寻求象征性认同，但遭到语言之墙的干扰和阻隔，因为大他者只能通过语言来呈现自身，这就像法律条文、道德规范、生活习俗，它需要一个语言的载体。拉康进而论道："非存在的存在，这就是'我'作为一个主体出现在场景中的方式。这个主体与一个双重疑难相协调：一个真正的存在却会因自知而破灭；一个话语却是由死亡来维持。"[③] 这便是我们经常归纳的："我"思于我不在之处，在于"我"不思之所。

总之，在弗洛伊德看来，无意识的终极驱力是性别和性行为，文明与本能是一个相互冲突的关系，"爱与文明之间的裂痕似乎是不可避免的"[④]。文明抑制了人的本能，扰乱了主体的力比多平衡，因此人的解放某种程度上就是力比多本能的释放。而马尔库塞将爱欲范畴从弗洛伊德疆域中单纯的性欲中

---

① [德]海德格尔：《关于人道主义的书信》，熊伟译，见《海德格尔选集》，孙周兴选编，上海：上海三联书店，1996年，第403页。

② [德]海德格尔：《关于人道主义的书信》，熊伟译，见《海德格尔选集》，孙周兴选编，上海：上海三联书店，1996年，第406页。

③ Jacques Lacan, *Ecrits*, trans. Bruce Fink, New York: W. W. Norton & Company, 2006, p. 679.

④ [奥]弗洛伊德：《一种幻想的未来　文明及其不满》，严志军、张沫译，上海：上海人民出版社，2007年，第157页。

捞取出来，并赋予它一切能使生命有机体获得快乐的欲望，包括性欲、食欲、运动、消遣等等。性欲只是局部的冲动，而"爱欲是力比多能量，在与攻击性能量斗争的过程中，它极力追求生命与生活环境的强化、满足和统一"[①]。同时，秉承马克思主义立场，通过对现代物质文明进行反思与批判，马尔库塞指出，现代文明同时也造成了人的异化，而爱欲的解放则是应对资本主义下的异化劳动的重要方案。在此，马尔库塞从"本能压抑"到"本能解放"的认知方案与弗洛伊德所依循的路径策略具有明显的一致性。

三、关联两者的学理基础

有必要再次重申的是，本书在认识论和方法论上审理和挖掘精神分析学与马克思主义之间那错综复杂、彼此交织的同一性的目的，并非给两者找到一个会通方案，而是要为这个题域中未来的相关研究提供一个必要的理论反思、学理思路和逻辑准备。在此疆域中，虽然也有极个别学者并不认可精神分析学的理论价值，但更多的学者则看到了精神分析学对主体内在精神空间所具有的巨大阐释力，试图把它与马克思主义进行嫁接，并力求将其整合进他们自身的理论框架之中。

致力于以拉康的精神分析理论来补充和重建马克思主义的后马克思主义者拉克劳便认为，在社会文化政治中，存在着一个隐含的本体，它具有拉康式的实在界的特征。我们知道，对象a是欲望的对象–原因，是一种在人的思维和语言之外的存在，因此它是不可言说的。欲望围绕着对象a编织自身。正是这个不可符号化的内在本体，与其现实投射之间的关系，就如拉康的实在界和现实一样，是一种相互否定的关系。由此出发，拉克劳在某种二元架构中提出了一系列范畴，如政治现实/政治、主体认同/主体等，前者如政治现实和主体认同等，类似于拉康的现实；而后者如政治和主体，则相当于拉康的实在界。"政治不是上层建筑"，"它具有社会本体论的地位"[②]，而有着本体意味的实在界具有"未知的已知"的特性，它影响、规范和设定了在象征领域中体现为政党、政府、组织架构等等的政治现实，但它本身却永远隐匿不现。同理，在主体认同中，"每一次认同早已在其自身中就受到了阻碍，

---

① Herbert Marcuse, *The New Left and the 1960s*, London: Routledge, 2005, p. 165.
② [英] 拉克劳、墨菲：《领导权与社会主义的策略——走向激进民主政治》，尹树广、鉴传今译，哈尔滨：黑龙江人民出版社，2003年，第二版序言，第9页。

并显示出不可能性"①，都是相对于实在界中的那个不可符号化的设定的否定，是"错位的能指逻辑"②。在此认知路径中，他很明显地借鉴了拉康之实在界/现实这样一个底层逻辑。

在对爱伦·坡《被窃的信》的阐释中，论及在能指操控之下的主体时，拉康满怀悲怜地说："他们就是我们的鸵鸟，比绵羊还温顺的鸵鸟，当能指链条在他们身上穿过的时候，他们塑造了自身的存在。"③这个"他们"当然是指主体。无意识之中的主体被不知所云的能指所驱动和塑造，去追逐尘世之间形形色色的目标。所以拉康曾在多个地方反复地告诫我们，不要对欲望让步，只有这样才能达到伦理正确的境界。可是怎样才能做到不对它让步？拉康的表述含混晦涩，有时甚至令人不得要领。而齐泽克则一语点破："'不要对你的欲望让步'的意思只能是'不要容忍 das Ding（对象 a）的任何替代物，让鸿沟如其所是'。"④ 欲望的背后是那个总是隐匿不现的光源——das Ding/ 对象 a。所谓替代物，就是那些被欲望投射到一个又一个具体物件之上的光影，那些光怪陆离的投影形象只不过就是神秘光源的替代物而已，它们绝不能被当作光源本身。因此，拉康和齐泽克的意思是，不要被那些投影光斑所诱惑，因为它们并非欲望的真正能指。

拉康认为，精神分析学治疗的目的是让被分析者辨识出他欲望的真相，"只有当欲望被确切地表达出来，在小他者的在场中被命名出来，欲望——无论它是什么——才能在完全的意义上被辨识（recognized）出来"⑤。然而，被辨识出来，只表明我们知道了欲望存在于斯，并不等于说其意义得到了澄清。主体也许会知道欲望的所指是什么，却永远无法确知欲望的源头何在。所以，拉康一派认为，欲望是没有能指的所指，绝对不存在什么先验的意义等着主体欲望去发掘。主体是无意识主体，而"无意识就是言说对主体之影响的总

---

① ［斯洛文尼亚］齐泽克：《超越话语-分析》，见拉克劳：《我们时代革命的新反思》，孔明安、刘振怡译，哈尔滨：黑龙江人民出版社，2006年，第304页。

② ［斯洛文尼亚］齐泽克：《超越话语-分析》，见拉克劳：《我们时代革命的新反思》，孔明安、刘振怡译，哈尔滨：黑龙江人民出版社，2006年，第301页。

③ Lacan, Jacques, *Ecrits*, trans. Bruce Fink, New York: W. W. Norton & Company, 2006, p. 21.

④ Slavoj Žižek, *The Indivisible Remainder*, London: Verso, 2007, p. 95.

⑤ Jacques Lacan, *Freud's Papers on Technique 1953-1954: The Seminar of Jacques Lacan, Book I*, trans. John Forrester, New York: W. W. Norton & Company, 1991, p. 183.

量，在那个层面上，主体在能指的影响之外构建了他自身"①——如此之洞见，显然是对笛卡儿主体哲学的拒斥，由此拉康便暗中与崇尚话语实践的福柯、抗拒意义源头的德里达、撕裂主体的罗兰·巴特之间形成了某种相互映射的关系。

拉康视野中的主体从来都不是一个确定的、正在思考的动物，而是一种分裂的、缺乏对称性的存在，这便是拉康所说的"能指的位移决定了主体的行为、目的、拒绝、盲目、成功和命运"②。主体只是在认同中创造出一个幻觉，在其中获得的任何认同的内容实际上是由主体回溯性地赋予它的：

> 在笛卡儿之"我思"的历史过程中，将意识提升到相对于主体之根本性地位，表明了一种对行动中的"我"的错误强调，而忽略了决定主体的能指的隐晦性。③

任何对主体的审视和指认，都必须考虑到主体背后的能指，亦即那个被掩埋在实在界深处的 das Ding/ 对象 a，它因其不可被符号化而具有某种令人无法回避的隐晦性。如此一来，主体便被投入了一个复杂而又辩证的动态网络之中。在主体那里，想象性认同与象征性认同之间的博弈，实则展示了投射到社会历史文化之上的象征秩序对主体进行影响和规约的模式。受制于象征性认同的想象性认同为了大他者凝视而来，这表明外在的文化逻辑优先于无意识之前符号意图。在对想象性认同与象征性认同的交互作用的研究之中，拉康雄辩地将文化维度导进了精神分析学之欲望地形图之中，并由此从理论上打开了它与马克思主义的联通之门。

第三节 象征秩序与外在客观

在拉康看来，"真理并非从它所关注的现实中的某处获得保证：它从言语中获得保证。"④ 从语言的维度重新审视和发展精神分析学，这是拉康最重大

---

① Jacques Lacan, *The Four Fundamental Concepts of Psychoanalysis: The Seminar of Jacques Lacan, Book XI*, trans. Alan Sheridan, New York: W. W. Norton & Company, 1998, p. 126.
② Jacques Lacan, *Ecrits*, trans. Bruce Fink, New York: W. W. Norton & Company, 2006, p. 21.
③ Jacques Lacan, *Ecrits*, trans. Bruce Fink, New York: W. W. Norton & Company, 2006, p. 685.
④ Jacques Lacan, *Ecrits*, trans. Bruce Fink, New York: W. W. Norton & Company, 2006, p. 684.

的贡献之一，此举在新的文化思潮中极大地丰富了精神分析学的内涵和外延，并进而为这门学科赋予了旺盛的生命力。

一、"上帝死了……"

某种程度上，马克思主义研究的社会基本结构，构成了拉康一派理论视野中的象征秩序。

根据拉康的认知，不同精神状况的人，会对体现为社会结构的象征体系做出不同的反应："只要是正常的个体，都会在实际行为中使用它们（笔者注：指各种社会结构）；而对那些精神不正常的人来说，他们通过象征性的行为来表达自己。"[1] 然而，拉康的这一说法，很是可疑。精神正常与不正常的人，会以不同的方式处理他所面对的社会结构，对此我们当然有权力追问一下：这种正常或不正常的划分标准是如何做出来的？拉康并未就此给出解释，或者说，拉康并未在这个逻辑程序中，将这种标准作为一个理论前设的条件提出来加以说明。那么，也许符合学理的理解就应该是这样：对社会结构——或象征秩序——的不同处置方式，是划分精神正常与不正常的依据。如是观之，一方面，精神正常的人会自觉地与那些象征秩序进行印证，并在象征秩序允许的范围内做出行为。在此意义上，所谓精神正常，表现出来就是能够泰然接受符号的阉割，尽量遵守符号象征秩序的要求，并将主体自己的一言一行皆与象征规范进行比对，凡是不符合象征结构要求的就加以整改和抛弃。另一方面，精神上非正常的人，象征秩序对他们来说，并非某种他们必须遵从的规则，而是他们用以表达自己内在诉求的一种方式。从大了说，被认为患有严重精神疾病的极权主义者阿道夫·希特勒就并不认同他身处其间的那个象征体系，在他看来，他的职责是为世界制定规则；从小了看，一个精神病患者总是希望击碎象征空间，因为他认为，象征就是对他的最大限制和束缚，他所要做的就是击碎旧的象征，建构起某种属于自己的新象征。总之，无论是对精神正常或不正常的人来说，象征界都会发挥不容置疑的构成性功能。这一点，与马克思主义认为的人是社会关系的总和这一洞见，暗中发生了理论上的关联。在后者看来，正是外在的客观世界建构起了社会中的人。就社会属性而言，马克思主义视野中的人的本质正是由拉康所指认的象征秩序所

---

[1] Jacques Lacan, *Ecrits*, trans. Bruce Fink, New York: W. W. Norton & Company, 2006, p. 108.

规约和构建的。

然而，在拉康的学术视域中，构成了象征秩序的大他者，却被认为正在逐渐退却。对于此点，拉康借陀思妥耶夫斯基的名著《卡拉马佐夫兄弟》来加以阐释。

俄国作家陀思妥耶夫斯基的最后一部长篇巨著《卡拉马佐夫兄弟》是根据一桩真实的弑父案写成的。这样一个弑父的母题，如无意外，肯定会受到精神分析学家的关注。弗洛伊德就表示，《卡拉马佐夫兄弟》是他最喜欢的小说之一。而拉康则通过这部小说，表达了一个更为深邃的题旨。

这部小说的故事始于父亲老卡拉马佐夫被谋杀，他的儿子成为嫌疑犯而遭受审判这样一个案件。作者营造了一个三维的立体叙事空间，情节跌宕起伏，故事一波三折，在每个阶段都面临着无法克服的哲学困境，直到达到高潮。书中主要人物为旧俄外省地主卡拉马佐夫和他的儿子德米特里、伊凡、阿辽沙及私生子斯麦尔加科夫。老卡拉马佐夫虽然行将就木，却仍然贪婪、好色，不仅霸占妻子留给儿子们的遗产，而且还与长子德米特里为一个女人争风吃醋。德米特里对父亲恨之入骨，一再扬言要杀死他，并且有一天夜晚真的闯到父亲的窗下，掏出了凶器，意欲干点什么。正好就在那一天晚上，老卡拉马佐夫被杀死了，德米特里不出所料地被拘捕了。但是，实际上，真正的弑父者并不是德米特里，而是私生子斯麦尔加科夫。在伊凡"既然没有上帝，则什么都可以做"的那一套理论说辞的鼓动下，斯麦尔加科夫为了发泄自己在长期卑屈处境下郁积起来的怨毒情绪，也为了获得金钱，冷酷地谋杀了自己的父亲。最后，小说呈现了一个极具悲剧性的结局——长子德米特里虽然无辜，但仍然被判刑；私生子斯麦尔加科夫畏罪自杀；伊凡因内疚自责而精神错乱；阿辽沙则离家远走。这个家庭的悲剧成了分崩离析的沙皇专制社会的一个缩影。整部小说有两个层次：从表面上看这是一桩弑父案，而受害人的几个儿子在某种程度上都有串谋之嫌；但在一个更为深刻的层面上，这是一部关于主体之精神空间的著作，在这个空间里，信仰、猜忌、理智与自由意志，发生了你死我活的拼斗。

总之，陀思妥耶夫斯基对上帝存在的思考是在人类的苦难之上展开的。在多灾多难的世界中，上帝成为人的最主要的——如果我们不贸然说是唯一的——依靠。在此情势下，陀思妥耶夫斯基在《卡拉马佐夫兄弟》里多次发出灵魂拷问：到底有没有上帝？如果没有上帝，人又该何以自持？这些问题的答案，引发了后人不断的哲思。而对于陀思妥耶夫斯基来说，没有上帝的世界，只能是恶魔横行的世界。上帝的监管缺席了，规则消失了，那么，人干什么似乎都是合法的了，甚至包括犯罪。职是之故，《卡拉马佐夫兄弟》就不仅仅是一个关于犯罪的故事，它更是一场哲学辩论。在小说中，上帝、自由意志和伦理道德之类的题旨遭遇了广泛而深入的论争。

对于拉康来说，上帝之死，显然就意味着象征秩序的削弱、消退、崩溃。失去了象征约束的主体，会进入一个彻底自由的状态吗？进而言之，主体会因此而获得自己的解放吗？本书所言之解放，是在此前所论的赖希和奥兹本对精神分析学和马克思主义的融汇尝试的层面上的解放。没有了上帝所代表的秩序，主体的本能是否便可毫无障碍地释放出来？对这个问题，陀思妥耶夫斯基给出了肯定的回答，但拉康显然不这么看。

二、"一切都不被允许了"

在拉康看来，象征机制体现了俄狄浦斯情结的社会意义。俄狄浦斯情结体现了禁忌，上帝之死恰恰就隐喻了某些社会禁忌的消失。因此，在陀思妥耶夫斯基的《卡拉马佐夫兄弟》里，上帝死了，没有规则和禁忌了，做什么都被允许了，儿子也就可以杀死自己的父亲了。

> 当卡拉马佐夫问他的儿子时，卡拉马佐夫老人眼中闪烁着贪婪的光芒——"上帝死了，所以一切都被允许了"——现代人，他梦想着陀思妥耶夫斯基的英雄虚无主义的自杀，或者强迫自己吹爆尼采的充气超人，用他所有的病痛和所有的行为回答："上帝死了，什么都不允许了。"①

上面引自拉康文章的这段话中的"现代人"，表征的是拉康的代言人，拉康借他之口说出了自己的一个极为重要的观点——上帝的消失，并不像陀思妥耶夫斯基设想的那样，打开了人类行为的潘多拉魔盒，恰恰相反，那意味着一切行为都不再被允许了。

齐泽克曾经引述了保罗在《罗马书》(Romans)中的一个著名段落，在那里，保罗描述了律法是如何生成违背律法的欲望的这样一个貌似悖论性的过

---

① Jacques Lacan, *Ecrits*, trans. Bruce Fink. New York: W. W. Norton & Company, 2006, p. 106.

程①：保罗所谓的律法当然指称的是西方社会的道德大厦所赖以建构的那个基础，亦即十诫。出于常识，我们知道十诫是《圣经》中所记载的上帝借由以色列的先知和众部族首领摩西向以色列民族颁布的十条规定，即《摩西十诫》。耶稣复活以后，十诫成为给全世界的人的诫命。

齐泽克指出，今天我们自由而宽容的社会经验恰恰确证了保罗的洞见。我们的经验不断地向我们表明，当下人们所珍爱的，甚至不惜为之付出生命代价的人权不过是违反十诫的权利而已。在齐泽克看来，所谓"隐私权"同时也有可能就赋予了人们偷偷地通奸的权利，由于没有人能够看到我的私生活或者有权利干涉我的私生活，我就可以秘密地偷情；而所谓"追求幸福并拥有私有财产的权利"，在没有任何的限定和进一步的说明之前，不也就是在某种程度上保护了人剥削人的权利——甚至偷窃、贪腐的权利——吗？而"出版和言论自由"当然也可以意味着撒谎的权利；"自由公民携带武器的权利"某种意义上也就是杀戮的权利；最后，十诫之中"宗教信仰自由"原本是希望在当时的语境下，赋予当时的人们能够不受约束地皈依基督教的权利，但同时这一律法的背后不也为人们崇拜伪神、崇拜任何一种可能的宗教提供了权利吗？职是之故，我们看到，从哲理上而言，这样的逻辑完全可以被当成是一种相对于否定的辩证法的"肯定的辩证法"，在肯定之中就包含着对自身的否定。所有的诫令，都在某种程度上释放着违反诫令的种种可能性。正因为诫令的存在，人才知道自己该做什么，或不该做什么。

因此，上帝死了，意味着大他者的退却，意味着人失去了裁决者。从此，一方面人在表面上获得了自由，他可以再无所顾忌地成为自己的支配者、自己的主人；另一方面，由于没有了裁判，没有了禁令，他的行为反而失去了依据。这就相当于没有了禁忌，从此就没有了与禁忌紧密相连的快感，同时也不再存在幻象，因为幻象的关键恰恰就在于它构建了某种横断和阻隔了主体之象征界与实在界之间的鸿沟。这样的后果，令人不禁回想起勒庞在他的《乌合之众》里描述的法国大革命中的奇异状况——在一个象征秩序遭到极大破坏的时代，很多人投身革命，并非出于对革命提供的那种种美好愿景的憧憬和追求，而是因为大家都那么做，所以他们便在他人的煽动之下，跟随盲从；而另有一些人加入其中，什么远大的、功利的、现实的目的都没有，就

---

① Slavoj Žižek, *How to Read Lacan*, London: Granta Books, 2006, p. 42.

是简单地享受破坏的快乐而已。

没有了禁令，就没有了行动的依据。在当今这个时代，主体由于缺乏内在的决定性，而不得不将自己交给某些外在的东西。在拉康看来，这表明内在匮乏的主体不得不转向外在的大他者那里去寻求认同；而在齐泽克的视野中，这喻指着主体具有了某种完全的可塑性，他必须从某种外在的动因那里得到关于自己该如何选择的指令，他必须不断地被告知他想要什么。在此情势下，主人（Master）存在的功能就是告知主体他应该如何构建自己的欲望，他应该想要得到什么。"当这里没有人告诉你你真正想要什么，当所有选择的负担都在你身上时，大他者完全支配了你，而选择实际上消失了"①，如果有一天主人不在了，主体首先失去的就是自己的欲望。而在拉康那里，欲望构成了主体的本质，没有欲望的主体将不再是一个主体。由此，齐泽克语重心长地指出："如果没有强制性的选择来限定自由选择的场域，那么选择的自由本身就消失了。"②陀思妥耶夫斯基和拉康所说的上帝承担起了大他者的功能，发挥着主人的作用，我们对此应无异议。如果上帝死了，在我们这个业已形成了强大惯性的符号象征世界中，追寻价值的一切努力都将不再可能。因为上帝给我们禁忌的同时，也将行为的准则和行为的空间给了我们。

三、不存在大他者的大他者

在精神分析学的层面，某种程度上，可以认为文学的起点乃是支撑了欲望的 das Ding/ 对象 a，如此，文学似乎就成了主体纯粹的内在空间的产物。而在马克思看来，"观念的东西不外是移入人的头脑并在人的头脑中改造过的物质的东西而已"③。这意味着，主体的思想来自对外在客体的感性认识与加工。所谓外在的客观现实，指的是存在于人的意识之外的、不依赖于人的意识的物质世界。外在客观投射到主体的精神空间之内，经过人的大脑的加工和改造，就形成了人的思想，以及由此而衍生出来的种种精神产物，譬如文学艺术。在此认知基础上，马克思主义提出了一个很具体的观点，认为文学

---

① Slavoj Žižek, "What Can Psychoanalysis Tell Us about Cyberspace", in *Psychoanalytic Review* 91(6), Decemeber 2004, p. 801.

② Slavoj Žižek, "What Can Psychoanalysis Tell Us about Cyberspace", in *Psychoanalytic Review* 91(6), Decemeber 2004, p. 801.

③ 《马克思恩格斯文集》（第5卷），北京：人民出版社，2009年，第22页。

艺术"除细节的真实外,还要真实地再现典型环境中的典型人物"①,这一洞见恰如其分地体现了马克思主义的一个基本认知前提:"物质生活的生产方式制约着整个社会生活、政治生活和精神生活的过程。"②文学艺术来自主体在客观世界中的实践活动,同时又反过来对主体之实践起到能动作用。

那么,在精神分析学中,外在客观作用于主体的方式,亦如马克思主义所认为的那样吗?即主体从外在客观那里获得意识的源泉,并能动地反作用于物质世界。而在拉康看来,在主体的认同中,由于内在匮乏的存在,主体不得不转向外在的大他者那里寻求象征性的认同。那么,在这样的一个逻辑流程中,我们是否可以将象征秩序指认为马克思主义视野中的外在客观呢?

在《图腾与禁忌》中,弗洛伊德指出,图腾动物实际上就是父亲的替代者。宰杀图腾动物是不被允许的,但宰杀通常却是节日必不可少的一道环节——先宰杀它,哀悼它,然后再将其供奉起来。这个过程与孩子对待父亲的情结极为相似。弗洛伊德举了这样一个例子来阐明此点——在一个原始的父权制的社会结构中,"有一位暴烈而又充满嫉妒的父亲,他独占了所有的女人,并将他那些长大了的儿子全部赶了出去"③。弗洛伊德假设,那些被父亲驱逐出来的兄弟们最终聚在了一起,他们联合杀死并分食了他们共同的父亲,如此这般,父权制的群落组织形式便被终结。对于那帮兄弟来说,暴虐的"原初之父"(弗洛伊德语)无疑是其畏惧和嫉妒的对象。通过分食父亲的行动,他们也完成了对他的作用,而他们中的每一个也都获得了他的一部分力量。

弗洛伊德认为,有很大的可能性,那帮狂暴到弑父的兄弟,多半会充满了矛盾的情感。兄弟们憎恨他们的父亲,因为他扮演的是一个他们在渴望获得权力和性满足的过程中的可怕阻碍者的角色;但是,他们同样爱戴和敬重他,因为父亲为他们制定了行动的规则。在弑父之后,兄弟们对父亲的憎恨情绪得到了宣泄,而那曾被排斥在一边的爱戴之情又会在他们的心中浮现出来。这种爱之情感会以悔恨的形式表现出来。

弗洛伊德归纳道:

---

① 《马克思恩格斯全集》(第37卷),北京:人民出版社,2016年,第41页。
② 《马克思恩格斯文集》(第2卷),北京:人民出版社,2009年,第591页。
③ [奥]弗洛伊德:《图腾与禁忌》,赵立玮译,上海:世纪出版集团、上海人民出版社,2005年,第169页。

> 那死去的父亲反而变得比其生前更强大——因为，直到今天，我们仍可在人类事务中经常见到该事件所产生的影响。从那时起，父亲生前禁止他们做的事情，现在由儿子们自己予以禁止了，这和我们非常熟悉的、在精神分析学中被称之为"延迟性服从"（Deferred obedience）的心理过程是一致的。①

简而言之，弗洛伊德希望导出这样一个观点：在俄狄浦斯情结中，弑父并非无意识驱动的结果，而是一个在主体意识开始之前就必须发生的事件。或者说，在主体进入体现为社会文化历史的象征秩序的那一刻，弑父这个事件就必须总是已经发生了。然而，必须强调的是，弑父并不一定是现实中真正的杀死父亲——毕竟这样的真实案例少之又少，根本不足以支撑起一个庞大的理论体系——而是某种带有强烈的文化色彩的图腾仪式，它为人类打开了从纯粹的动物领域进入社会文化历史空间的通道。

这个题旨的关键在于父亲死了，但他并不知道自己已经死了。其底层逻辑是，父亲的权威并非来自作为单个个体的个人，而是来自他所在的位置。如果我们觉得此点难以理解，那么国王的案例也许会更为清晰地阐明此点。国王的威权并非他个人与生俱来的一个特质，而是因为他占据了国王这个位置后随之而来的。在国王位置上的那个人并不是代表他自己在言行，而是作为大他者的化身在发挥作用。这就是为什么我们会说，占据了威权位置的父亲/国王作为个人已经死了，但他却不知道自己实则已经死去，反倒会认为位置赋予他的权力是他本身先验地就具有的。

顺着弗洛伊德的思路，拉康从理论上做出了进一步的推进，他指出："不存在可被言说的元语言，或者更格言地说，不存在大他者的大他者（there is no Other of the Other）。"② 对于主体来说，大他者最初是以父亲的形象出现。所谓不存在大他者，那是因为大他者不过就是分裂的主体的一种想象性建构。这就好像宗教，关于上帝、关于神、关于创世、关于对神的阐释，不过都是主体以想象的象征符号构建出来的。换言之，大他者并无任何现实中的保障，它也不可能是先验的。

---

① [奥] 弗洛伊德：《图腾与禁忌》，赵立玮译，上海：世纪出版集团、上海人民出版社，2005年，第171-172页。

② Jacques Lacan, *Ecrits*, trans. Bruce Fink, New York: W. W. Norton & Company, 2006, p. 688.

因此，在精神分析学的场域中，并不存在一个绝对的、唯物主义式的外在客观。正如此前援引的齐泽克的阐述——客体"在主体之中，又溢出主体之外"——主客之间的界限经常非常模糊，要想在两者之间直接画下一道泾渭分明的分隔线，并非易事。这意味着，并不能简单地将象征秩序与马克思主义的外在客观等同起来，因为正如拉康判断的那样，不存在大他者的大他者，体现为象征秩序的大他者是主体建构起来的产物，并不能把它当成一个纯粹的客体，当然也不能将其当成纯粹的主体。在这个主体与客体交织的理论节点上，精神分析文论与马克思主义的认知架构和方法策略既相互关联、又有所不同，这在某种程度上为精神分析学赋予了新的活力。

小 结

在物质和意识之间，借助精神分析学的理论支撑，拉康插入了无意识的欲望。由于驱动了文学欲望之内核是 das Ding/ 对象 a，某种程度上，也可认为文学始于 das Ding/ 对象 a。在本书致力于研究的符号喻指体系中，das Ding/ 对象 a 将不可见的神秘光源投射到墙上，给主体建构出一个又一个的欲望。如果只是捕捉到墙上光影，欲望当然无法得到真正的满足，因为制造了光影的根源并没被捕获，它马上又可制造出另一个投影来，直至无穷。因此欲望的语言便是一种体现了匮乏的语言，而欲望本身则被一种中空的结构所控制。如此，对 das Ding 的欲望永不可能得到满足，文学艺术的生产也永不停息。

拉康认为，以语言为中介，意义（包括文学意义）的产生是回溯性的，即，我们先已在象征结构之中认定了某种意义，然后再将这种意义赋予事物。职是之故，意义便主要来自象征性认同与想象性认同之互动、互补、互证。进而言之，虽然会受到来自 das Ding/ 对象 a 的巨大影响，但意义很大程度上乃是那些铭刻在大他者架构之上的社会、文化、历史的产物。如此一来，对于"文学何来？"这个问题，拉康的精神分析学并不将文学源头绝对地全部指向内在的精神空间，而是将部分渊源归因于外在的象征体系。所谓象征性认同，意指内在匮乏的主体转向外在的大他者那里去寻求认同。如果我们以为到此为止就可以大致了解、简明阐释和基本把握这样一个理论流程，那就错了，因为拉康又告诉我们说，不存在大他者的大他者，大他者不过就是主体自己建构出来的。

齐泽克指出："幻象的最终目标就是凝视本身。"[1] 这个凝视当然来自大他者。一旦有了欲望，主体就被象征秩序操控。由此，以欲望为中介，精神分析学暗中将文学导向了外在的社会历史文化领域。如是观之，看起来似乎精

---

[1] Slavoj Žižek & D. Glyn, *Conversations with Žižek*, Cambridge: Polity Press, 2004, p. 140.

神分析学认为文学乃是 das Ding 的外在投射——就此为止，这一洞见与马克思主义文学观保持了某种谨慎的距离，因为在后者的视野中，正是外在的客观世界决定了文学艺术的存在样态，而非相反——然而，由于主体的欲望乃是建构在体现为象征秩序的大他者的欲望基础之上，欲望之诉求就在于从象征秩序中获得自身价值。在此，拉康一派的精神分析文艺观显然便与马克思的辩证唯物主义和历史唯物主义拉开了差距。即使精神分析文论赋予了文学艺术一些外在性，那么这种外在的客观性也是可疑的、靠不住的。所谓象征性认同，某种程度上可以说，主体是与自己建构出来的某物进行认同。这与经典马克思主义认为的文学反映五彩斑斓、波澜壮阔的客体世界的观点颇有不同。

总之，在拉康一派的精神分析学看来，文学幻象并非如它所设想的那样，完全是一个源自 das Ding 的封闭空间，其意义也并非完全是自内而外地给出的，而是通过回溯的方式被赋予文学文本，这便为马克思主义视域中的意识形态的介入打开了一扇窗户。如此一来，在关于文学起点这个题旨中，精神分析文学观与马克思主义有了某种更为紧密的关联。虽然精神分析文论与马克思辩证唯物主义的基本认识论指向有很大的不同，但至少，在"文学何来？"这个题旨上，精神分析学向马克思主义打开了一道门缝，并由此将若干的马克思主义色彩赋予了自身。进而言之，在这条缝隙中，我们看到了两者之间对话的可能性。

第二部分

文　学　何　是？

> 但也许即使这样也必须付出代价。这就是为什么我去年告诉你，在马克思这里，对象 a 被指认为是在基于分析话语而非任何其他话语的基础上阐明的层面上发挥作用——作为剩余快感（surplus *jouissance*）。在这里，您可以看到马克思所发现的那些在剩余价值水平上实际发生的情况。
>
> 当然，创造剩余价值的并不是马克思。只是在他之前，没人知道它的位置。它与我刚才提到的那个一样含糊不清，就是过多的剩余工作。[1]

拉康从马克思的剩余价值理论中的"剩余（surplus）"获得了某种灵感，提出了一个虽然在精神分析学理论体系中并不是最引人注目但非常关键的概念：剩余快感。这当然并不意味着拉康曾经是、或现在是、或将要是一个马克思主义者——此处的"现在"和"将要"表达的是过去现在时和过去将来时的时间概念。至少，在清晰的意识层面上，拉康并不认可马克思主义。然而，通过"剩余"这个修饰词，在剩余价值和剩余快感这一对特定的范畴上，拉康在认知架构上暗中与马克思主义站到了一起。

这并不矛盾。根据拉康的理论，一个人在意识层面上的观念，很可能被

---

[1] Jacques Lacan, *The Other Side of Psychoanalysis, The Seminar of Jacques Lacan, Book XVII*, trans. Russell Grigg, New York: Nowton, 2007, p. 20.

他无意识中的"未知的已知"所颠覆。无意识中那个暗中驱动了主体的das Ding虽然构成了精神分析的文学艺术的源头，但它并不能直接体现在文学艺术之中，而是只能透过以语言之墙为代表的符号系统以隐喻、换喻、提喻的方式展现自身。那么，具有如此特性的文学艺术会以一种什么样态存在于世呢？

在这一部分中，通过"文学何是？"这个题旨，本书希望追问的是：在精神分析学的视野中，文学是什么？如此之文学，与马克思主义之间是否存在某种认识论和方法论上的关联？如是，这种关联是否会给精神分析文论带来什么样的影响？它会令精神分析文艺观在某个更为系统、全面、综合的平台呈现并展开自身吗？

第四章
客观的主观

在自己的成名之作《意识形态的崇高客体》(The Sublime Object of Ideology)中，齐泽克说："意识形态不是掩饰事物真实状态的幻觉，而是建构我们社会现实的（无意识）幻象。"[1] 在这个视野下，我们对社会现实的看法，不是如当初的法兰克福学派所认为的那样处于一个被蒙蔽的状态——霍克海默和阿多诺们因此才立志要为大众祛魅，以便将底下的真相展露出来——而是我们日常所体验的社会现实本身就是一种幻象，支撑幻象的是物化的信仰，譬如教徒在诵念自己都不甚了了的经文中开始深信自己信奉某位神灵。因此，齐泽克说"信仰支撑着幻象，而幻象调节着社会现实"[2]。这一判断，在某种程度上构建起了一个关于幻象的宏大叙事，在它之下，各种关于社会、历史、文化、哲学、宗教、道德的话语被建构起来，这其中当然也包括文学艺术。

第一节　主体互动的场域

幻象构建起了一个主体之间交换欲望的空间，它为文学和艺术的生成与消费提供了一个互动的场域。对于幻象这个关键性的概念，至少需要厘清这几个方面的问题：这个术语的翻译是如何比较准确地揭示它在拉康理论谱系中的意义和位置的？它与大他者是如何连接的？幻象中的主体是如何操演自己的快感的？穿越幻象是否可能？

---

[1]　Slavoj Žižek, *The Sublime Object of Ideology*, London: Verso, 1989, p. 33.
[2]　Slavoj Žižek, *The Sublime Object of Ideology*, London: Verso, 1989, p. 36.

一、fantasy 的翻译和大他者的扭结

为了阐释欲望，拉康曾经给出了一系列的以欲望为主题的图示。本书在前面已经论述了他的欲望图一和欲望图二。而在欲望图三（见图-4）中，最引人注目的莫过于它顶上的那个问号状的图形，在那个问号之中，"Chè vuoi?" 被标注了出来。拉康解释道："正是这种叠加的结构层次将我的图形推向其完整形式，一个形似问号的图形根植于代表大他者的 A 之上，以一个令人疑惑的投射标识来象征它意指的问题。"① 简言之，借助此图，拉康希望论述的是欲望得以展开自身的空间—幻象。

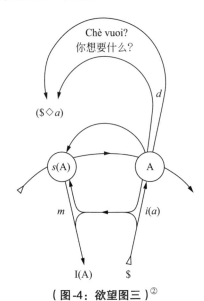

（图-4：欲望图三）②

粗略一看，似乎欲望图三不过就是在欲望图二的顶上多了一个由两条线组成的"问号"而已。这个问号始于大他者 A，止于幻象公式 $\$ \lozenge a$。问号的中间，分别是欲望 d 和欲望的追问 Chè vuoi?。而它们整个合在一起，构成了幻象的基本框架。

幻象在英语中为 fantasy（或 phantasy），它与另一个英语单词 illusion（幻想、幻觉）有所区别。在中国学界，有时也会将 fantasy 译为"幻想"，但这样的翻译显然并未抓住拉康视野中的 fantasy 的关键。对于幻象公式 $\$ \lozenge a$，拉

---

① Jacques Lacan, *Ecrits*, trans. Bruce Fink, New York: W. W. Norton & Company, 2006, p. 690.
② Jacques Lacan, *Ecrits*, trans. Bruce Fink, New York: W. W. Norton & Company, 2006, p. 690.

康解释道:"$◇a 可被读作:'分裂的主体 $ 对对象 a 的欲望。'"① 这呈现了这样一个认知:在从实在界进入象征界之际,主体遭到阉割,从此成为了分裂的主体;通过为自己构建了一个 fantasy,分裂的主体设想了这样一个场景,在其中他对他者来说很重要。这个被拉康称为 fantasy 的场景,首先是靠幻想(illusion)支撑的,但幻想并不够概括 fantasy 的全部内涵。不妨借弗洛伊德那个著名的他的小女儿吃草莓蛋糕的案例来审视这个题旨。小女儿欲望着一块草莓蛋糕。但问题并不是怎样才能获得并吃到那块欲望中的蛋糕,而是"我怎么知道我首先会欲望着一块草莓蛋糕?"②。主体根据他人的欲望来规划和结构自己的欲望,而让这个欲望得以建构起来的那个语境就是幻象,亦即分裂的主体对对象 a 的欲望。如果没有幻象,主体便无法从他人欲望中获取建构自身欲望的素材,其结果便是欲望的枯竭,后果极其严重。就弗洛伊德的小女儿来说,她注意到了其父母对她吃草莓蛋糕的景象深感满足,于是在父母面前吃蛋糕这一幻象是小姑娘根据其父母的欲望而构建出来的,其目的是让父母开心。由此,小姑娘在吃蛋糕这个幻象之中成为父母欲望的对象,并以蛋糕为桥梁,与父母达成了彼此欲望的交换。让这一切运行起来的机制归根结底就是一点——通过主体间欲望的互动,幻象告诉我们,对其他人而言我们是什么。如是观之,草莓蛋糕绝对不是弗洛伊德的小女儿的欲望的实证性对象,而仅仅是欲望的对象链条中的一环而已,先验地迷失了能指的欲望在此稍作驻留,旋即又将转向下一个目标,直至无穷。

因此,在对 fantasy 的翻译中,必须牢记的一点就是,fantasy 并非简单地是一种虚幻的构想,它更是欲望的场域,而欲望的中心是匮乏,是那核心的不可能性,亦即对象 a,所以它永远不可能真正实现。如是观之,本书支持的"幻象"这种译法,一方面展示了它与普通的幻想的区别,这个区别的关键在于欲望的介入;另一方面,强调了欲望支撑下的幻想的目的性,即分裂的主体希望自己成为他者欲望的对象。

欲望图三中,"主体对能指的顺从,产生于从 s(A) 到 A,又从 A 回到 s(A) 的环线中,这个环线实则是一个圆圈"③,即无意识主体首先遭遇了大他者

---

① Jacques Lacan, *Transference: The Seminar of Jacques Lacan, Book VIII*, trans. Bruce Fink, Cambridge: Polity Press, 2015, p. 315.
② Slavoj Žižek, *How to Read Lacan*, London: Granta Books, 2006, p. 47.
③ Jacques Lacan, *Ecrits*, trans. Bruce Fink, New York: W. W. Norton & Company, 2006, p. 682.

的漂浮能指，然后在缝合点 s(A) 处回溯性地得到稳定的大他者所指的意义，反过来又回到 A 点，并幻觉性地以为 A 点之漂浮能指的意义早已存在。拉康把这一个过程叫作"圆圈"，我们也可将其理解为一种自洽的循环。其底层逻辑运行在一个闭环的线条上——这就像"我必须努力工作，才能开心消费"，当这个封闭的逻辑之环转起来，人们很容易便会产生这样一个错觉：开心才是一切的根源，因为只有开心，才能让主体努力工作，然后继续开心消费——而作为这个逻辑闭环基础的工作本身，反倒被淡化了。

因此，在欲望图三中，大他者 A 是一个实际上的起点，我们仅从图中就能看到，大他者将众多的要素扭结在了一起。在主体与大他者的认同中，语言介入其间，而后生成了欲望图三顶上的那个问号状的图形。在欲望图三的"问号"底部，也就是通常问号下面的那一个点的位置上，是 A，即大他者。在拉康那里，他者分为大小两种："我们必须区别两个他者——一个是大他者，另一个是小他者，小他者就是自我。在言说的功能中，我们关注的是大他者。"[1] 作为与小他者产生认同之后而形成的自我，在上一章中业已得到了足够多的论述，其脉络已经相对比较清晰。在主体与小他者之间的想象性认同中，我们看到的是一对二元关系；而在主体与大他者之间的象征性认同中，因为语言的介入，出现的却是一个主体、大他者、语言的三元结构。这也正是上述引文中拉康所说的"在言说的功能中"，大他者得以呈现的缘由，因为言说是以语言为基础，而主体任何的与大他者的认同都绕不开语言之墙的干扰。语言构成象征秩序，这也是为什么有时候学界会将 the symbolic order 翻译为符号秩序，因为符号是一切象征的基础，而语言是符号最重要的组成部分。

幻象是这样一个场域，在其中，分裂的主体在大他者的扭结之下，相互之间关联在一起。在某种程度上，主体就是象征性认同与想象性认同互相作用的产物。从拉康的欲望图一、二、三中可以看到，这两种认同都与大他者有着不可割裂的联系。在文本意义的生成过程中，大他者从来都是一个必不可少的结构性要素。

---

[1] Jacques Lacan, *The Ego in Freud's Theory and in the Technique of Psychoanalysis 1954-1955: The Seminar of Jacques Lacan, Book II*, trans. Sylvana Tomaselli, New York: W. W. Norton & Company, 1991, p. 236.

二、幻象中的主体

第一次读到拉康的"你从来不会从我看到你的地方看到我"①这个句子之时，读者很难不品味到某种诗意。拉康此语，颇有一些卞之琳那首著名小诗的韵味——"你站在桥上看风景，看风景的人在楼上看你；明月装饰了你的窗子，你装饰了别人的梦"——但实际上，虽然拉康的表述看起来确乎采用了某些诗的手法，但此处他的目的却并非要写诗，而是在论述凝视（gaze）这个概念。从相对广义的文化批判理论场域来审视这个表述，观看（或曰凝视）是一种权力的产物，对此福柯的《规训与惩罚》在对圆形监狱的解析中，已有过精彩的阐释。而从精神分析学视角出发，在观看的架构中，"我"之所以看到你，那是因为你进入了我先已有之的某种认同架构，只不过你自己不知道而已。这种架构受到了来自想象界和象征界两方面的制约，这其中想象界的关键词是镜像阶段，而象征界的关键词则是大他者。

那么，幻象中的主体，能够摆脱大他者的桎梏吗？

不可怀疑的主体作为哲学命题是笛卡儿提出的。但是，在笃信经验主义和唯物主义的人们眼里，笛卡儿却有一个致命的缺陷，那就是他那句被当作自己哲学体系出发点的名言——"我思故我在"，此说在过去常被认为是极端主观唯心主义的代表而遭严厉批判。斯宾诺莎在按照几何学方式证明笛卡儿哲学的《笛卡儿哲学原理》中论道："'我思想，因此我存在'这个论断是一个单一判断，它是完全和'我是能思想者'这个论断等值的。"②之所以"我思想"能够成立，乃是因为"我是能思想者"。要做到能思想，首先，要具有一个独立的主体性；其次，要有一个健康、理性、符合逻辑的思维能力；最后，根据后来的精神分析学要义，思想并非凭空产生，也不是单纯地来自外在空间或内在世界，思想是一种经过了象征界与想象界规约的结果，在这个过程中，语言扮演了极为重要的角色。而在17世纪的唯物论者斯宾诺莎那里，他一方面试图以"我思"并不优先于"我存在"之说（在他看来二者是等值的）修正笛卡儿的主观唯心论倾向；另一方面他赞同"我思"和"我存在"共同建构了认知主体，这在某种程度上将主体从纯粹的唯心状态中捞取了出来。

---

① Jacques Lacan, *The Four Fundamental Concepts of Psychoanalysis,The Seminar of Jacques Lacan, Book XI,* trans. Alan Sheridan, New York: W. W. Norton & Company, 1998, p. 103.
② [荷]斯宾诺莎：《笛卡儿哲学原理》，王荫庭、洪汉鼎译，北京：商务印书馆，1997年，第46页。

就认知的主体性而言，20世纪的哈贝马斯以"行为"和"言语"两个概念为起点展开对英美语言哲学的批判，致力于从普通语用学角度出发，把交往行为理性的前提转移到语言哲学上去。哈贝马斯认为，读者作为观察者，"我们可以根据表象来推断行为意图，并假设这就是行为者的意图；但要想确切地断定这种意图，我们恐怕还是要从参与者的视角出发"①。由此，文本的言语亦即作者的意图并不对第三人称的他者开放，而只对采取第一人称策略的参与者敞开自我。这里，我们看到了接受理论和阐释学至少是在方法论上的程序合理性。但是，就接受理论而言，在其最初的喧嚣之后，它本身所固有的问题也日趋显现。接受理论的代表人物沃尔夫冈·伊瑟尔（Wolfgang Iser）在随后的回顾中就进行了反思：接受理论"最关注的是一个文本使其读者作出什么反应，而对于这一文本自身可能意味着什么则并不怎么在意"②。然而，就算读者采取了参与的态度，也仍然不能改变一个本质的事实：作为读者，不管采取什么策略，他永远不可能改变自己的他者身份而完全进入作者主体。因此，文本言语的开放，只能是部分的开放。

那么，如果文本过分地向读者开放，会出现什么状况呢？"文学批评和文学理论的语言已经成为世界上最丑陋的私人语言"③，所谓私人语言的大量出现，一方面也许是由于在叙述中确有必要生产新的术语来表达新的概念，但另一方面，它也体现了写作主体在时间维度下强烈的自我主体意识：比起构建丰富而深邃的思想来说，通过创新术语来确立自我主体性显然就要简单易行得多。此处的"私人语言"，如果成立的话，那是否就意味着批评话语从此摆脱了象征秩序的束缚，可以随心所欲地翱翔了？毕竟，在通常的意义上，如果不同的写作主体对相对比较集中的大他者认同，那么话语陈述就会呈现出公共性的特征，而不是走向"私人"。某种程度上，"私人语言"一说，恰恰是想象性认同的产物，因为每一个不同的个体，出于不同的无意识欲望，他们所面对的那些可用于认同的小他者是不同的，这自然就会造成语言的私人化。然而，当写作主体不得不借助庞杂的私人语言来表达思想之时，私人

---

① [德]于尔根·哈贝马斯：《后形而上学思想》，曹卫东、付德根译，南京：译林出版社，2001年，第54页。
② [德]沃尔夫冈·伊瑟尔：《虚构与想象：文学人类学疆界》，陈定家、汪正龙等译，长春：吉林人民出版社，2003年，序言第3页。
③ [英]马克·柯里：《后现代叙事理论》，宁一中译，北京：北京大学出版社，2003年，第38页。

语言实际上割断了作者与读者的联系，也就遮蔽了文本传达意义的功能，写作主体所建构的世界也就通过私人语言的自我封闭而成了某种貌似神秘却其实什么也不是的东西。对于这一点，拉康自然也敏锐地意识到了，所以他在论述了婴儿在镜像阶段形成主体意识之后继续论道："以后，在与小他者的认同过程的辩证关系中，我才客观化；以后，语言才给我重建起在普遍性中的主体功能。"①私人语言阻断的就是那种主体与他人的认同过程。由于这一认同过程的缺席，主体就不可能客观化，也就不可能通过语言建立起主体功能。

因此，无论主体以何种方式试图彰显私人的存在，他都无法脱离大他者的掌控。拉康告诉我们："人的欲望就是大他者的欲望。"②这意味着，虽然作为个体的主体有着自己的个性，但由于其欲望的建构都是围绕大他者而展开的，大他者 A 作为一个枢纽中心，将无意识和欲望连接在了一起——大他者的话语构成了无意识，大他者的欲望构成了主体的欲望。主体是如何与大他者发生关系的呢？拉康指出："大他者的问题来自'Chè vuoi?'，即'你想要什么？'。"③这是一个非常令人头痛的问题，因为它总是悬而未决，没有确切的答案。

三、穿越幻象与快感

根据精神分析学的一般判断，幻象构建了我们的现实，并将我们与实在界分隔开来。所谓穿越幻象就意味着毁灭幻象，意味着击穿既定的社会现实，使得旧有的社会秩序再也无法运行，并为新秩序的产生带来机会，虽然并非每一次毁灭都会有重建的机会。

当幻象的框架崩溃之时，主体立刻就会感受到现实感的丧失，并开始把现实视为一个没有坚实本体基础的不真实的噩梦世界，而这个世界正是现实被剥离了幻象支撑后剩下的残余。齐泽克曾经给出的那个两位遭到强暴的女人的案例则更为精细地阐明了这一点。第一个女人放纵、独立、主动；而第二个女人则经常偷偷幻想自己被性伴侣虐待，甚至强暴。当这两个女人都真的被强暴之时，她们谁会体验到更大的创伤性冲击呢？齐泽克的答案是第二

---

① Jacques Lacan, *Ecrits*, trans. Bruce Fink, New York: W. W. Norton & Company, 2006, p. 76.
② Jacques Lacan, *Ecrits*, trans. Bruce Fink, New York: W. W. Norton & Company, 2006, p. 690.
③ Jacques Lacan, *Ecrits*, trans. Bruce Fink, New York: W. W. Norton & Company, 2006, p. 690.

个女人，因为"与现实的过渡接近引起了'现实的丧失'"①。第二个女人通过强暴的幻想，成功地为自己构筑了一个心理现实，而支撑这个现实的是幻象内核，亦即深埋于她无意识中的创伤。当强暴真的发生，第二个女人因为其心理现实的幻象在外部的社会现实中被实现，隐藏在实在界深处的幻象内核与象征界和想象界之间的界限被消解，它们之间的隔墙被推倒，这个女人由此便丧失了她的符号一致性。这也正是弗洛伊德反复强调的观点："如果（主体）强烈渴望的东西在现实中呈现给他们，他们会避而远之。"②这意味着，心理现实中的幻象核心是我们无法承受的，在此情形下，一旦穿越幻象，内核必被触及，创伤性冲击定会如期而至。

幻象与快感密不可分。拉康用斜体的法语 *Jouissance* 来表示快感。快感不是快乐（pleasure），它也与性无关。毋宁说，快感是主体在进入象征界的过程中，遗留在原初位置上的某种残余物，但同时快感又给主体的存在提供意义。简言之，"快感是主体的'处所'"，然而"主体总是－已经位移，同自己的处所脱节"③。幻象是分裂的主体对对象 a 的欲望，而欲望的原因－对象是对象 a，它总是在不同的能指上滑动，因而欲望总是无法满足，快感便总是不能兑现，主体便总是不能回归自己的处所。欲望与快感达成了一种悖论性的关系，快感存在于幻象所不能覆盖的地方。

但这并不意味着主体就会放弃对快感的追求。在日常生活的幻象中，某个在井井有条的符号世界中大获成功的人士，极有可能同时又迷恋上某种越轨的快感形式，譬如毒品、烟草、偷盗、变态性关系，等等，并愿意为此付出一切。看起来幸福的人，其实未见得幸福，因为幸福的标准并非是由主体自身来确定的，而是由符号性的幻象给出的，而"快感就是本体性的越轨，是被破坏的平衡"④。主体只能通过越轨，才有可能勉强体味到快感，这样的快感甚至经常会以罪业的形式呈现出来，一旦这一罪业被剥夺，主体的世界从此便会空无一物。因为在欲望的僵局中，"幻象建构出一幕幕场景，在那里面，我们被剥夺的快感集中在他者之处，正是他者偷走了我们的快感"⑤。正是因为

---

① Slavoj Žižek, *The Metastases of Enjoyment: Six Essays on Woman and Causality,* London: Verso, 1994, p. 114.

② Sigmund Freud, *Dora: An Analysis of a Case of Hysteria,* New York: Macmillan, 1963, p. 101.

③ Slavoj Žižek, *The Plague of Fantasies*, London: Verso, 2008, p. 61.

④ Slavoj Žižek, *The Plague of Fantasies*, London: Verso, 2008, p. 60.

⑤ Slavoj Žižek, *The Plague of Fantasies*, London: Verso, 2008, p. 43.

某种罪业才让主体暂时摆脱了符号的禁锢、超越了幻象的迷局，并试图从他者那里取回快感。但是，如果我们以为主体在获取了某种具体的物件之后就会达成快感，那就又错了，因为"快感是不能被符号化的事物"①，快感没有能指，快感就是本体性的越轨本身。换言之，快感在于快感的获取过程而非其他。

在幻象之内，主体只能得到剩余快感。在拉康那里，剩余快感一词最初是用法语 plus-de-jouir 来表述的。这个法语词汇可以译为"剩余的快感"，也可译为"不再有快感"。剩余快感并不是普通快感在量上的增加或溢出，它来自痛苦。齐泽克对剩余快感的论述主要从意识形态的视角切入，这意味着他的相关研究，具有较强的政治性和历史性。这当然与他着重从意识形态出发审视、观照和考察主体之幻象空间这一理论趣向密切相关。职是之故，齐泽克意味深长地归纳道："剩余快感就是受剥削的仆人们因为自己给主人提供的服务而获取的一点点报酬。"②这意味着，剩余快感不是主体进入象征界之前的原初欲望，而是介于原初快感和意义世界之间，其意义在于，它是驱使着在符号秩序中异化的主体回归原初真实的心理动力。

在此，我们不禁要问，齐泽克所说的那些"受剥削的仆人们"是如何从被压迫、被霸凌、被剥削的屈辱中获取剩余快感的呢？从精神分析学的角度来看，很显然，这种快感是直接依附于"仆人们"所承受的痛苦的。这种痛苦之所以能被他们泰然容纳，那是因为在幻象的领域里，一些人必须臣服于另一些人的意识形态已经被编织进了一个貌似天然合理、不可动摇的逻辑画面之中，以至于"仆人们"除了通过苦中作乐得到一点点剩余快感之外，别无所获。这就如曾经在美国的那些黑人奴隶，在认同了美国的黑奴制度的情势之下，他们接受了自己的悲惨命运。在此前提下，他们只能从繁重劳作之后的民谣小调中得到一丝丝剩余快感。这表明，幻象以既定的方式结构了"仆人们"的快感，使"仆人们"在身心两个方面都依附于主人，并接受支配性的社会关系框架。而正是在这一点上，齐泽克将幻象与意识形态关联在了一起，并在此基础上，提出了自己独到的意识形态观。

幻象是一道将我们的实在界与象征界隔开的屏障，穿越幻象会带来灾难

---

① Slavoj Žižek, *The Sublime Object of Ideology*, London: Verso, 1989, p. 122.
② Slavoj Žižek, *The Plague of Fantasies*, London: Verso, 2008, p. 59.

性的心理后果。因为快感存在于幻象所不能覆盖的地方，人们经常会去尝试穿越幻象以便追寻那不为象征界所容纳的快感。而在幻象之内，在遵循符号规则的前提之下所获取的快感只能是建立在臣服关系之上的剩余快感，它与其说是真正的快感，毋宁说是被压迫与被剥削者无可奈何的苦中作乐更为合适。如要改变这一切，摆脱痛苦，就必须穿越幻象，因为幻象营造了一个场景，在其中一些人霸凌、压迫和剥削另一些人成为理所当然。

第二节 叙事的功能

在精神分析文学观中，叙事与欲望、幻象一起，搭建起了一条从 das Ding 通往文学的桥梁。叙事并非简单地将记忆的碎片拾掇在一起，并编制一个新的因果关系和时间顺序将其重新组织起来，而是用叙事对那些由于"核心不可能性"而必然产生的种种冲突、鸿沟、缝隙加以填充。因此，精神分析学认为叙事是连接欲望和幻象的桥梁。

一、叙事与创伤

从实在界进入象征界，主体必然受到符号的阉割，这一遭遇会带来创伤性的后果。从此主体被分裂，那些被压抑的东西成了实在界的坚硬内核，我们称之为不可符号化的 das Ding。然而，文学艺术是否可以直接将那些压抑如其所是地呈现出来呢？基于两个明显的理由，答案是否定的：其一，如果被压抑之物可以被符号再现出来，那它就不是实在界中的 das Ding；其二，就算我们假设压抑之物可以被符号直接呈现出来，由于实在界的创伤性内核的特殊性质，在象征界里所显现的一切必然会随之而毫无逻辑、支离破碎，以至于无法理解。

本书第一部分中的那个被假想来隐喻主体内在精神的花篮可以直观地帮助我们把握这个抽象的维度——创伤性事件就是在完整的花篮上被粗暴地摧残或抽掉的那些花朵，叙事的功能就是用虚幻的方式将残破的部分又呈现在主体面前，以便忽悠主体相信，这个花篮从未受损，没有任何创伤性的事件曾经发生过。

象征界的核心是以语言为中心的符号，而根据拉康的观点，"正是语言的世界创造了事物的世界（the world of things）"①，主体的任何试图通达外在客观世界的活动，都必须以符号为中介。一旦将符号组织起来，必然便会涉及叙事。

一旦叙事开始介入，就进入了再现（representation）的流程。而自20世纪语言学转向以来的主流学术传统早已雄辩地论证了，在主客之间从来就不存在纯粹的透明。某种程度上，叙事的过程就是对再现的操演，而再现是一种赋予世界以意义的符号指意实践。一旦进入这个题域，叙事者的无意识欲望、理论话语、认知结构、经验惯性、个体经验、权力关系和研究范式便会不可避免地纠缠其中，因此便不可能存在所谓客观、公正、中立的叙事。

而在福柯看来，我们关于这个世界的所知，构成了知识，它可能是对的，当然也可能是错的。"知识"是话语实践中可供谈论的东西，是主体置放自己的话语中所涉及的对象的空间场所，是概念得以产生、消失、被使用和转换的范围，是在确定的话语实践前提之下展开的活动。总之，"知识"与话语实践密不可分，离开了话语实践，就无从谈论知识。而在福柯那里，话语单位形成的前提是，陈述群参照的是同一话语对象，由于存在着同一的话语对象（物）才可能形成话语单位（词）。譬如说医学话语，其产生的基础就是首先存在着可供谈论的话语对象（医学）。对象本身是在多样性、异质性不断转换的空间中形成的。话语对象不是先于话语而存在的，而是通过在出现、界限和规格审定之间建立起的关系整体而形成的。另一方面，医生这个话语主体的位置是由一系列社会建制确定的，而这些社会建制本身是历史的、处在不断游戏变换中。话语发挥陈述功能还需要话语"场所"。如医生需要医院、化验室、图书馆等。由此，在分析话语对象形成的过程中，编年史所认为的词与物的紧密结合就被消解了。这也正是福柯所说的："诚然，话语是由符号构成的，但是，话语所做的，不只是使用这些符号以确指事物。"②这就是说，话语不仅是使用符号以确指事物，更重要的是创造对象本身。在此，词与物之间的传统联系被福柯拆解了。

从另一个角度切入，精神分析学也同样认为叙事靠不住，因为支撑叙事的基础并非客观真实。这就好像某人在童年时期目睹了一桩极端残忍的惨案，

---

① Jacques Lacan, *Ecrits*, trans. Bruce Fink, New York: W. W. Norton & Company, 2006, p. 229.
② Michel Foucault, *Archaeology of Knowledge*, trans. A. M. Sheridan Smith, London: Routledge, 2002, p. 54.

以至于从此以后他甚至都不敢再去想起这桩惨案。但这并不意味着他就真的将那个悲惨事件从自己的生命中剔除出去了，毋宁说，此事件被深深地压抑到了实在界之中，在那里，这个创伤总是悄悄地起着作用，暗中策划、影响、规定着主体的言行，而不为主体意识所知。创伤既不可符号化、又不可愈合。在临床案例中，精神分析的最终目的"并不是帮助被分析者把混乱的生活经历组织为连贯的叙事"①。所谓连贯的叙事，在某些特定的情势下，甚至被人们病态地追求着，仿佛只要能将破损的碎片用某种叙事策略重新组织起来，那些曾经造成了破损的行为就没有存在过。而对精神分析师来说，似乎只要能将病人混乱的精神世界重组起来，病人之精神空间就会被纳入一个有序的、自洽的叙事之中，就可以达到解决精神问题的目的。电影和电视中，经常会看到这样的戏剧性桥段：病人躺在一个老练的心理医生或精神分析师的面前，医生用某种方式（譬如提着一块怀表在病人眼前晃悠）将病人催眠，令其尽可能地摆脱意识的控制，而后通过事先设计好的问题，引导病人将自己无意识深处的创伤内核说出来，医生再为此补充上恰当的、自洽的逻辑。

二、叙事的认识论意味

在分析哲学的框架中，它以各种重要的哲学问题为先导，注重使用逻辑等形式化方法，注重对人类知识和信念体系中的各种命题和概念的意义进行精准分析和准确使用，也注重哲学论证的严谨性，以试图寻找到语言、思想与存在之间的稳固而平衡的关系。对此，海登·怀特点评道："他们试图确立叙事性的认识论地位。"②语言构成了叙事的核心质材，叙事是分析的主要手段和策略，因此，叙事便被赋予了认识论的地位。而在海登·怀特看来，历史叙事就是一种解释活动的产物。福柯便认为："在今天，历史则将文献转变成重大遗迹，并且在那些人们曾辨别前人遗留印迹的地方，在人们试图辨认这些印迹曾经是什么样的地方，历史便展示出大量的素材以供人们区分、组合、寻找合理性、建立联系，从而构成整体。"③通过将"文献转变成重大遗迹"，福柯击碎了传统编年史的连续性和同一性，从而让湮没于思想史中的差异、

---

① Slavoj Žižek, *The Plague of Fantasies*, London: Verso, 2008, p. 11.
② Hayden White, *The Content of the Form: Narrative Discourse and Historical Representation*. Baltimore and London: The Johns Hopkins University Press, 1987. p. 31.
③ Michel Foucault, *Archaeology of Knowledge*, trans. A. M. Sheridan Smith, London: Routledge, 2002, p. 8.

边缘和非理性因素得以显现。福柯视野中与其考古学研究相对的历史乃是指称那种重构文献、建立关联的话语实践和文本实践。这样的活动要求对先已存在的文献资料作出解释，并将其置放于一个连续的线性序列之中。这种连续性是建构起来的，而非那些古迹、遗迹、残留之物本身所内在的。因此一定程度上也就是一种叙事重构。故而福柯所谓之知识考古学反其道而行之，"在跟踪相似性和象征的线索的同时，发现某个更富于想象而较少话语，更富有感情而较少理性，更接近欲望而远离概念的主体"[1]。即是说，福柯要让差异和断裂说话。在福柯那里，话语不仅是使用符号以确指事物，更重要的是创造对象本身，对此我们已经耳熟能详。这样的观念，在语言学转向后的今天，早已经不是什么匪夷所思的东西了。进入知识的所有对象，都是通过语言构建的。实际上，语言和对象——或曰词与物——之间具有如此紧密的关联，以至于唯名论者甚至倾向于认为，认知就是给事物命名的过程。当然，唯名论是一个极端的例子，并不具有充分的理论说服力。福柯将词与物之间传统的联系拆开，由此窥见了语言建构之物与实际之物并非同一这一性征。而在第二次世界大战之后西方文化研究的先驱雷蒙·威廉斯（Raymond Williams）看来，"一个社会的传统文化总是倾向于对它当下的利益和价值系统作出回应，因为它并非一个绝对的著作体系，而是一种连续的选择和阐释"[2]。某种意义上，正是在如此之认识论前提下，雷蒙·威廉斯在滥觞于"二战"之后的西方学界的那场轰轰烈烈的文化研究大潮中声名鹊起，引领风骚。因此，从这个视角出发，历史学家的所谓"还原真相"云云，都不过就是对当下利益的回应而已。

具有认识论意味的叙事，在运作的过程中，常常与隐喻置换密切相关。从拉康那里，我们业已知道，能指在主体之间流动，从一个传到下一个。这实际上就卷入了一场能指的循环链条之中。这就像本书此前论述的"中国女性"范畴，强调延异和播散的德里达大致会说："中国女性"之所以成为"中国女性"，乃因它不是"'伪'中国女性"或"中国男性"。如此一来，"中国女性"便不可能有任何源于它之外的物质或精神实体的意义，因为"从根本

---

[1] Michel Foucault, *Archaeology of Knowledge*, trans. A. M. Sheridan Smith, London: Routledge, 2002, p. 167.

[2] Raymond Williams, *The Long Revolution*, Harmondsworth: Penguin, 1965, p. 68.

上说,每一个概念规律性地通过其语言链条或系统被表现出来"①,"中国女性"概念就"被游戏、解释和符号的概念(即无在场真理的符号概念)所代替"②。简言之,能指链通过不断的隐喻和转喻,从而构建起一个指意链条。

这样的方法策略,亦被解构主义大师保罗·德曼(Paul de Man)所认知,并操演于其解构实践之中。他在对卢梭(Jean Jaques Rousseau)《忏悔录》的解构中,通过双重的隐喻置换来颠覆卢梭的叙事。德曼指出:"至少有两种替代(或置换)层面出现:丝带替代一种欲望,而这欲望本身又是一种试想替代的欲望。二者都受到意欲得到的景象匀称的那同一欲望的制约,而这种匀称又赋予象征性客体以可以察觉的单一本义。"③当卢梭采用这一双重的隐喻置换,用虚假的欲望取代真实的欲望时,便消解了其忏悔的严肃性和真诚性,其忏悔话语便不可阻挡地滑向了辩解话语。于是德曼断言,卢梭名为忏悔、实为辩解的话语,只能是一种"罪孽的增值"④。正是在一系列巧妙的解构之中,德曼撼动了话语的明确指涉性,将意义悬置,使卢梭的文本陷入内讧而自我否定。

如是观之,叙事具有某种建构性的认识论功能。如果有人宣称,他有可能在叙事之中持有一个客观、公正、中立的内在立场,这要么是他知识结构浅薄、认知水平幼稚;要么就是他蓄意忽悠。正如晚近一百多年以来的西方学术传统雄辩地论证的那样,在主体与客体之间从来就不是透明的。一旦开始观照外在事物,不管喜欢与否、愿意与否,主体就必定会受到家庭背景、人生阅历、教育水平、社会地位、政治立场、经济状况等众多因素的影响,因此我们对外在世界的观察结论就不可能处于一种不受干扰的纯净状态。抗拒符号化的 das Ding/ 对象 a 不会直接显现自身,而是以欲望、快感、创伤等为背景,以叙事为表现手段,影响、甚至左右我们的观念。

三、遮蔽原初的创伤性内核

什么是说谎?通常的理解,说谎是指人故意将自己认为是真实的事情说

---

① Jacques Derrida, *Of Grammatology,* trans. G. C. Spivak, The Johns Hopkins University Press, 1976, p. 47.
② [法]雅克·德里达:《书写与差异》,张宁译,北京:生活·读书·新知三联书店,2001年,第505页。
③ [美]保罗·德曼:《解构之图》,李自修等译,北京:中国社会科学出版社,1998年,第269页。
④ [美]保罗·德曼:《解构之图》,李自修等译,北京:中国社会科学出版社,1998年,第287页。

成不真实的给受骗者听,让听众相信,某些真实存在着的事或物实际上不存在,又或者无中生有,捏造事实,将不存在说成存在。撒谎是有目的性的。然而,拉康对说谎却有着自己的独特看法。他指出:"在无意识的层面上,主体会撒谎。说谎话是他说出事件真相的方式。"① 这句话里面包含着极为丰富的内涵——无意识、谎言、真相——它充分体现了拉康思想的层次性和深邃性。

首先,主体在无意识层面上撒谎,这一洞见的源头,实际上可以追溯到弗洛伊德。主体的精神空间被分为意识和无意识两个层面,而主体只能掌控意识那个部分,由此便撼动和颠覆了笛卡儿"我思故我在"的哲学传统,因为如果主体不能对自己的精神世界负责的话,那么很显然"我"思便不能保证"我"的存在。其次,此处的"撒谎",并非通常意义上的撒谎,而是相对于意识层面的无意之举,无意识对主体的意识是关闭的,主体不能在意识层面上知道自己无意识中的东西,故而一旦开口说话,便远离了无意识,因此拉康认为,主体相对于自己的无意识在说谎。最后,既然有谎言,那么就必然有相对于谎言的真相。这个真相是什么?这便是拉康一以贯之的认知立场,即主体的真相或者说本真——英语表达为 truth——是由被压抑到实在界之中的 das Ding 决定的,我们已经知道 das Ding 是不能被符号化的,任何对 das Ding 的言说,都是对它的否定。在此意义上,意识层面上的谎话,反倒成了拉康所归纳的"说出事件真相的方式"。简言之,也许在意识层面上,主体希望真实表达自己的意愿和立场,但"未知的已知"总会令其表面的意图被无意识欲望所颠覆,并在某种程度上使得主体所言成为谎话。

谎话居然能够揭示出真相,这看起来像是精神分析学的一个悖论,但其实不然。说谎话也是一种叙事。当我们顺着拉康的判断,追寻拉康的思路,可以得到这样的一个结论:意识层面上的这种谎话恰恰呈现了这样一个真相,从无意识出发,主体竭力需要隐匿某些创伤性的东西,这些创伤被深深地掩埋于实在界之中。

谎话与真相的悖论,可以在叙事与幻象的关系中得到明晰的澄清。在这个场域中,拉康的深层理论得到了很好的操演。

对拉康有着深刻理解的齐泽克指出:"幻象是叙事的原初形式,它遮蔽了

---

① Jacques Lacan: *The Ethics of Psychoanalysis 1959-1960, The Seminar of Jacques Lacan, Book VII*, trans. Dennis Porter, New York: W. W. Norton & Company, 1997, p. 73.

最初的某个死结。"① 这个死结是什么？我们不妨以叙事的形式呈现自身的幻象所具有的那种屏障作用为例来加以说明。幻象凭借叙事建构起来一道屏障，并以此将体现为象征秩序的大他者的不一致性掩盖起来。但这个屏障是如何通过叙事而起作用的呢？

对此，齐泽克借用资本原始积累的神话来加以阐明。这个神话流传得如此之广，以至于它业已成为资本主义世界中最大的社会政治幻象。这个关于资本原始积累的叙事通常都是这样讲述的：有两个人，一个不但懒惰，花钱也大手大脚；而另一个人则总是勤奋苦干，省吃俭用，不停积累财富，然后又把财富用于投资，因此后者最终成功地积累起了财富并剥削、凌辱和压迫"懒惰"的前者便是天经地义的事情。于是，通过这样的叙事，一个关于社会两极分化的幻象便被构筑起来了。叙事在这样的幻象之中所组织起来的关于资本的神话有着一种什么样的功用呢？它试图掩盖什么，又试图在营造什么呢？实际上，若对此略加审视，不需要费多少工夫便会从我们的日常生活中清晰地看到，在资本积累的神话背后，被遮蔽的不仅仅有暴力，还有用暴力维系与支撑的权力和贪腐。很显然，这个神话殚精竭智所要做的就是将资本起源中真正的欺骗、贪腐、暴力抹去——资本的这些邪恶面会给资本所有者戴上原罪——以便让整个过程显得温情脉脉，富有励志精神，从而达到解开终有一天被清算的宿命死结的目的。因此，齐泽克指出，这个幻象/叙事"淡化了资本起源中真正的暴力"②，而作为叙事原始形式的幻象，其目的是将冲突闭合于叙事之内，将矛盾抹平在幻象之中。由此，我们便回到了齐泽克早年对意识形态所做的一系列阐释那里——意识形态支撑下所建构的幻象实则"是一个'幻觉'，能够为我们构造有效、真实的社会关系，并因而掩藏难以忍受、真实、不可能的内核"③。这个内核便是叙事的原初形式（亦即幻象）所力图掩盖和遮蔽的冲突与矛盾。故而，在此意义上，齐泽克对幻象与叙事的论述，至少就包含着三层我们不可忽视的含义：其一，在幻象之中，叙事的功能不是将记忆的碎片拾掇在一起，并编制一个新的因果关系和时间顺序将其重新组织起来；其二，幻象呈报自身的方式即是叙事的原初形式，叙事最初是从幻象生发出来的，这意味着叙事的基础并非客观现实；其三，幻象或者叙事

---

① Slavoj Žižek, *The Plague of Fantasies*, London: Verso, 2008, p. 11.
② Slavoj Žižek, *The Plague of Fantasies*, London: Verso, 2008, p. 11.
③ Slavoj Žižek, *The Sublime Object of Ideology*, London: Verso, 1989, p. 45.

的原初形式的目的是遮蔽某些东西,换言之,就是为了抹杀幻象之中那些原本不可调和的矛盾死结。

简言之,经常被笔者设想为一种不可见光源的 das Ding,它的那种貌似漫无边际的无厘头投射,在经过拉康语言学改造之后的精神分析学那里,叫作隐喻置换。投射的结果是制造出了种种的欲望,由于这些欲望始终找不到自己的能指,这必然意味着对 das Ding 的符号化永不可能成功,它带来的后果便是符号的不一致性。在精神分析学看来,对主体来说,这种不一致性是毁灭性的,如果任由其肆意蔓延,它必然会造成主体内在精神世界的困惑、迷茫,甚至崩溃。由此,为了维持主体精神的哪怕是虚幻之平衡,叙事粉墨登场,承担起了抹平符号的不一致性的角色。唯有如此,能够被广大受众所理解、接受、欣赏之文学艺术的生产才成为可能。

第三节 幻象与文学

主体欲望着某物,却不知为何会对此物产生欲望,在此意义上,欲望是没有能指的所指,因为欲望压根就不指向任何具体的客体对象,其能指永远逃避着主体意识的捕捉。所以,拉康意味深长地告诉我们:"幻象中,当面对特定客体之时,主体会觉得自己是一种失败。"[①]为何感觉失败?那是因为欲望的终极目标是获得他者的认同,在欲望指引下的主体获取任何具体之物都只不过是暂时抓住了欲望的所指而已,欲望本身并未得到真正的满足。而文学艺术就在这个缝隙中生发出来。

一、何为"客观的主观"?

在拉康的精神分析文艺观中,文学的起点是被压抑和阉割的 das Ding。这一洞见,其实与弗洛伊德的相关论点颇有接近之处。在弗洛伊德精神分析学的场域中,文学艺术往往与无意识关联。弗洛伊德提出:"一篇具有创见性的作品像一场白日梦一样,是童年时代曾经做过的游戏的继续,也是这类游戏的替代物。"[②]在此,当然不能简单地、机械地从字面意义上去理解弗洛伊德

---

① Jacques Lacan, *Transference: The Seminar of Jacques Lacan, Book VIII*, trans. Bruce Fink, Cambridge: Polity Press, 2015, p. 269.
② [奥]弗洛伊德:《弗洛伊德文集:第七卷》,车文博译,长春:长春出版社,2004年,第63页。

的意思。文学艺术肯定不会简单地是儿童游戏的继续，在这两者之间，显然存在着一种螺旋式的提升。由此，可以从弗洛伊德的话语中解读和概括出三个要点：首先，所谓文学艺术不过就是童年游戏的继续，即是说，文艺作品的创造与儿童游戏一样，是一件能给作者带来如孩子在游戏中所获得的那种快乐；其次，之所以能带来快乐，一个至关重要的逻辑就是，这种儿童游戏与早年那些被压抑和阉割到无意识之中去的东西有关，故而，成年人通过艺术创造将其呈现出来，这是一种具有极大的治愈效果的活动，因此也会是一件快乐之事——想一想为什么有效的心理治疗会给人带来某种如释重负的心理效果，就不难理解这里面的底层逻辑了；最后，正因为在文学艺术中所呈现的东西与被压抑的无意识相关，这意味着，在这个过程中，作者有可能将自己在现实中的那些难以名状、羞于启齿、无法实现的欲望在文学作品中以某种迂回曲折的方式加以实现。

在对上面弗洛伊德带给我们的启示做出进一步的理论小结之前，必须要强调的一点就是，无意识内涵与文学艺术的象征符号之间，并非一个直接对应的固定关系，相反，"文学将无意识的欲望、驱力和动机置换成与其本来面目不相关的意象，通过这些意象使这些无意识内容得以顺利释放或表达"[①]。正是因为无意识与其外化在文学艺术中的符号之间的这种充满不确定性的关系，文学艺术才会呈现出不可穷尽的多姿多彩的样态。也就是说，如果某个特定的无意识是一个能指的话，那么它的所指意义绝不会是一个一一对应的关系，毋宁说，在不同的时间点、在不同的空间面上、在不同的外在事件前，不同的作者完全可能会有数不胜数的不同的艺术反映。

再回过头来审视和归纳上面弗洛伊德对儿童游戏与文艺创作的关系的论述。弗洛伊德的判断，实际上就暗示了文学的客观的主观（objectively subjective）的性质。在这样一个认知架构和深层逻辑下，"文学就是对主体与自身内在创伤之核心不可能性的关系的隐喻"[②]。值得注意的是，由于在弗洛伊德的理论预设中，无意识具有非时间性，他在此点上的文艺观也顺理成章地体现出了一种共时性的趣向。

对"客观的主观"这个题旨，齐泽克则是通过一个英国电视广告来加以

---

① Julie Rivkin &. Michael Ryan, *Literary Theory: An Anthology*, New York: Blackwell Publishers, 2004, p. 394.
② 赵淳:《客观的主观：精神分析学文论研究》，载《社会科学研究》，2020年第4期，第187页。

阐述。在广告中，姑娘一亲吻青蛙，青蛙就变成男子；男子一亲吻姑娘，姑娘就变成啤酒——必须注意的是，这些改变的最终结果正是姑娘和年轻男子所渴望的东西。对此，齐泽克明确指出，这个广告展现的是"'客观的主观'的潜在幻象"[1]。在此我们甚至可以有十足的把握为姑娘和男子设计出绝对靠谱的台词来：这场改变虽然完全出乎我的意料，但它却真的是正合吾意啊！然而，这样的改变却并非出于姑娘和男子的主观安排，这种深得其心的改变的出现完全不受姑娘和男子的主观控制——这就是所谓的客观的主观。

通常的意义上，客观的主观意指"事物实际地、客观地呈现给你的方式，哪怕在你看来，它们并不是那样"[2]。这一范畴所指涉的对象在人们的日常生活中并不鲜见。当某一个事件出现在我们眼前的时候，也许由于某种特定原因，我们经常都会感觉那不是真的，但实际上的情形却正好相反。因此拉康告诫我们，"幻象才是欲望的支撑，而客体不是"[3]。但这是否意味着：我们之所以不相信自己的眼睛，乃是因为事件太真实了呢？必须注意到的一个细节就是，在这个机制的整个过程中，一个基本的逻辑前提就是，人们不相信的并非其真实性，而是因为事件真实性所带来的严重性超过了人们的预期而已。毕竟，因为某事太真实而不相信它是真的乃是人们的一种甚为普遍的心理机制，但这样的机制在我们关于幻象的认证中却并不适用。

如此，"客观的主观"这个题旨显然便与幻象有关。由于幻象掩盖原初的缺失和匮乏，修饰了象征秩序的种种不一致性，幻象便颠覆了我们在一般意义上所认定的主观和客观的对立。据此，齐泽克指出："幻象根据定义当然不是客观的，但它也不是主观的。"[4]所谓客观，即某种独立于主体的感知而存在的东西；而主观则是从属于某种可以被有意识地经验到的主体直觉，是他或她想象的产物。在此有必要温习一下前面提到过的幻象公式和定义——幻象就是分裂的主体对对象 a 的欲望。在这个公式中，主体与欲望扮演了极其重要的角色，发挥着举足轻重的作用，当然幻象就不可能是客观的了；但同时它也不可能是主观的，因为要成为"主观的"，一个必不可少的条件就是幻象

---

[1] Slavoj Žižek, *How to Read Lacan*, London: Granta Books, 2006, p. 56.
[2] Daniel C. Dennett, *Consciousness Explained*, New York: Little, Brown & Company, 1991, p. 132.
[3] Jacques Lacan, *The Four Fundamental Concepts of Psychoanalysis, The Seminar of Jacques Lacan, Book XI*, trans. Alan Sheridan, New York: W. W. Norton & Company, 1998, p. 185.
[4] Slavoj Žižek, *How to Read Lacan*, London: Granta Books, 2006, p. 51.

应该是主体意识的产物——这就像笛卡儿的"我思故我在","我"之所以能够成为"我思"的产物,乃因"我"对"我思"具有全盘的、绝对的把控力。然而,对于一个破碎的、分裂的主体来说,他的精神世界已经被分为意识与无意识两个部分,或者说在他进入符号世界之际,他的另一个部分被迫残留在了实在界。在分裂的主体对自己一部分被阉割在实在界中的那一部分抗拒符号化的坚硬内核(亦即 das Ding/ 对象 a)并不知情的状况下,我们没有充分的理由和足够的根据对幻象的主观性做出判断。既然对象 a 是主体说不清、道不明的东西,是一个在主体无意识深处悄然起着作用的存在,那么对对象 a 的欲望就构成了幻象,如此之幻象超出了主体能够把控的意识和经验,因此就绝不可能是主观的产物。既非主观,也非客观,那么这是不是说:幻象在主观和客观之间游离呢?这也不完全准确。毋宁说,幻象是客观的主观。

二、抹平幻象的不一致性

幻象的这种"客观的主观"特性为我们提供了一个极为重要的判断,即幻象所呈现的是主体暗中渴望得到,却又无法主观地促使其实施的那些东西。在精神分析学的文学艺术观中,这正体现了幻象与文学艺术的关系——文学艺术所展示的正是主体无法主动地实施的幻象。这样的意象,我们可以在卡夫卡的名著《变形记》中深刻地体味到。在这篇蜚声世界文坛的作品中,小职员格里高尔在一个早上醒来的时候发现自己变成了一只令人生厌的甲虫,这显然构成了一个幻象,卡夫卡的叙事便围绕这个幻象展开。

《变形记》中的格里高尔在变成了甲虫之后,遭遇到的最严重的状况是他失去了语言交流的能力,所以他不断地试图对自己的困境进行解释。但没过多久,他就彻底意识到,他人再也不能理解他了。更为可怕的是,别人甚至根本不知道他正试图表达自己。在他看来,他可以用来和他人交流的语言,在别人耳中,只不过是一只令人生厌的虫子所发出的咕哝声。由此格里高尔的象征秩序坍塌了,他与外在的符号世界之间的裂缝越来越大,一道不可弥合的深渊将他和其他人隔离开来。虽然事实上那些人在精神上仍然是他的同类,但他们却意识不到此点,因为在他们眼中,格里高尔从物质的、生理的、肉体的层面来看,根本就不算是人了。正是通过这种方式,一个活生生的、有着人的理性和精神的个体从此与他人分离。

在卡夫卡建构的幻象之中,有一些什么样的因素在发挥着作用呢?要得到这个问题的答案并非易事。正如拉康试图以婴儿为例研究想象界，我们似乎也可以从卡夫卡的童年中为他的幻象空间寻得一些端倪。与卡夫卡基本同时代的弗洛伊德也许可以给我们一些启发：

> 不容置疑，人人都很愿意把自己看成"例外的人"，要求得到别人没有的特权。但是，恰恰因为这点，如果一个人竟然这样宣称他是例外的人，并且在行动上也这样表现出来，那么在这种要求的后面，必定有着某种特殊的原因。①

这意味着，在弗洛伊德那里，主体的每一个显露在表面的诉求背后都存在着某种原因，且这些原因的大部分都暗藏在无意识之中，它们驱动了主体的言行，却又不为主体所知。那么，格里高尔变形背后的特殊原因是什么呢？根据弗洛伊德，他们的神经症与他们童年遇到的事件或痛苦的经历有着不可分割的联系。

拂去故纸堆上的尘封，便可影影绰绰地看见羸弱的小卡夫卡和他那小资产阶级的犹太家庭在奥匈帝国统辖下的布拉格苦苦挣扎。他的父亲"高人一等""有着某种豪爽的气度"②；他的母亲"温良恭谦""任劳任怨""为了事业、为了家庭辛勤操劳"③。在他的挚友马克斯·布罗德（Marx Brod）笔下，弗兰茨·卡夫卡的家庭由两个截然不同的遗传因素组成："母系（略维家）的古怪、羞涩、安静的人和现实强壮的父系一线。"④这个由专横粗暴的父亲和温顺善良的母亲所组成的家庭似乎更像一个中国式的传统家庭。在这种环境下，卡夫卡形成了"怯弱、隐蔽、羞怯、内向"⑤的个性。由此，某种程度上写作的卡夫卡也可以被看作被阐述的内容本身。卡夫卡是从特定的时间和地点去写作和说话的，他所说的话总是在特定的语境之中，是预先给定的。因此可说，《变形记》中是带有卡夫卡先入的社群经验及其叙事置换的。

---

① ［奥］弗洛伊德：《弗洛伊德论创造力与无意识》，孙恺祥译，北京：中国展望出版社，1986年，第85页。
② ［奥］卡夫卡：《致父亲的信》，载《世界文学》，1981年第2期，第247页。
③ ［奥］卡夫卡：《致父亲的信》，载《世界文学》，1981年第2期，第267页。
④ ［奥］马克斯·勃罗德：《卡夫卡传》，叶廷芳、黎奇译，石家庄：河北教育出版社，1997年，第16页。
⑤ ［奥］卡夫卡：《译本序》，见《卡夫卡短篇小说选》，孙坤荣选编，北京：外国文学出版社，1987年，第2页。

变形无疑体现了卡夫卡的某种创伤性内核，他需要某种载体来将貌似无意识而却又时时萦绕着他的心理情绪宣泄出来，或者在精神分析学的层面上，卡夫卡的核心的不可能性必然会投射到外在的象征世界之中。于是，格里高尔变成了甲虫，成了"例外的人"。但不幸的是，这种"例外的人"的特殊性却并没给格里高尔带来他所希望的特权。因此，"例外"表征了卡夫卡和他所虚构的主人公格里高尔对选择和控制自己命运的权利的追求。然而，文本的结局告诉我们，这是行不通的。卡夫卡在《变形记》中表现的是一个在现实世界中不可能实现的诉求，这个诉求构成了幻象的内核。不管格里高尔怎么变形，他仍然是他自己，一个在注定的命运面前束手无策的、软弱的、孤独的个体。世界并不会因为他的变形而有丝毫的改变。他那预先就被给定的身份并没因为变形而有丝毫改变，相反其悲剧反而有愈演愈烈之势。而这也正好就体现了齐泽克对幻象所做的界定：客观的主观。变形构建了一个幻象，围绕着这个幻象，不同的主体交换着彼此的欲望，并恰如其分地展示了主体内在的创伤。原本应该出现在这个幻象中的种种不一致性都被卡夫卡的叙事抹平，因此像变形这样一个貌似荒谬的、在现实中绝无可能的过程竟然能在小说中让我们信以为真。对于文学艺术的这种特性，齐泽克以反问的方式给出了自己的判断："艺术家要展示的不正是那些在根本上是去主体化的，无法被主体所实施的幻象吗？"①

三、创伤的隐喻

所谓客观的主观，喻指的是既非客观，亦非主观的状况，但其结果却能直达置身于幻象之中的分裂的、破碎的主体的欲望深处，反映出其欲望的某些侧面。对此，齐泽克给出了一个具有普遍意义的判断："幻象场景所上演的，正是扭曲了叙事空间的那不可再现的未知物。"②从中可知，我们在幻象中看到的、感受到的，甚至体验到的都有可能是被演出来的。"演"者，就表明某些非客观的元素被裹挟进来，上演的场景便不可能是真实的。由此，体现为幻象的原初叙事空间便不再是它原来的样子。一旦掺杂进去主观或者与主观相关的因素，扭曲必然会发生。故而，呈现在我们眼中的所谓客观之所见，实

---

① Slavoj Žižek, *How to Read Lacan*, London: Granta Books, 2006, p. 57.
② Slavoj Žižek, *Everything You Always Wanted to Know About Lacan (But Were Afraid to Ask Hitchcock)*, London: Verso, 2010, p. 242.

则是主体那不可言说的坚硬内核的外溢，是客观的主观——显然我们不能把这种外溢归于客观，但它也肯定不是主观，因为它来自主体实在界的最深处的 das Ding/对象 a，且不为主体所掌控。

在对对象 a 的欲望中，分裂的主体建构起了幻象。由于对象 a 的不可能性，对它的欲望便永远无法满足，因此幻象也就无法真正实现。根据拉康和齐泽克的看法，叙事建构的正是主体在现实中无法实施的幻象，在其中主体经常会面临不可能的凝视。这就像热恋中的人们暗中设想：如果我离去，他/她会是怎样的悲伤呢？在这样的设想中，一个作为叙事的原初形式的幻象被建构出来。在其中，建构者被幻象场景感动得热泪盈眶。在此，幻象建构者之感动并非真正来自客体（即他/她的爱人），而是来自他/她自己意识的内在投射。所以，齐泽克说"幻象本身就是一个'原初的谎言'，一个遮蔽着基本的不可能性的屏障"①。这个不可能性喻指着主体的创伤性内核。这一论证的过程表明，貌似客观的东西，其实并非完全客观，当然也不能就因此说它是主观的产物。

对于在分裂的主体那里被压抑掉的东西，幻象以叙事的形式继续进行压抑。由于压抑的存在，在象征界所显现的一切，必然就会支离破碎，不再是顺理成章的了。因此，某种程度上，叙事的功能就是将残余的残片重新组织起来，并赋予它们逻辑，其目的是遮蔽某些原初的创伤性内核。我们必须记住的是，欲望的叙事有着其潜在的、不可更改的规则，这样它才能与幻象相安无事、相互依存，并令我们信服和遵守。

幻象与叙事到底存有一种什么样的关系呢？表面的叙事文本和隐藏的幻象支撑之间，是如何相互影响的呢？它们又在哪里交汇？齐泽克认为，维系两者之间相互依存关系的是空洞的符号性姿态："所谓空洞的符号性姿态也就是意在让别人拒绝的提议。"② 这就好像 A 和 B 两个好友一起参加职位晋升，在激烈的竞争后，A 获得了机会。此刻 A 应该做的就是表示要退出竞争，以便他的朋友 B 能得到晋升。而 B 应该做的就是拒绝 A 的提议。这样一来，友谊就保住了。在这样一个频频出现于日常生活中的场景里，在背后起支撑作用的就是纯粹的符号性交换，是意在被拒绝的提议。符号性交换的秘密就在

---

① Slavoj Žižek, *The Plague of Fantasies,* London: Verso, 2008, p. 26.
② Slavoj Žižek, *The Plague of Fantasies,* London: Verso, 2008, p. 36.

于，尽管在符号性交换之后，双方实际上又回到了原点，即 A 得到晋升而 B 仍然会失去机会，但经过这样一番交换之后，交换的双方却各有所得——那就是在惨烈的竞争之后，他们保持住了彼此的友谊。可是，如果失败的 B 真的接受了 A 的友好表示，即自己升职，而不是让 A 升级，那又如何？真要是那样，后果则是灾难性的，"某种程度上，事物就是它们看起来的那个样子，表象的崩溃等同于社会实质本身的崩溃，社会关系就此断裂"[①]。故而，无论是社会关系的稳定，还是叙事文本的连贯，都依赖于我们对空洞的符号性姿态的尊重和接受。这里，必须警醒的是：一方面，幻象维持着虚假的开放，似乎我们可以拥有选择的可能性，或者说 B 有接受 A 的谦让的权利；另一方面，幻象中的选择，实际上是被封闭了的，如果我们仍然希望让社会秩序和叙事体系保持运作的话，那就根本不存在选择的可能。

幻象体现为叙事的原初形式。从功能来看，幻象/叙事是为了遮蔽创伤性内核、缝补符号世界的不一致性；从其特质来看，作为叙事的幻象，既非客观，也非主观；从文学艺术角度来看，叙事所展示的正是主体无法实施的幻象。从以上这些角度来看，如果幻象是由一些貌似杂乱无章的——根据拉康的精神分析学，实则有其内在的规律可循——材料组成的一幢未经精细加工的毛坯房，那么叙事则是外墙装饰与室内装修，它使得幻象能够以一种符合逻辑、光彩照人的方式被呈现出来，并为主体之欲望提供操演之场域。

总而言之，精神分析学认为，对象 a 是对 das Ding 的本体论阐释，das Ding 构成了文学的内在驱力。千百年来的文学研究者殚精竭智地希望从文学的幻象中发掘出意义，或将意义赋予文学，但在精神分析学看来，这样的努力注定是不会成功的。因为如果我们只是试图抓住那个由于分裂的主体对对象 a 的欲望而形成的幻象，那基本上就相当于没有把握住欲望的对象-原因。以 das Ding 为内核的实在界之所以能够在文学中以一种能让人接受的逻辑形式被呈现出来，有赖于叙事过滤掉创伤性事件，缝补留下的空白，抹平主体之内在创伤所带来的符号的不一致性。文学是主体欲望建构起来的一个关于创伤的幻象空间，这个空间所呈现的既非完全的主观世界、亦非完全的客观世界，而是"客观的主观"。文学就是对主体与自身内在创伤之核心不可能性的关系的隐喻。

---

① Slavoj Žižek, *The Plague of Fantasies,* London: Verso, 2008, p. 37.

总之，从功能来看，幻象是为了遮蔽创伤性内核、缝补符号世界的不一致性而被建构出来；从性质来看，作为叙事原初形式的幻象，既非客观，也非主观；从文学艺术角度来看，叙事所展示的正是主体在现实中无法实施的幻象。如果在这个过程中出现了任何的不一致性，借助于叙事的帮助，幻象就会自动地修饰它、抹平它。在此，齐泽克用一个反诘旗帜鲜明地给出了自己的观点："艺术家要展示的不正是那些在根本上是去主体化的，无法被主体所实施的幻象吗？"[①] 这里的"去主体化"即客观的主观，这也正是我们在格里高尔的变形那里看到的，文学家将自己那无法主观地令其实现的幻象在文学世界中"客观"地实现了。简言之，文学作为一种建构性的幻象空间，在那里面呈现的并非人与人的关系，而是主体与自身内在创伤性的不可能性的关系。

---

① Slavoj Žižek, *How to Read Lacan*. London: Granta Books, 2006, p. 57.

第五章
美与文学的反象征

如前所论，根据精神分析学的一般界定，文学艺术是一种与主体 das Ding 密切相关的客观的主观。而从马克思主义维度来加以审视，文学艺术会受到外在客观的限制和影响。然而，作为一种艺术形式，文学艺术除了与内在精神和外在世界相关之外，它还应具有构成了艺术基本属性的美。因此，当我们观照、审视和考察精神分析文艺观之时，必须要将精神分析学视野中的美纳入研究视野，否则便不能对精神分析文论做出全面、系统、综合的提炼和认知。

审美是文学的一个重要属性，对精神分析的美的研究，有助于我们从学理上厘清并深入把握住拉康的精神分析文论的"文学何是？"这么一个题旨。拉康的精神分析文艺观，散射到精神分析学的若干术语和概念上。其中最具概括力、阐释力和导引力的，莫过于"美"这一范畴，但拉康却并未直接揭示和阐释美的内涵。鉴于此，通过考察和审视美是如何将投射到自身之上的 das Ding 这样一个不可符号化的存在以一种既直观又迂回的方式呈现在主体面前，本章旨在阐释和揭示拉康理论框架中的美的内涵，并进而探索文学的反象征特质，以期达成深入追索和透彻理解拉康文艺观这样一个目的。

第一节 诱惑：美与艺术升华

研究精神分析学的文艺观，绕不过去的一道坎，就是美。美和文学艺术是两个既相互关联又有着极大区别的概念。美不限于文学艺术，文学艺术当然也不仅仅是为了追求美。但是，通过对美的研究，可以让我们很好地理解拉康的精神分析文艺观，并进而在马克思主义的坐标下，对其进行必要的学理观照和理论审视。

一、美与艺术的关系

在西方哲学传统中，美可能是一种理想，也可能是一种属性，还可能是一种品质。在拉康多次论述过的康德看来，美是主观判断的产物。审美是一种判断力，它是一种"自由的愉快"，同对象不存在任何利害关系。所谓无利害，与康德对于道德的阐述有着相似的底层逻辑，即主体对于客体没有"快感"和"善"的利害关系。作为最早按照整个哲学体系的要求来建立美学范畴的美学家，康德乃是依循着这样一条路径来思考和建构其美学范畴的：必然-美-崇高-自由，美是从必然到自由的飞跃。顺着这个思路，既然审美判断不是知识判断，因此在它之中，当然就不存在内涵于知识的逻辑判断。在此基础上，康德提出"任何通过概念来规定什么是美的的客观鉴赏规则都是不可能有的。因为一切出自这一来源的判断都是审美的[感性的]"[①]，美并不体现在客体中，它是主体对自身的一种感觉以及它受到表象影响的方式。康德认为审美是一种感性的判断，其中的关键词是感性。这一洞见亦可在黑格尔那里看到，他认为美就是理念的感性显现，由此进而指出，美与文艺密切相关。黑格尔的著作《美学》便是一部关于"美的艺术的哲学"，其研究对象的范围是"美的艺术"[②]。

在今天的学术语境下，要给美做一个学界普遍认可的精准定义，并非易事。职是之故，在精神分析学层面上，当拉康论述和阐释美之时，他并非要给出一种关于美的定义。拉康对美的研究，主要是从美的诱惑与屏蔽这两方面功能切入。拉康对美的阐述，很大程度上与他对精神分析伦理的阐释集成在一起。通过伦理范畴，美辐射到 das Ding、升华、欲望、快感等一系列术语上面，并以艺术升华的形式呈报自身。这其中，das Ding 是最为关键的概念。在拉康的体系中，美的出现，总是和 das Ding 关联在一起。离开了美，基本不影响 das Ding 的阐述，但离开了 das Ding，却无法澄清美。因此理解和把握 das Ding 是研究拉康之"美"的起点。

那么，在拉康的精神分析学视域中，美与文学艺术是一种什么关系？它是如何与艺术关联起来的？拉康是如何理解艺术的？在以精神分析伦理学为主题的第 7 次研讨班（1959—1960 年）上，拉康诘问道："艺术的目的是否就

---

① [德]康德：《判断力批判》，邓晓芒译，北京：人民出版社，2002 年，第 67 页。
② [德]黑格尔：《美学》第 1 卷，朱光潜译，北京：商务印书馆，1979 年，第 3 页。

是模仿？艺术模仿的是它所再现的东西吗？"①

"模仿"一词源自古希腊语 mimesis，自亚里士多德起便成为美学和文学理论的核心范畴和概念。就一般的理解而言，亚里士多德对于"模仿"的定义与阐释，有着两层含义：（1）文学艺术作品是对现存的外在客观现实的呈现；（2）文学艺术作品本身就是一个独立的实体，它并非简单地是对外在事物的反映。在后来西方世界长达两千余年的理解中，亚里士多德的第一种模仿说占据了主导地位。在此意义上我们说，亚里士多德确立了文学艺术模仿论的本体论地位。作为一种具有悠久历史的艺术观，模仿说认为艺术的本质在于模仿并完美呈现现实世界的事物。由此一来，一个文学艺术作品就被理解为是对外在客观现实的模仿性再现。

在模仿论的认知前提中，主体和客体之间是透明的，不存在语言的中介和影响。这一立场，已经在一百年前的语言学转向中遭到了质疑和否定。在现代主义文艺观中，文学艺术不是简单模仿外在现实。毕加索（Pablo Picasso）在 1907 年绘下的名画《阿维尼翁的少女》（*The Maiden of Avignon*）是其艺术生涯的代表作。在画里，少女正面的脸上画着侧面的鼻子，而侧面的脸上倒画着正面的眼睛。这是一个很现代主义的趣向。你的鼻子长什么样，我管不着，也不关心；我表现的是我心中的你的鼻子。所以，毕加索笔下的人物，表面上看起来从来都不写实，但它却反倒因此被人们普遍认为是最接近现实的。同样的认识论在其他艺术家那里也得到类似的处置，譬如卡夫卡的《变形记》中那只匪夷所思的甲虫，虽然无论从哪个角度来看，人都不可能变成甲虫，但卡夫卡根本不介意那些所谓的现实原则，他呈现的不过就是他心中的人的生存状态。简言之，某种程度上，现代主义艺术反映的是主体意识中的世界。

如是观之，在既往的认知中，在一个相对宽泛的尺度上划分，文学艺术要么是对现实的模仿，要么是对意识的反映。精神分析学则独辟蹊径，将文学艺术与主体内在的无意识关联起来。这样的从无意识切入研究的思路，我们前面在西方马克思主义者——如赖希和马尔库塞等——等那里已经看到了。因此，在以拉康为代表的精神分析文艺观看来，文学艺术是主体欲望建构起

---

① Jacques Lacan, *The Ethics of Psychoanalysis 1959-1960, The Seminar of Jacques Lacan, Book VII*, trans. Dennis Porter, New York: W. W. Norton & Company, 1997, p. 141.

来的一个关于创伤的幻象空间,某种程度上,文学就是对主体与自身内在创伤之核心不可能性的关系的隐喻。即是说,在拉康视野中,文学艺术既非对外在客观的简单模仿,亦非对意识空间的符号再现,而是主体精神空间深处的 das Ding 的外在投射。在第四章的研究中,我们已经知道,文学体现为一种客观的主观。根据拉康的观点,在文学艺术中,精神分析学所辨识的美扮演了一个极为重要的角色。

二、艺术升华与伦理指向

在弗洛伊德那里,对主体而言,力比多的性欲有着至关重要的生成性作用,在很多情势下,它甚至被看成是主体言行的不可替代的动因。当然,弗洛伊德对精神分析学的如此定位,也不是完全没有正面的效果,至少,通过此举,他为精神分析学找寻到了某种实实在在的基础——性和性行为。据此,詹姆逊多次提醒我们,自弗洛伊德起,精神分析学摆脱了纯粹的唯心主义立场,开始进入唯物主义的行列。然而,如若简单粗暴地将性设想为主体的终极动因,那么显然便会有许多言行无法被纳入这个欲望框架。最明显的反证——我们只要看看身边、看看自己,就知道性虽然重要,但它绝非主体言行的唯一驱动。对此,弗洛伊德以升华的概念来加以应对和解决。

在《文明及其不满》中,弗洛伊德论述了文明对人的本能的压抑。对这种压抑的认知构成了弗洛伊德理论的一个基本出发点。被压抑的性本能当然不肯束手就擒,它一定会以其他的方式表现出来。因此,在弗洛伊德那里,升华最初就被描述为有别于压抑的一种积极变迁,通过它,驱力选择非性的目标以获得快乐。"升华只是性趋势依附于其他非性趋势的一种特殊情况"[①],具体而言,它体现为一种性冲动的力比多能量从性目标转移到文学、艺术、科学或其他文化活动的过程。根据弗洛伊德的说法,在这个升华转移的过程中,驱力本身并没消失,只不过它指向的目标变了,从性转向了非性,发生了平面的横向移动。

而拉康则认为,升华产生于客体的改变。他说:"我可以给你升华的最一

---

① Sigmund Freud, *Introductory Lectures on Psycho-Analysis: The Standard Edition of the Complete Psychological Works of Sigmund Freud (1915-1916)*, trans. James Strachey, London: The Hogarth Press, 1981, p. 345.

般公式如下：它将客体［……］提升到 das Ding 的尊严的地步。"① 与弗洛伊德不同，拉康的升华是一种纵向移动，作为目标的客体并没改变，但层次不同了，客体的位置变了，它被提升到了 das Ding 的地位，从象征界提升到了实在界。这一洞见，让他在升华题旨上，与弗洛伊德有了明显的差异。

以与 das Ding 的关系为标准，拉康将升华分为三种模式：艺术、宗教、科学话语，它们是我们文化的基本构成要素。拉康认为，在升华中占据着 das Ding 位置的是客体，而非主体——只有在这个前提下，才能谈论升华。升华指向的并非简单地是客体本身，而是占据了 das Ding 位置的那个客体，鉴于 das Ding 深藏在实在界之中，因此拉康视野中的升华，必然会与实在界产生某种关联。在这个过程中，美的作用凸显出来，它吸引主体无限靠近客体所在的 das Ding 位置，并且进一步明确地保持该位置为虚空。这个虚空实际上便是 das Ding 之所在，说它空，乃因其不可符号化、不可描述。拉康说："围绕这种'虚空（emptiness）'来进行某种组织的模式，是所有艺术的特征。"②这一判断明确揭示了艺术升华的逻辑支撑，在此基础上，艺术升华及其拓展领域构成了拉康文艺观的重要组成部分。反观宗教，"所有形式的宗教都在于避开这个'虚空'"③，即是说，宗教要求自己的阐释不留空白。宗教绝不会将一个"虚空"的神呈现给自己的信徒。而"科学话语是由拒绝（这个'虚空'）来决定的"④，因为科学赋予自己的任务，就是要认知这个世界。世界也许会在某个特定的时间段不向我们呈报自身，但那只是人类的科学发展还没达到一定的水平而已。如是观之，与虚空的关系到底是围绕、避开，抑或拒绝，是区分艺术升华、宗教升华、科学话语升华的关键指标。

升华是一个让美呈现自身的过程。在主体的眼中，客体被提升到 das Ding 位置，这就是拉康理论轴线上的升华。美的功能就是吸引和诱惑主体顺

---

① Jacques Lacan, *The Ethics of Psychoanalysis 1959-1960, The Seminar of Jacques Lacan, Book VII*, trans. Dennis Porter, New York: W. W. Norton & Company, 1997, p. 112.

② Jacques Lacan, *The Ethics of Psychoanalysis 1959-1960, The Seminar of Jacques Lacan, Book VII*, trans. Dennis Porter, New York: W. W. Norton & Company, 1997, p. 130.

③ Jacques Lacan, *The Ethics of Psychoanalysis 1959-1960, The Seminar of Jacques Lacan, Book VII*, trans. Dennis Porter, New York: W. W. Norton & Company, 1997, p. 130.

④ Jacques Lacan, *The Ethics of Psychoanalysis 1959-1960, The Seminar of Jacques Lacan, Book VII*, trans. Dennis Porter, New York: W. W. Norton & Company, 1997, p. 131.

着升华的路径向位于 das Ding 位置的客体靠近、再靠近、无限靠近。这就像中国文化中的"情人眼中出西施",作为客体的女孩还是那个女孩,只有当作为主体的"情人"在某些美的要素——容颜、气质、知识,等等——的吸引之下,他才会将一个也许极为普通的女孩看成西施。对于主体来说,升华是一种很主观的过程。这个过程能否实现,取决于美在其中扮演的角色是否具有足够的诱惑力。

由此,拉康对美的理解便带有某种康德式色彩:强调审美判断中主观性和想象力的作用。循此逻辑,艺术升华也是一种审美升华,它同时与伦理指向一致。对于精神分析学的伦理内涵,拉康语焉不详,他只揭示了精神分析之伦理意义的生成路径,却不告诉我们其意义到底是什么,但我们仍可透过拉康晦涩的表述,依循他的思路,为 das Ding、欲望、伦理勾勒出一条比较明晰的逻辑线索。拉康认为,主体遵循自己的欲望,便达成了精神分析的伦理。欲望受到隐匿在无意识深处的 das Ding 驱使,而"无意识就是大他者的话语",主体以他者的欲望为蓝本来结构自己的欲望。如此一来,拉康精神分析学的伦理便是遵从 das Ding。精神分析的伦理的这一过程,恰与升华过程重合。这也正是拉康在第 7 期研讨班中,将 das Ding、审美、升华、欲望、快感等题旨与伦理并置论述的原因。

三、"斜坡"上的美

正如拉康在"不存在性关系"这一著名论断中指出的那样,在两性关系——推而广之,社会关系——中,我们爱上的不是另一个人,而是我们自己内在创伤的外在投影,我们实际上是在和自己发生关系。从根本上看,在两性关系中,如果存在爱,那么那并非是真正针对两性关系中的另一方(即客体)的,而是指向主体内在 das Ding 的外向投射。因此,爱对方实际上隐喻了某种自恋的关系。同时,鉴于爱具有想象的互易性特征,它实则体现了主体希望被爱的向往。

如是观之,在拉康那里,客体与 das Ding 之间是一种投射性的自恋关系。然而,我们不能将客体简单等同于 das Ding,即使前者被提升到后者的位置上,客体也仍然还是 das Ding 的投射。对此,拉康进而指出:"由自恋关系构成的客体与 das Ding 之间是有区别的,而升华的问题恰恰就在这种区别的斜坡（slope）上。"① 客体原本处于象征界，而 das Ding 在实在界。对于象征界和实在界而言，它们之间虽然并不存在人们日常所说的阴阳两界之间不可通约的巨大鸿沟，但若要会通这两个不同的领域，仍然需要一些必要的路径和手段。如此，拉康在第 7 期研讨班中所采用的"斜坡"这一隐喻，便扮演了这一角色。它通过沟通象征界和实在界，很形象地阐明了拉康视野中升华与美的关系。

通常来说，作为一种地理学和地貌学的术语，斜坡一般是指在原始地貌中，地面线与水平面呈一定夹角的地貌区，它通常是一边高、一边低。拉康将这个词借用到精神分析学之中，用以隐喻和表述象征界与实在界之间的位置关系，那么，我们可从两个方面来加以理解。

首先，斜坡一词，暗示了升华的方向。正常情势下，这个方向是单向的、不可逆的，是从象征界向实在界移动。只有在这个方向下，它才是升华，反之则不然。那么，是否存在某种特殊的情况，以至于最初从象征界向实在界提升和移动的升华，竟然逆向而行，从实在界返回到象征界？这种情况在现实生活中也是大量存在的。一个明星之所以成为偶像，乃因他/她原本应该在象征领域中呈现的很多东西都被掩盖了起来。当他/她远远地位于高坛之上时，他/她的背后就会出现类似于本雅明所说的"光晕"的东西。某种意义上，光晕有着某种掩饰和抹掉客体的符号象征特质、将其置放于实在界之中的功效。

其次，显然不能将斜坡理解为一个真实存在的、物理性的坡道。我们只是以具象化的方式来设想这个位于象征界与实在界之间的斜坡而已。坡者，意味着它指涉了一个虽然看不见、但却实实在在存在的力场，在其中，升华的动力学得以向我们呈现。就像在一个真实的斜坡上，若要驱动物体从高往低移动，我们需要重力一样，在精神分析学视野中的升华这个通道上，要让客体从象征界向实在界移动，也需要一种动力，那就是美。这就是为什么拉康会判断说，美是一种诱惑的原因。简言之，美诱导主体向着被提升到 das Ding 地位的客体靠近，却又永远不可能重合。这一洞见构成了拉康关于美与升华的基本认知出发点。

---

① Jacques Lacan, *The Ethics of Psychoanalysis 1959-1960, The Seminar of Jacques Lacan, Book VII*, trans. Dennis Porter, New York: W. W. Norton & Company, 1997, p. 98.

拉康相信，我们可以"用想象的计划殖民 das Ding 的领域。集体的、得到社会认可的升华正是在这个意义上运作"①。意思就是，虽然实际上任何试图符号化 das Ding 的领域的尝试都会以失败告终，但人们仍然会去做这样无谓的努力，而升华就是在这个过程中诞生的。如此一来，在升华的层面上，客体自然与想象的，尤其是文化的阐述是分不开的。这一洞见，可从海德格尔那里得到理论驰援。海德格尔认为，存在论优先于存在，"若没有终有一死的人的留神关注，物之为物也不会到来"②，只有先有了对存在的思考，然后才有存在。就像西藏的各种被冠以神山、圣山之名的山峰，如果没有人投去关注的目光，它们的存在又有什么意义呢？再如"情人眼中出西施"那个案例，主体不展开想象的翅膀、不从文化层面对客体加以符号性提升，一个普通的女孩又如何可能成为西施呢？如是观之，升华是主体眼中的升华，必须要有主体的参与与介入，升华方可出现。而美的功能就是为升华制造一个斜坡，将动力赋予升华中的客体，使其向着 das Ding 移动。简言之，美是一种诱惑，它让主体相信、认可、追随这一移动。同时美还引导着升华的方向，这也正好符合精神分析伦理的指向。在此意义上，"拉康的伦理学也是一种美学"，更准确地说，是一种"伦理美学（ethical-aesthetics）"③。

总之，升华意味着在美的诱惑之下，客体从象征界到实在界的某种越界行动。作为一种诱惑，美让艺术升华成为可能，反过来，艺术升华给美提供了展现自身的舞台。艺术升华就是用一种不断从我们身边溜走的美来诱惑我们，如果我们开始认同并追随这个美，我们便进入了审美的环节。

第二节　屏障：美与典雅爱情

拉康认为，在艺术升华中，除了拥有吸引主体靠近 das Ding 的诱惑功能之外，美还有着某种令主体不能真正与 das Ding 重合的屏障功能。

---

① Jacques Lacan, *The Ethics of Psychoanalysis 1959-1960, The Seminar of Jacques Lacan, Book VII*, trans. Dennis Porter, New York: W. W. Norton & Company, 1997, p. 99.

② [德] 海德格尔:《演讲与论文集》，孙周兴译，北京：生活·读书·新知三联书店，2005 年，第 190 页。

③ Charles Freeland, *Antigone, in Her Unbearable Splendor: New Essays on Jacques Lacan's The Ethics of Psychoanalysis*, Albany: State University of New York Press, 2013, p. 145.

一、主体可以占据 das Ding 位置吗？

因客体的提升，主体被美吸引到 das Ding 面前——这既是一个升华的过程，也是一个审美的过程。这便引发一个问题：如果直接将主体——而非客体——提升到 das Ding 位置上，又会如何？

拉康对启蒙时代的哲学家和性虐者萨德（Marquis de Sade）进行了多方位的研究。在其中，他重点审视的一个题旨便是主体本身试图占据 das Ding 位置。在此，有必要明确一下这个问题涉及的到底是什么样的一个理论维度。das Ding 向外投射之后，会在象征界中形成一个位置，所谓升华，就是主体将原本在象征领域中的某个客体摆放到这个位置上，并由此形成从象征界向实在界的移动，拉康称这个过程为"提升"，其结果就是升华。而我们在此处所讨论的，是主体将主体自身摆放到 das Ding 的位置上的情势。

为了澄清萨德的幻象空间，拉康专门绘制了萨德图示一（见图-5）。我们知道，拉康的幻象公式是 $\$ \lozenge a$，但在萨德图示一的底部，却是一个颠倒了的幻象公式：$a \lozenge \$$。至关重要的是，拉康还为 $a \lozenge \$$ 刻意附加上了一个自外向内的源头 d。这里的 d 指代的是大自然之欲望（Nature's desire），这几个代码在图示的底部共同形成了 $d \to a \lozenge \$$，亦即在大自然（Nature）之欲望驱动下的对象 a 对于分裂主体的欲望。这个听起来颇为拗口的表述，是拉康为萨德之幻象从外部引入了一个新的欲望——大自然之欲望——而造成的。这立即就引发了一个疑问：萨德图示一中的这个大自然之欲望 d 与我们此前所遭遇的拉康所论述的欲望是同一个对象吗？答案是否定的。通常意义上的拉康式的欲望是以大他者之欲望为蓝本而建构起来的欲望。而此处所谓大自然之欲望具有某种强烈的先验特征，它实际上是拉康为萨德幻象这个系统所指认的一

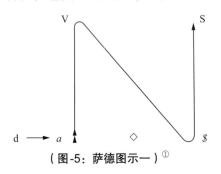

（图-5：萨德图示一）①

---

① Jacques Lacan, *Ecrits*, trans. Bruce Fink, New York: W. W. Norton & Company, 2006, p. 653.

个外在驱力。通过屈从于这个 d，施虐者放弃了自己的主体性，将自己变为 d 的客体。如此一来，在萨德图示一里，便出现了一个欲望的倒置。这种倒置，显然便呈现了萨德的性倒错，以及在此基础之上的关于欲望、快感和实在界的被扭曲的地形图。

在底部的基础之上，是一条 N 字形的曲线所连接的四个元素：a → V → \$ → S。除了方向不一样之外，这样的构型倒与前面论述过的图示 L 颇有一些相似之处。简言之，萨德图示一乃是以大自然之欲望 d 为动力的颠倒的幻象公式——a◇\$ 的扩张，即在 d → a◇\$ 中的后两者之上生发出来一个 V 和 S。用拉康的话说，在图示中绘出了一个曲线。矢量曲线将分布四角的 a（施虐者的对象 a）、V（快感意志）、\$（受虐者分裂的主体）、S（"快乐的原生主体"）[1] 连接起来。拉康在此还为萨德图示的四元结构绘制了一个从外向内的第五个元素：d，即大自然之欲望，它是在快感意志 V 之下的施虐主体为自己预设了一个先验动因，而主体"只不过都是任性自然的中介而已"[2]。萨德性虐幻象的目标乃是通过虐待无辜的牺牲者，回到那快感被阉割的地方——原生的 S，亦即 das Ding 所在之处。萨德的性虐主体针对的真正对象是体现为社会、文化和道德的象征秩序，"浪荡子之快感意志的完美实施便是对象征秩序的激进毁灭"[3]。如此，通过设想自己与 das Ding 重合，萨德的施虐者（主体）便将自己凌驾于象征秩序的律法之上，并进而将他人当作自己施虐的客体，由此 das Ding 所代表的绝对邪恶便通过主体浮出水面。

我们在前面反复论述过，在拉康的基本理论体系中，他认为欲望构成了人的本质。这意味着两点：首先欲望被抬到了一个前所未有的高度，且被赋予了某种本体论色彩；其次，精神分析学的欲望，不同于通常意义上的欲望，它并不简单喻示着主体愿望的指涉对象，毋宁说，精神分析学的欲望通过大他者的话语，将自身定位在了一个既非常明确的、又仍然保持模糊的地带。说它明确，乃因它毫无歧义地指向大他者的欲望；说它模糊，乃因大他者的欲望永远不可能得到真正的澄清。然而，在欲望的深处，总有一个声音在命令着主体，有一个动力在驱使着主体——主体被要求首先要去揣摩，在他人

---

[1] Jacques Lacan, *Ecrits*, trans. Bruce Fink, New York: W. W. Norton & Company, 2006, p. 654.
[2] Marquis de Sade, *Philosophy in the Boudoir*, trans. J. Neugroschel, London: Penguin, 2006, p. 168.
[3] Dany Nobus, *The Law of Desire: On Lacan's "Kant with Sade"*, New York: Palgrave Macmillan, 2017, p. 54.

的眼中，自己到底应该做一些什么才能获得好评，然后再将这个猜测的结果付诸实现。通过此举，主体只不过是希望获得他人的承认而已。然而，由于他人并不总是明晰地将承认的指标告知于主体——在相当的程度上，他人实际上也并未清楚地意识到这种承认得以施行的指标到底是什么——主体之言行，便不可避免地是在一种朦胧的揣度之中展开的。譬如，某人希望通过购买某一高档品牌的服饰来获得他人好评，但是，由于高档品牌服饰到底是不是评判的标准尚不清晰，也由于在主体获得了这件高档服饰之后没有从他人那里得到他所预期的好评，所以试图通过获取某物来得到满足的主体欲望实际上总是不能真正地、完全地满足。

如是观之，恰因欲望之重要，主体须臾不可离之。升华的目的并非为了给主体的欲望以完满的满足——这是办不到的，因为欲望的内核是 das Ding，它将"无意识就是大他者的话语"这一终极的、永不可实现的欲望对象赋予了主体——而是因为"升华使我们能够处理我们的欲望"①。主体欲望的对象不是象征领域的"善"，而是 das Ding。只有在与 das Ding 保持一定距离的情况下，构成了人之本质的欲望才能维持。简言之，升华提供一个错觉，以便让主体相信，他的欲望终会得到满足。在此状态下，主体才能在幻象之中继续欲望，并在欲望之中存在下去。因此，如若主体真的直接将自己提升到 das Ding 的位置，首先，那并不是拉康意义上的升华；其次，那意味着对象征界的僭越，它最终只会造成否认甚至毁灭欲望的后果。如若失去欲望，主体便失去了作为人的本质。这对主体而言，是毁灭性的。

二、升华与典雅爱情之美

因为永远抗拒符号化，实在界呈现出来的是一片"虚空"。所谓虚空，并非说那里面真的就是虚的、空的，而是说，实在界从来不对主体敞开自身，在主体的眼中，实在界总是貌似显得虚空。但是，我们必须清楚和明白的一点就是，这个虚空只是相对于主体的感知而言的虚空。在实在界之中，实际上是存在着种种被压抑和被阉割的东西的。这些东西，弗洛伊德和拉康用德语的 ding 来表述。

---

① Marc De Kesel, *Eros and Ethics: Reading Jacques Lacan's Seminar VII*, New York: State University of New York Press, 2009, p. 186.

这也是为何拉康总是喜欢将 das Ding 与罐子、花瓶和中世纪骑士文学传统中的贵妇人形象等等进行并置比对的原因，因为它们都具有某种内在的空洞性。在海德格尔看来，一只壶之所以是壶，乃因它内部中空，"壶的虚空，壶的这种无，乃是壶作为容纳的器皿之所是"[1]。如果一个物件，哪怕我们将它做成壶的形状，它仍然还是不可能成为一只壶。作为壶，最重要的一个特性就在于它能盛水，在于它是作为有容纳作用的器皿而存在的。而这一功能的基本要求就是，它应该内部中空。如此一来，海德格尔认为，空与无便成了壶的本质特征。

同理，拉康也认为，"如果花瓶可以装满，那首先是因为它本质上是空的"[2]。一个实心的花瓶只是徒具花瓶的模样，却不能承担花瓶的功能。即是说，花瓶的性质不是由外观决定，而是由其内部的虚空来决定的。根据拉康的理论，这个虚空被一种幻觉上的美丽包裹起来，主体无法真正接近它。由此，这在认知架构上便与海德格尔的"向死而生"产生了共鸣。海德格尔坚持认为，"向死存在的意思并不是指'实现'死亡"[3]，并不是要去自杀，而是"为自己的死而先行着成为自由的"[4]，唯当我们与自身陌生的"死"照面，我们才能向死生存，才能获得"向死的自由"[5]。只有清醒地意识到陌生的"死"，才能真正明了"生"之本体意义，才能拥有向死的自由，才能真正领悟存在的真谛并自由地筹划存在。由此，我们就理解了海德格尔的"向死而生"的一片苦心：向死而生指的不是活着的人与等候在生命尽头的亡故之间的一种外在关系，人们不是一步步走向还在远处尚未到场的死亡，而是在我们的"走向"本身中死亡已经在场；或者说，向死而生的"向"实质上就是死亡的存在本身的显现，人始终以向死而生的方式存在着。我们只有充分地意识到前方的死亡，才能在"死"的路上获得自由，才能真正明了人生的意义何在，

---

[1] [德]海德格尔：《海德格尔选集》，孙周兴选编，上海：上海三联书店，1996年，第1169页。
[2] Jacques Lacan, *The Ethics of Psychoanalysis 1959-1960, The Seminar of Jacques Lacan, Book VII*, trans. Dennis Porter, New York: W. W. Norton & Company, 1997, p. 120.
[3] [德]海德格尔：《存在与时间》，陈嘉映等译，北京：生活·读书·新知三联书店，2000年，第300页。
[4] [德]海德格尔：《存在与时间》，陈嘉映等译，北京：生活·读书·新知三联书店，2000年，第303页。
[5] [德]海德格尔：《存在与时间》，陈嘉映等译，北京：生活·读书·新知三联书店，2000年，第306页。

并为着这意义而筹划，这便是所谓"向死而生"。深刻体会之，我们在拉康那里看到了同样的逻辑——主体恰因他总是处于不可满足的欲望之中，其存在才得以保障。换言之，存在的前提并非欲望得到满足，而是永远在通向满足的路上。

那么，das Ding 的虚空之中是什么？在此，拉康借用了欧洲文学传统中的典雅爱情（courtly love）这个案例。所谓典雅爱情，说的是骑士在一场荡气回肠的爱情中将某位贵妇人摆放到了至高无上的地位，并假定为她服务是自己不可推卸的责任。

> 尽管如今它已从社会学领域完全消失，但典雅爱情仍然在一种无意识中留下痕迹，这种无意识由整个文学、整个图像维持，就我们与女性的关系而言，我们继续习惯于这种传统。①

在典雅爱情中的女人被提升到了至高无上的 das Ding 的地位，并非因为她具有什么特殊的品质，恰恰相反，是因为她没有。所谓贵妇人，不过就是偶然地占据了 das Ding 位置的一个普通人而已。当一个普通得不能再普通的客体发现自己偶然地处在一个不可能的 das Ding 的位置上时，升华便产生了，崇高便出现了。这就像海德格尔的那个壶，正因内部的虚空，才使壶成为壶。在此意义上，对拉康来说，所有的文化想象都可归结为来自虚空的、"无中生有的创造（creation *ex nihilo*）"②。故而，典雅爱情与其说是出于爱，不如说是一种对律法的遵循和僭越的动态平衡。

那么，是什么样的炫目光晕，能够使得骑士将某位也许原本很普通的妇人摆到如此崇高的地位上呢？这便是美的功能。在这里，美发挥作用的处所，与其说是在想象层面，毋宁说是在象征界与实在界的交汇处。美牵引着主体，向占据了实在界中 das Ding 位置的客体进发。das Ding 是虚空、是无，而主体则试图用象征去开垦和统治 das Ding 所在的实在界，但这只是一种徒劳。用拉康的表述来说，这是一种"意指切割（signifying cut）"③，试图用意指实践

---

① Jacques Lacan, *The Ethics of Psychoanalysis 1959-1960, The Seminar of Jacques Lacan, Book VII*, trans. Dennis Porter, New York: W. W. Norton & Company, 1997, p. 112.

② Jacques Lacan, *The Ethics of Psychoanalysis 1959-1960, The Seminar of Jacques Lacan, Book VII*, trans. Dennis Porter, New York: W. W. Norton & Company, 1997, p. 122.

③ Jacques Lacan, *The Ethics of Psychoanalysis 1959-1960, The Seminar of Jacques Lacan, Book VII*, trans. Dennis Porter, New York: W. W. Norton & Company, 1997, p. 282.

将混沌朦胧的实在界勘定和呈现出来而不得。这种试图赋予实在界意义的意指切割"只是回溯性地将真实转化为空虚，从而赋予浮动的意指群体以稳定的中心"①。意指切割是拉康的一个非常有深意的表述，它隐喻着回溯性的意指实践。巴迪欧便认为，"在面对虚空（void）的思考之中"，拉康视野中的美"将文字和实在界结合在一起"②。在这些文字与实在界（the real）之间，没有任何东西。更具启发性的是，"我们可以看到一个话语正在产生，一个显然从无到有的过程，我们称之为升华"③。而所有的意义，都是随后赋予的。它恰如其分地给出了这样一个结论：在典雅爱情之中，骑士对于贵妇人的爱情都是围绕着虚空而展开，所有关于贵妇人的意义，都是回溯性给予的。

三、美在守护什么？

律法之外的领域并非专为升华而保留的，它是犯罪与律法互动的处所，在那里，既可能有"过度的客体升华"，也有从象征界向实在界的"越界"④。而对主体来说，无论美怎么吸引他靠近客体，他实际上都不可能到达 das Ding 的位置，因为 das Ding 的区间隐含着超越了所有"善"的快感（*jouissance*）⑤，或曰，"善"筑起了一道抵抗快感的高墙。

在拉康那里，快感是主体在进入象征界的过程中，遗留在原初位置上的某种残余物——在此意义上，快感可被看作从另一个角度对那个被压抑到实在界深处的"东西"的隐喻。那么，对主体而言，快感意味着什么？首先，快感是主体进入象征界之际被挡在外面的东西，就此而言，它与 das Ding 之间存在着某种极其相似的地方。在此基础上，我们才有可能对快感这个概念

---

① Marc De Kesel, *Eros and Ethics: Reading Jacques Lacan's Seminar VII*, New York: State University of New York Press, 2009, p. 181.

② Alain Badiou, *Infinite Thought: Truth and the Return of Philosophy*, trans. &. ed. Oliver Feltham and Justin Clemens, London: Continuum, 2004, pp. 88–89.

③ Jacques Lacan, *Desire and Its Interpretation, The Seminar of Jacques Lacan Book VI*, trans. Bruce Fink, Cambridge: Polity, 2019, p. 484.

④ Jacques Lacan, *The Ethics of Psychoanalysis 1959-1960, The Seminar of Jacques Lacan, Book VII*, trans. Dennis Porter, New York: W. W. Norton & Company, 1997, p. 109.

⑤ 此处 jouissance 的中文翻译，是拉康术语体系中的另一个待定之案。国内学界将其译为"快感""原乐"或"享乐"。由于本书作者在此前自己的一系列论文和专著中采用了"快感"译法，为维持术语的稳定，本书将继续使用"快感"这一表述。

有所理解。所以齐泽克指出,"快感是主体的'处所'(place)"①。快感为主体提供了一种充盈感,这样的感觉在主体的体验中是极为普遍的,也是极为重要的。一个主体无外乎包含着肉体与精神两个方面,缺一不可。肉体是精神的载体,而精神则指的是那种由独立的逻辑判断能力、交流能力、推理能力和思考能力所建构出来的内在世界。当主体从混沌的实在界进入符号世界之后,他就再也不能随心所欲了,他的行为和他的言说都必须要在符号象征秩序的规范之下进行,这恰是拉康所说的,快感被阉割、被拒绝,"为的是在欲望律法的颠倒层面上得到它"②所力图揭示的深刻内涵。

就象征界与主体的关系而言,主体之所以觉得充满了各种各样怪诞的、异己的、严酷的、戒律的符号世界尚还可以忍受,那是因为被阉割的快感在暗中承诺会给予主体的存在以意义。此处所谓的"暗中承诺"表达的是这样一层含义:承诺者,并不一定会真的实现;而暗中云云,意味着在很大程度上这只是主体的一种主观猜测,而非某种必然会来到的结果。因此,我们实际上也可以这样来理解——主体期待快感向他承诺。

快感的那种被期待着做出承诺的意义是否真的存在呢?齐泽克立马就一瓢凉水给我们泼了过来:"主体总是-已经位移,同自己的处所脱节。"③快感是主体的处所,但在遭受符号阉割之际,主体却偏离了这个处所。"总是"一词表明这种偏离从来没有例外,没有谁可以逃脱偏离,这是所有最终进入象征界的主体必须面临的宿命。而"已经"二字则陈述了这样一个事实:当一个主体被提及之时,表明这个主体就已经被符号化、象征化了,反过来说,在符号化、象征化的主体那里,主体与自己的处所之间的那种脱节和偏离已经发生了——我们不能忘记这样一个基本的事实,即快感这个"处所"是不能进入象征界的,但主体却必须进入象征界。这意味着,快感的承诺——如果真的有的话——始终无法如期而至,主体便总是不能在快感的兑现中回到原初的处所。

主体只能通过越轨——穿越象征秩序的封锁——才有可能勉强体味到快感,这样的快感甚至经常会以罪业的形式呈现出来。越轨的快感让主体暂时摆脱了符号的禁锢,超越了幻象的迷局。主体试图从他者那里取回快感,就

---

① Slavoj Žižek, *The Plague of Fantasies*, London: Verso, 2008, p. 61.
② Jacques Lacan, *Ecrits*, trans. Bruce Fink, New York: W. W. Norton & Company, 2006, p. 700.
③ Slavoj Žižek, *The Plague of Fantasies*, London: Verso, 2008, p. 61.

像萨德的施虐者做的那样。但是，如果我们以为主体在获取了某种具体的物件之后就会达成快感，那就错了，因为"快感是不能被符号化的事物"[①]，快感的能指不是任何具体东西，而是本体性的越轨本身。

越轨意味着颠覆，这既是象征界的毁灭，也会带来主体本身的破碎。美的功能之一就是阻止主体去越轨。拉康反复告诉我们，在升华的过程中，美是一种诱惑，同时也是一种屏障。它让主体接近das Ding，却又不让主体如客体那样真正占据das Ding的位置。正如海德格尔的"向死而生"并非要寻死，在拉康设想的将客体提升到das Ding位置的艺术升华中，以美为诱饵，吸引主体无限接近das Ding的虚空，其目的并非让主体像客体一样去占据das Ding的位置，而是要让主体围绕这个虚空跳舞。直接扑向虚空，就是毁灭。

艺术升华的关键是位置。典雅爱情中的贵妇人本身也许什么都不是，但占据了位置，就成了主体欲望的对象，并将内在的虚空以光彩照人的美的形式呈现出来。反过来看，正因贵妇人不可靠近，她才是骑士心中的带着崇高光环的贵妇人。这一逻辑构成了中国文化常说的"距离产生美"的内在支撑。一旦取消了距离，一旦撩开面纱，真正贴近，骑士就会发现崇高的虚空性——所谓贵妇人，也许不过就是闲言碎语、油盐酱醋、妒忌刻薄的普通妇人而已——设若此，则构建了骑士和贵妇人的那个文化象征系统将会完全崩溃。因此，通过在主体与占据das Ding位置的客体之间构筑一道屏障，美阻止了那个有可能会给崇高带来毁灭性后果的发生。简言之，美的第二个功能便是担当那个守护"虚空"的带刀护卫。

第三节　隐喻：美与文学的反象征

在实在界的范围内，美与das Ding、欲望、快感关联；在象征的层面，美与艺术升华和伦理的指向是一致的。欲望被美诱惑，使得主体认定升华的背后隐含着某种未曾呈现出来的崇高。升华构成了象征世界的中心，一切都围绕它起飞、旋转，而美就是确保升华能够得到实现的那个存在。那么，拉康的美到底是什么？他在自己的一系列著作中，都主要是从美的诱惑功能与

[①] Slavoj Žižek, *The Sublime Object of Ideology,* London: Verso, 1989, p. 122.

屏障功能的角度切入对美的阐释和论述,并没有直接解释美本身。本书不仅要试图解答这个疑问,还要进而追问它对精神分析文艺观的塑造性影响。

一、美隐喻着虚空

在拉康的疆域中,美赋予了主体从象征界向实在界的越界动力。那么,美的背后是什么?根据拉康的说法,是匮乏与空洞。实际上,虚空与匮乏并非最恰当的解释。这就像面对浩瀚无垠的宇宙,囿于技术,我们还无法得知那遥远的暗黑空间中存在着什么。但是,看不见和感知不到,并不等于那个黑暗的深处就是一片虚空。所谓宇宙的边缘,绝非真正的边缘,而是当下人类技术能够探测的边缘。若简单以"无边无际、无始无终"这样一类话语来表述未知的宇宙空间,并不妥帖。如是观之,拉康对实在界的隐喻式阐释,是存在一定的不严谨性的。反倒是齐泽克的表述——实在界隐含着未知的已知,体现了某种核心的不可能性——让我们能够更为精准地对悄然矗立在美的背后的那个神秘空间有所把握。

那么,对拉康来说,美到底是什么?我们前面总结过,他并未直接给出定义。其实这也是可以理解的,毕竟要给出一个学界可以接受且愿意接受的美的定义,并非易事。职是之故,关于美,拉康这样表述:

> 真正将主体挡在无法言说的激进欲望领域——绝对的破坏、超越腐败之外的破坏——面前的障碍,准确地说是审美现象,它与美的体验相一致——光芒四射的美,被称为真(truth)的光辉的美。很明显,因为真并不好看,那么美即使不是真的辉煌,也至少是它的外壳。①

从这段话语中,首先可以看到拉康对美的屏障功能的重申:审美现象将主体阻隔在"无法言说"的实在界之外。在此认知前提下,我们至少可以得到三个层面的启示。

首先,实在界之"真(truth)"是 das Ding 的另一个名称。所谓"真",不过就是这样一个隐喻:它不仅是文学艺术得以滥觞的本原,更是欲望的源

---

① Jacques Lacan, *The Ethics of Psychoanalysis 1959-1960, The Seminar of Jacques Lacan, Book VII*, trans. Dennis Porter, New York: W. W. Norton & Company, 1997, pp. 216-217.

头，它给出了欲望的真相。混沌朦胧之中的 das Ding 将自身投射到象征领域中的各个地方，形成不同的光斑——必须指出的是，这些地方的出现依循着某种我们称之为社会、历史、文化的规范，譬如在特定的时期，主体会去追逐名和利，也会对时尚潮流投去极大的关注。所谓一个欲望的实现只不过是让主体暂时站到了一个光斑的面前而已，只要光源移动，转射它处，主体立即又将会重新处于一种欲望的饥渴状态。光源本身不能被捕捉到，主体能看到的只是光投射出来的影子。这意味着，这个"真"不能直接在象征界中现身，但我们却可以在艺术升华中感知到它的存在。在美的指引下，艺术升华呈现出来的绝非我们想要的"客体"本身，它仅将我们指向客体所在的位置，但这个位置却总是一片暗黑、一片空旷，在那里看不到任何可以、可能被我们加以符号化的东西。

其次，实在界之"真"是"不好看"的，所以它需要美来包装自己。齐泽克甚至认为，"真"体现了"前符号实体的令人厌恶的生命力"①，它是令人恶心的。在齐泽克的"车窗隐喻"中，车窗外面是"灰色、无形的薄雾，缓慢地流淌着，仿佛宇宙混沌初始的样子"②，而车窗的功能就是将实在界与现实隔离开来。这种隔离之重要，在于它最低限度地保证了主体处于象征界的正常状态之中。类似的隐喻在中国文化中也大量存在。譬如叶公好龙，通过将龙提升到 das Ding 的位置，叶公对龙充满了期待和敬仰；而当龙真的来到，当叶公真的与自己的实在界之内核面面相对之时，他却惊慌失措，逃之夭夭。因此，齐泽克说："当我们面对欲望的对象时，更多的满足是通过围绕着它（das Ding）来跳舞而得到的，却不是径直地走向它。"③实在界的真相必须被遮盖起来，而能够达成这个遮蔽功能的只有美。

最后，"真"暗示了主体不能承受的实在界之 das Ding 只能通过美的光辉灿烂来呈现自身。主体看到的是美，并在升华的过程中从事着审美的活动，但却对美背后可怕的虚空茫然无知。这就像好莱坞《异形》系列电影所表现的那样，人类无法忍受异形原初的那种黏糊糊的恶心样态，但当异形栖身于

---

① Slavoj Žižek, *Looking Awry: An Introduction to Jacques Lacan through Popular Culture*, Massachusetts: The MIT Press, 1991, pp. 14-15.

② Slavoj Žižek, *Looking Awry: An Introduction to Jacques Lacan through Popular Culture*, Massachusetts: The MIT Press, 1991, p. 14.

③ Slavoj Žižek, *How to Read Lacan*, London: Granta Books, 2006, p. 77.

人类的躯体之中，它就可骗过人类的眼睛，获得人类的认同。这个时候，无论异形寄生的人类是普通还是漂亮，躯体成为一种掩盖和隐喻了内在真相的美。这便是拉康所说，美至少也是 das Ding 的外壳。同时，"美具有一种致盲的功能"①，美将主体与实在界的令人厌恶的 das Ding 之"真"隔开。在美的照耀下，主体永远不可能通达"真"。在此意义上，如果我们判断说，美隐喻着 das Ding，那么，美并不是在欺骗我们，美本身就是一种欺骗。

如是观之，美隐喻着它背后的未知。这个未知的存在，拉康用 das Ding 来指称之。根据拉康的逻辑，在美的牵引和阻隔下，升华最终指向 das Ding 虚空。文化现象围绕着这个升华展开，包括文学艺术和伦理道德在内的所有文化实践皆源于这个虚空。艺术的审美升华让我们接近象征律法的边缘，但又并不让我们真正越界。某种程度上，有着拉康所标示的诱惑和屏蔽功能的美实则是一个隐喻了虚空与匮乏的能指，它为所指意义提供根基和依据。在它的绚丽光彩的笼罩之下，升华得以展开，意义被回溯性地赋予事物。

二、艺术的反象征

关于文学艺术的美，拉康说："就美而言，康德认为，只有案例才能确保它必要的、可能的传递。"② 主观感受的美，只能通过一个又一个鲜活的案例，才能让自身被感知、被理解、被传递。那么，在这个美得以呈现自身的系统中，主体、符号、客体是如何被聚集在一起的？根据拉康的认知，人之所以为人，在于他进入了符号领域之中，并由此构建起了自己的观念世界。在那里，借助于符号，人从此以后就与现实的世界隔离开来了。拉康所做的另一个著名的判断——无意识是像语言一样结构起来的——某种程度上也表达了同样的意思：语言作为一种媒介符号，将自己呈现到了主体面前的同时，却将它所指称的那些实际的东西从此挡在了语言系统之外。一旦进入语言，无意识所诉求的那些东西就永远离去了，主体能得到的只是语言的符号替代品而已。这就像一群人聚在一起谈论美国，"美国"这个符号频频出现在他们采用的语言系统之中，似乎参与谈论的每一个人都知道美国是什么，但实际上

---

① Jacques Lacan, *The Ethics of Psychoanalysis 1959-1960, The Seminar of Jacques Lacan, Book VII*, trans. Dennis Porter, New York: W. W. Norton & Company, 1997, p. 281.

② Jacques Lacan, *The Ethics of Psychoanalysis 1959-1960, The Seminar of Jacques Lacan, Book VII*, trans. Dennis Porter, New York: W. W. Norton & Company, 1997, p. 257.

却并非如此。人们所谈论的不过就是"美国"这个语言符号,那个真实存在的美国其实永远也不可能自己跑到谈论者的面前来。在此意义上我们说,真实的美国被挡在了语言系统之外。由此,必须明了的一点就是,拉康是在这样的一个认知前提之下来审视、观照和考察美的。

在拉康视野中,文学艺术之美与艺术升华是密不可分的。在后者的核心位置上,是作为能指的 das Ding。作为一种语言学上的概念,能指是与所指相对的。简单说,能指是语言文字的声音和图像,是符号本身,而所指则是语言的意义。从这个角度看,能指也可以说是意义的发出者,而所指则是意义。能指和所指之间并非简单的一一对应关系,一个能指可以有多种意义,即多个所指;一个所指也完全可能对应多个能指。在学界的普遍看法中,同一个符号系统中,能指和所指是相对统一的,符号的意义也是相对固定的。拉康对 das Ding 在主体精神空间的作用的判断,便是基于这样的理论认知架构而做出的。所谓作为能指的 das Ding,表明的是这样一个学理立场:das Ding 乃是艺术升华的意义源点,在升华的进程中,美呈现出来。

既然实在界中的 das Ding 扮演着能指的角色,那么,顺理成章地,拉康对艺术的基本看法就是,艺术是反象征的,因为它总是力图返回最初的出发点 das Ding。需要指出的是,本书在此所说的象征,不是一种修辞手法,而是体现为社会、历史、文化、道德、法律等的象征秩序——此点值得我们反复强调。我们知道,无论是由文字、图像、音符、雕塑或别的什么组成,艺术是由符号构建的,这意味着艺术存在于象征领域之中,但艺术所追求的目标却是位于象征界之外、实在界之中的 das Ding。这是一个很奇怪、很有趣的现象,就像一个跌落红尘的凡人,却总是怀揣着一颗云端之上的天使之心。这个凡人当然永远也不可能真正变成天使,但回归到天使位置的动因却成了他/她行动的依据——论及于此,我们是不是能够对此前本书论述过的快感有一些更为深刻的理解?一方面,只要认可象征秩序的控制,那么快感就不可能真正获得;另一方面,对快感的追索构成了主体言行的内在驱力。根据拉康那既晦涩抽象、又深刻精准的理论想象,我们可以感知到,在得与不得之间,艺术的反象征特性得以彰显。

所谓艺术的反象征,拉康给出了非常具体的解释:"艺术总是试图通过反潮流,通过对抗占统治地位的规范——如政治规则或思想模式等——来再次创造它的奇迹。"①此处，"占统治地位的规范"云云，就是大他者的秩序。只有对抗大他者，艺术才能获得自己的生命，才能构建艺术的奇迹。这一认知的逻辑基础是这样的：既然文学缘起于实在界中被压抑、被阉割的那些东西，那么从精神分析学的角度来看，文学艺术便天然具有反象征的潜力，因为符号象征系统会对主体内在精神空间的那些促成了文学艺术之生成的"未知的已知"和"客观的主观"进行抑制、阻碍、扼杀。这就是拉康一派的精神分析学对文学艺术的基本立场——真正的文学艺术必须、必然、必定要对权贵以及他们制定的规则说"不"，只有这样，文学艺术才有可能突破大他者编织的符号象征网络的封锁，回到原初的出发点。这个出发点，就是位居拉康体系核心位置的 das Ding。尽管任何对 das Ding 所做的符号化尝试，都是对它的否定，但艺术的反象征这一论点，可以从世间众多的离经叛道、惊世骇俗的文艺作品那里得到明确的支撑。文学艺术致力于穿越象征的幻象，去追寻和捕捉那实在界深处的 das Ding，其逻辑就如"道可道，非常道"，任何说出口的"道"，都不是"道"本身，但这并不妨碍千百年来人们前赴后继地去试图阐释"道"。也许这样的努力永远也不会真正成功，因为没有谁能够完全返回那个从来没人能够以实证的方式证明其存在的原点，但文学艺术就是在这个不断挣扎、不断抗争、不断失败、不断前行、不断涅槃的反象征过程中，获得了不羁的想象力、不绝的创造力和不朽的生命力。

三、升华与逆升华

既然拉康认为，文学艺术是反象征的，那么这意味着客体被崇高化和神圣化了。将原本位于象征界的客体提升到实在界，这相当于让客体突破了象征的桎梏，摆脱了尘世的庸俗，获得了某种神圣的光环。通过这样的升华，文学中一个十恶不赦的恶棍也许都会显得温情脉脉。对此通常的解释，是说这样的人物塑造折射出了人性中美好的一面，而根据拉康精神分析学的理论框架，这样的人物只不过是因为从象征界提升到了 das Ding 的位置，从而部分满足了主体实在界中的某些隐含的预定框架而已，所以读者会感觉这样的客体不再那么讨厌，甚至不再那么邪恶。

---

① Jacques Lacan, *The Ethics of Psychoanalysis 1959-1960, The Seminar of Jacques Lacan, Book VII*, trans. Dennis Porter, New York: W. W. Norton & Company, 1997, p. 142.

第五章　美与文学的反象征

如果说，反象征体现了拉康文艺观中的一个重要理论节点，那么，我们从中其实也窥见某些拉康也许未曾注意到的一些关于文学艺术的理论趣向，那就是和拉康辨识和指认的升华相反的逆升华。逆升华这个概念，是笔者在拉康的升华概念基础上提出来的。我们知道，当艺术客体从象征界向 das Ding 提升之际，升华产生了。而当我们对客体以反方向的形式加以处理之时，即是说，将实在界深处的东西呈现到象征领域之中来，对这个逆向的升华过程，本书称之为逆升华。有必要说明的是，之所以称之为"逆升华"，是将其区别于马尔库塞在弗洛伊德理论基础上提出的"反升华"概念——这个概念本书将在以下的篇幅中加以论述，此处暂且不赘。

逆升华在日常生活中并不鲜见。譬如，露阴癖本质上就是一种逆升华。从字面意义上讲，所谓露阴癖就是性欲倒错的一个类型，基本表现是在未经对方同意的情况下，向对方（主要是异性）裸露生殖器官，通过对方的惊奇、惊跳或者惊讶的反应，来获得性幻想或者性满足。根据心理学和精神分析学的基本看法，露阴癖的根源来自在前符号时期被压抑到主体无意识中去的某些沉淀之物，亦即拉康所强调的 das Ding。当一个客体被从 das Ding 的位置拉到象征领域之中，这就是逆升华。

而在当代艺术中，逆升华也多有显现。譬如，在若干的后现代艺术展上，我们经常能看到那种直接将生活中的那些不起眼的、肮脏的、粗鄙的东西（如废弃的金属零件、又脏又破的卫生用品、旧车胎等）堆砌在一起而组建而成的艺术品——更有甚者，有西方艺术家甚至堂而皇之地将动物排泄物直接摆放到了艺术展台之上。如果拉康通过对艺术客体的论述，揭示了升华中的美，那么我们也可说，在后现代的语境下，艺术的升华往往也会以某种逆升华的形式呈报自身。这是一种对审美的反动，它针对的是符号象征秩序。

升华与逆升华，揭示了拉康视野中文学艺术的基本功能。在升华的过程中，审美体验得以实现。反过来看，逆升华虽然将客体从某种崇高而神圣的位置拉下来，将其置于也许是世间最肮脏、最粗陋、最庸俗的特定的象征领域之中，美仍然以某种独特的方式存在着，这便是通常所说的审丑。

所谓审丑，就是通过审视丑的事物，或者达到发掘躲在丑背后的文学价值、文化价值、社会价值、生态价值、时代价值等等的目的，或者通过丑来深入分析为什么人们不再审美，以及该如何回到正常审美。在精神分析学的理论框架中，我们看到，在某种程度上，审美与审丑实则是主体在象征界和实在界之间处理艺术客体的不同方式的结果。通过将客体从象征界提升到实在界，我们得到审美的升华；通过将客体从实在界的神圣位置上拉下到象征领域，我们得到审丑的逆升华。

无论是审美还是审丑，它都与 das Ding 密切相关，区别只是客体是向着 das Ding 或是背离 das Ding 而行。在拉康看来，艺术的出发点是 das Ding。然而，也有人对此论感到困惑。在拉康的研讨班上，一位拉康称之为 X 的先生便质疑道："你给我们的升华公式是把客体提升到 das Ding 的尊严之位。既然升华将我们带向 das Ding，那么 das Ding 就不该是处于开始的位置。"① X 先生的意思是，从逻辑上看，既然升华是将客体提升到 das Ding，那么，就算我们不贸然判断说 das Ding 位于终点的话，至少它也不应位于起点，因为它是升华的目标。然而，通过对拉康的研究，我们发现，das Ding 既是起点，也是终点。根据拉康的观点，"人被能指所掌控"②，作为能指的 das Ding 构成了主体的起点，从 das Ding 出发的主体成为分裂的主体。同时，通过美，das Ding 又成为艺术升华的目标，它为象征界中展开的文学艺术提供一个终极的意义，以便让它们依循着美的吸引和诱惑，尝试着回到实在界中的原初起点 das Ding，但这个尝试是永不可能成功的，因为作为起点和终点的 das Ding 是不一样的，终点的 das Ding 是螺旋式上升之后的 das Ding。如前所论，在齐泽克看来，精神分析学的现实是心理现实，是符号性提升的结果，如是观之，试图返回 das Ding 的文学注定不可能真正回溯到 das Ding。在这个题旨之内，永远不要忘了，美既是一种诱惑，也是一种屏障，这使得文学的现实之中总有一个空洞在标示着语言失效的边界，因为 das Ding 是一种绝对不可能被位于象征界的语言符号捕捉到的存在。

从拉康的阐释逻辑来看，美是一种炫目的光彩，在它的笼罩和作用下，一个也许原本极为普通的客体便从象征界中升华出来，进入到了实在界，将神圣而崇高的光晕戴在了自己头上，从而得到了永远免受象征世界的现实伤害的特权。从这个意义上看，美是一种将我们的注意力吸引并缚系在 das Ding 之上的辉煌而灿烂的光芒，但它同时又阻挡着主体真正贴近 das Ding。简言之，艺术之美，产生于将客体从象征界向实在界提升的这样一个反象征的过

---

① Jacques Lacan, *The Ethics of Psychoanalysis 1959-1960, The Seminar of Jacques Lacan, Book VII*, trans. Dennis Porter, New York: W. W. Norton & Company, 1997, p. 134.

② Jacques Lacan, *Ecrits*, trans. Bruce Fink, New York: W. W. Norton & Company, 2006, p. 25.

程之中。当这个过程逆反过来，就出现了通常所说的艺术的审丑。

综上，拉康并没有直接告诉我们美是什么，他只是着重阐释了美的两种功能。客体被提升到 das Ding 之位，这就是升华，它促成了文学艺术的生成，并与精神分析的伦理指向一致。美既吸引主体靠近占据了 das Ding 位置的客体，又形成一道屏障，不让主体真正越过象征界的边界，触碰到实在界中的 das Ding。由于 das Ding 永不可真正在象征领域中实现，任何试图接近它的努力，都将会面临跨过象征界、进入实在界这样的越界窘况。

符号不能完全涵盖实在界的匮乏与虚空，作为能指的 das Ding 只能通过另一个能指来呈现自身，而"能指的位移决定了主体的行为、目的、拒绝、盲目、成功和命运"[①]。拉康视野中的主体只不过是一种分裂的存在，主体只是在认同中创造出一个幻觉，在其中获得的任何认同的内容实际上是由主体回溯性地赋予它的。所以拉康说，美是"人类欲望所有可能幻想的外衣。欲望之花包含在我们试图定义其轮廓的这个花瓶中"[②]，美遮住了令人恶心的实在界，它是欲望催生的花朵，在其内核是一片虚空。这就像拉康论述的典雅之爱中的贵妇人，她的美恰恰来自我们没有要求她去证明其美，贵妇人本身就是一种内在匮乏。

如是观之，美就是对 das Ding 的隐喻，后者以符号的形式将自身投射到象征界，为包括文学艺术在内的所指意义提供了基本的依据。文学奋力追寻、描写和再现被压抑的 das Ding，如此一来，das Ding 成为艺术升华和逆升华的坐标基点，在升华和逆升华的进程中，美呈现出来。由于 das Ding 总是力图突破象征的封锁，回到隐秘的实在界深处，顺此逻辑，美也因循这个旨归，进而从学理上将反象征的特质赋予了文学艺术。

---

① Jacques Lacan, *Ecrits*, trans. Bruce Fink, New York: W. W. Norton & Company, 2006, p. 21.
② Jacques Lacan, *The Ethics of Psychoanalysis 1959-1960, The Seminar of Jacques Lacan, Book VII*, trans. Dennis Porter, New York: W. W. Norton & Company, 1997, p. 298.

第六章
文学幻象的马克思主义维度

在本书的疆域内,需要做的不是简单地在文艺理论这个层面上,将精神分析学和马克思主义并列起来,做比对性研究。毋宁说,本书是希望在深刻理解和把握精神分析文艺观的前提下,从马克思主义的维度返身回去,对精神分析文艺观进行观照、审视和评估。马克思主义的文艺观只是我们审视精神分析文艺观这个题旨的一个角度,虽然这个角度极其重要,但本书的研究仍然会紧扣精神分析文论这个主题。

第一节 关于"剩余"的同源性

马克思发现了剩余价值,并将其归于资本主义再生产的最重要动因。顺着这个思路,马尔库塞论述了剩余压抑,齐泽克进而阐释了剩余服从。拉康也从这条理论线索上获得了理论灵感,提出了构成欲望动因的剩余快感。

一、无意识的底层逻辑

本书这一部分的主旨是对"文学何是"的探索,这样的研究,最终必会归于对精神分析文论之马克思主义维度的审视和阐释上来。对于两者的交通来说,无意识是一个基本切入点。如此,便有必要审理清楚无意识的学理意义。

在继续以下的研究之前,有必要指出的是,拉康本人始终与马克思主义保持着某种谨慎的距离。在拉康那里,存在着一些显在的矛盾:一方面他认为精神分析与政治并不交叉,两者似乎并不存在融合的可能性;但同时他又宣称"无意识就是政治"[①],因为无意识最终指向了大他者以及大他者投射位置

---

① [法]纳塔莉·沙鸥:《欲望伦理:拉康思想引论》,郑天喆等译,桂林:漓江出版社,2013年,第58页。

上的小他者。拉康既不相信所谓进步，也不相信历史以及历史教训。反过来看，马克思主义却因其博大精深而对拉康理论有着某种包容性，"拉康的马克思主义从不存在；马克思主义的拉康作为欢呼的、但最终作为一种筹划的协调的异化误认确实存在"[①]。不过，拉康对马克思主义的疑虑，并不必然就会削弱两者的对话潜力。根据拉康本人的理论，主体在意识层面上的话语，往往会被他那潜藏于无意识深处的创伤性内核所否定。重要的不是所说，而是所为。

从学理上看，在唯物主义框架中，精神分析学是在物质、意识、无意识这三个基点之上来展开的。通过图示 L（参见图-1），拉康直观地指出，由于无意识的介入，主体和自我是如何分离开来的，并由此得出一个影响至深的结论：主体是无意识的，而意识则归于自我。这是因为语言的隔离，主体的"我"不能在意识场域中被直接把握，所以无意识支撑了主体，它位于实在界之内；而面对外在客观的是位于意识疆域中的自我，它被置于象征领域之中。自我通过以语言为代表的符号中介，构建起意识的空间，并由此对物质世界作出反应；在其背后，无意识的主体以齐泽克所说的"未知的已知"的方式暗中起作用。"无意识就是自我的未知的、被误认的主体"[②]，它是主体的存在之核。而"我们的存在之核并不与自我重合"[③]，操控主体的是那个在主体进入象征界之际被阉割在实在界的永远不可符号化的创伤性内核——das Ding/ 对象 a。厘清这一点，有助于我们更好地把握主体与自我的关系，并对它们背后的无意识与意识有所认知。

在文艺理论的场域中，论及精神分析学与马克思主义的关联，最佳的切入点无疑是无意识。关于无意识在两者认知空间内的位置，在本书前面的阐释中已经有所涉及和论证。通过无意识这个点，包括赖希、奥兹本、弗洛姆、马尔库塞、齐泽克、拉克劳和墨菲等在内的西方的马克思主义者都认为，精

---

① [美] 约瑟夫·瓦伦特：《拉康的马克思主义、马克思主义的拉康——从齐泽克到阿尔都塞》，赵子昂译，载《马克思主义美学研究》，2006 年第 2 期，第 340 页。
② Jacques Lacan, *The Ego in Freud's Theory and in the Technique of Psychoanalysis 1954-1955, The Seminar of Jacques Lacan, Book II*, trans. by Sylvana Tomaselli, New York: W. W. Norton & Company, 1991, p. 43.
③ Jacques Lacan, *The Ego in Freud's Theory and in the Technique of Psychoanalysis 1954-1955, The Seminar of Jacques Lacan, Book II*, trans. by Sylvana Tomaselli, New York: W. W. Norton & Company, 1991, p. 44.

神分析学与马克思主义之间有可能达成某种理论上的对接，并由此展开学理对话。然而，通过在物质与精神之间插入无意识以求会通，这样的尝试并未真正捕捉到无意识的底层逻辑，也没有对无意识在精神分析学的认知系统中到底扮演了什么样的角色这个理论节点作出明晰的回应。在认知逻辑上，无意识的背后，隐含着更为深层的架构，某种程度上，舍其不可言两者的交汇。

本书认为，拉康提出的意义的回溯性构成了精神分析学之无意识理论的基本认知逻辑，因为它为意识形态介入文学提供了空间。虽然从认识论来看，精神分析学和马克思主义皆属唯物主义，但在马克思主义的物质与精神这两个维度之外，精神分析学引入了无意识，并将其映射到主体之上，此点似乎构成了两者最大的差异。然而，无意识却并非两者差异的全部，会通两者绝非仅仅是安置无意识那么简单，还必须将拉康基于无意识所提出的意义之回溯性这一洞见纳入研究视野之中。拉康的这一判断，使得精神分析学与马克思主义的意义观大为不同。马克思主义认为，主观见之于客观，既包含客观对于主观的必然，也包含主观对于客观的必然，事物的意义来自社会实践，认知通过实践来获得事物的意义，实践是认识发展的根本动力，是检验认识正确与否的唯一标准。

在马克思主义看来，人并非存在于真空之中，而是社会关系的总和，是历史文化的产物，因此这种建构就绝不仅仅由某种单一的因素所决定，它必然还会与主体的无意识欲望、利益立场、认知结构、权力关系和研究范式密切相关。一切意识形态都是社会存在的结果，"意识形态是由所谓的思想家通过意识、但是通过虚假的意识完成的过程。推动他的真正动力始终是他所不知道的，否则这就不是意识形态的过程了"[①]。马克思此言包含了两层含义：就内容而言，意识形态是虚假的意识；就形式而言，它体现为一个动态的过程。如是观之，作为社会生产一部分的文学艺术，反过来又以它特有的艺术形式表征着一定的社会关系与现实经验。马克思主义的这一洞见，与拉康对无意识的意义回溯性的认知，有着某种内在的关联。而在精神分析学的场域中，通过回溯的方式而来的意义，产生于意识形态的幻觉，而幻觉又构成现实。

总之，根据精神分析学，无意识构成了文学艺术的源点。由于主体与无意识关联，而无意识又指向外在的象征秩序，指向大他者，这就为精神分析

---

① 《马克思恩格斯选集》（第4卷），北京：人民出版社，2012年，第642页。

文论与马克思主义文艺观的流通和交汇提供了学理上的可能性。

二、马克思主义剩余价值及其精神分析线索

"剩余（surplus）"算是一个理论范畴吗？这个定位肯定是不准确的。"剩余"本身并非一种理论立场，但它提供了一个认知视角、一种阐释路径、一套底层逻辑，其意义主要体现在附着于其后的那个单词，如价值、快感（jouissance）、压抑、服从，等等。通过它，马克思和拉康分别切入了自己最为重要的理论节点，前者提出了著名的剩余价值理论，而后者提出了构成精神分析学理论根基之一的重要概念：剩余快感。齐泽克、祖潘西奇（Alenka Zupančič）、芬克（Bruce Fink）等一众西方学者一致认同马克思剩余价值学说与拉康剩余快感理论之间的学理关联，国内学界寥寥无几的相关研究，也接受这一判断。在它的基础上，西方马克思主义者马尔库塞论述了"剩余压抑"，而同为马克思主义者的齐泽克则引申出了"剩余服从"。

"剩余"作为一种影响深远的理论模型，始于马克思在《资本论》中所辨识和研究的剩余价值。中国学者——乃至每一个受过高等教育的中国人——对马克思的剩余价值理论应不陌生。剩余这一概念，在经典马克思主义那里，是与马克思对资本的研究关联在一起的。马克思通过分析剩余价值的生产、积累、流通及分配，揭示了剩余价值的运动规律及其作用，将资本主义生产关系的剥削本质公之于世。马克思说："在资本方面表现为剩余价值的东西，正好在工人方面表现为超过他作为工人的需要，即超过他维持生命力的直接需要而形成的剩余劳动。"[1]剩余的一部分转为投资，成为资本积累，实现扩大再生产。而所谓剩余价值，就是剥削劳动者所生产的新价值中的利润，亦即劳动创造的价值和工资之间的差异，或者说是劳动者创造的被资产阶级无偿占有的劳动。因此，资本主义生产过程"是一个不仅生产商品，而且生产剩余价值从而生产资本的过程"[2]。剩余价值要在生产中创造出来，还要在流通过程中才能实现。经过资本的循环和周转，实现剩余价值。马克思深刻指出，剩余价值乃是资本主义再生产的核心驱力，但这个驱力却往往被掩盖、修饰、遮蔽起来。如果挖掘不出剩余价值这个动因，便无法清晰明了、符合逻辑地

---

[1] 《马克思恩格斯全集》（第46卷，上），北京：人民出版社，1972年，第287页。
[2] 《马克思恩格斯全集》（第38卷），北京：人民出版社，2019年，第21页。

解释资本主义生产过程是如何组织和为何组织起来的。

就"剩余"这条理论线索而言，有必要论及的还有马尔库塞的剩余压抑理论。虽然没有明确的证据证明马尔库塞这一洞见从马克思的剩余价值理论那里获得过直接的灵感，但不可否认，马尔库塞从另一个角度揭示了资本主义再生产对人的压抑。在他看来，

> 人对人的最有效征服和摧残恰恰发生在文明之巅，恰恰发生在人类的物质和精神成就仿佛可以使人建立一个真正自由的世界的时刻。①

文明的发展，并不必然导致人的解放。马尔库塞所谓剩余压抑，是和基本压抑相对的一个概念。在原初状态下，基本压抑出现于原始部落和人类发展的幼儿期。生产力低下造成的生活资料不足，这是前现代时期的一个显著特征。在此情势下，本能的能量必然会被压抑。为了减少内部争斗，整个部落的力量必然会投向外部。而在科学技术高度发展、物质生产极大丰富的现代社会，压抑主要以剩余压抑的方式体现出来。剩余压抑由处于特权地位的团体、机构和个人来实行，受统治者的特殊利益所支配，旨在维持和扩大某种统治制度。这是在本能的基本压抑之外附加于人的压抑，是不必要、不合理的。通过剩余压抑，马尔库塞力图揭示这样一个内涵，即在基于内在本能的原始压抑之外，人们总是会受到来自社会历史文化结构催生的额外压抑，"它是为使人类在文明中永久生存下去而对本能所作的必要'变更'"②。虽然从今天的视野看出去，马尔库塞的理论有着某些瑕疵，也遭到了相当的质疑与批判，但必须承认的是，通过剩余压抑这一理论节点，他对建构在资本主义生产体制之上的资本主义文化状况所作的揭示和阐发，对于马克思主义与精神分析学的会通而言，有着极大的理论意义。

而对于齐泽克而言，顺着"剩余"这条线索，他提出了"剩余服从"。根据齐泽克的定义，"所谓'剩余服从'也就是纯粹出于快感作出的服从姿态"③。

---

① [美]赫伯特·马尔库塞：《爱欲与文明：对弗洛伊德思想的哲学探讨》，黄勇、薛民译，上海：上海译文出版社，2005年，第2页。
② [美]赫伯特·马尔库塞：《爱欲与文明：对弗洛伊德思想的哲学探讨》，黄勇、薛民译，上海：上海译文出版社，2005年，第26页。
③ Slavoj Žižek, *The Plague of Fantasies*, London: Verso, 2008, p. 68.

对于任何一个威权机构而言，它都会要求属下——此处的"属下"这一表述的内涵，乃是从斯皮瓦克《属下能够说话吗？》中借用而来——服从自己的权威，而属下为了生存，也不得不服从，这样的操作本身没有什么特别的，它是政治和经济生活中的常识。而剩余服从，就是超过了生存所需的那一部分服从。齐泽克进而解释道："当主体的服从姿态出于主体自身的快感时，即便这一姿态实际上很细小，它仍然是'剩余服从'。"① 对此，齐泽克给出的案例之一是纳粹德国的党卫军头子海因里希·希姆莱。据说，希姆莱曾经无耻地宣称，对犹太人的大屠杀是德国历史中最"光辉"的一页，然而，它却注定会被历史遗忘。意思就是，他对祖国的忠诚要求他不仅要恪尽职守，还要放弃个人诚挚、尊严这些不值得一提的顾虑，献身于祖国的需要，真正的英雄为了伟大的事业随时准备着让自己的双手沾满罪恶的鲜血。换言之，希姆莱不仅是完成了纳粹德国交给他的任务，他还主动奉献出了更多的服从，亦即齐泽克所说的"剩余服从"。如果说希姆莱这个案例因为太政治化而仍然显得抽象，那么我们不妨用一个生活中的例子来加以说明。一个单位中的员工，保质保量完成好自己的职责，就算是"服从"了工作规章的要求。但若他花费更多的时间、精力、尊严去奉迎和讨好上司，那便是齐泽克所说的"剩余服从"了。而"剩余服从"的目的就是获取快感。而快感这一概念，在本书前面的章节中，已经作出过明晰的梳理和阐释，对它的进一步论述将在下一小节中继续。

综上，就基本语义而言，所谓剩余，意指着那些超过基本需要的、多出来的部分。马克思的剩余，指的是超过支付工人工资所需的劳动量以外的劳动所产出的那部分价值，即剩余价值；马尔库塞的剩余指的是针对本能的基本压抑之外的、来自资本主义再生产对人的额外压抑；齐泽克的剩余，揭示了在资本主义生产关系中的作为权力客体的主体的那种对权力的超额奉献。总之，"剩余"对于上述各位马克思主义理论家来说，并不具有稳定一致、一以贯之的理论内涵，毋宁说，马尔库塞和齐泽克以马克思的"剩余"为模型，结合精神分析学的理论框架，在各自的领域内推演出了既密切相关、又各不相同的理论指向。

---

① Slavoj Žižek, *The Plague of Fantasies*, London: Verso, 2008, p. 68.

三、剩余快感及其文学艺术维度

马克思主义和拉康精神分析学中一系列带有"剩余"的词组具有理论上的同根同源性吗？判断的标准并不是这样根据其词源意义和字面意义作出的。"剩余"就像一根丝线，将不同时间节点上的拉康与马克思、马尔库塞、齐泽克等串联起来，形成理论上的一条璀璨的珍珠项链。

关于拉康的剩余快感，本书在此前的第四章中从齐泽克的意识形态快感视角略有探讨。而在此处，将着重在马克思主义与精神分析学的线索上，论述剩余快感及其文学维度。

在这条理论线上，根据拉康自己的阐发，"剩余快感"这个概念乃是源自马克思的剩余价值。拉康指出，"创造剩余价值的不是马克思。只是在他之前没有人知道它的位置"[1]，因此马克思是第一个准确勘定了剩余价值的位置的人。针对古典经济学关于剩余来源的分析，马克思认为："所有经济学家都犯了一个错误：他们不是纯粹地就剩余价值本身，而是在利润和地租这些特殊形式上来考察剩余价值。"[2] 而拉康将剩余快感和剩余价值并列在一起加以论述，并不是因为它们都包含着"剩余"二字，而是因为"在剩余价值与剩余快感之间存在着同宗关系：剩余价值是启动资本主义生产过程的肇因，剩余快感是欲望的对象-原因"[3]。故而齐泽克说，"拉康的剩余快感概念是以马克思的剩余价值概念为模型创造出来的"[4]，它们具有同源性。马克思的剩余价值与资本主义生产关系下的物质生产相关联，而拉康的剩余快感则与主体的实在界中的那些朦胧、混沌、抽象的沉淀物暗中连接。某种程度上，我们可说，前者针对物质过程，后者指向精神空间。这意味着，它们之间的对话关联绝非显性的、直接的，而只能是铭刻于内在逻辑架构之上的认知路径和阐释策略。

关于拉康的剩余快感，齐泽克归纳道：

> 在普通快感之上的剩余快感的产生正是因为快感的对立面，即痛苦。通过奇妙的转换，痛苦产生出剩余快感，使日常生活中痛苦

---

[1] Jacques Lacan, *The Other Side of Psychoanalysis, The Seminar of Jacques Lacan, Book XVII*, trans. by R. Grigg, New York: W. W. Norton & Company, 2007, p. 20.
[2] 《马克思恩格斯全集》（第33卷），北京：人民出版社，2004年，第7页。
[3] Slavoj Žižek, *The Sublime Object of Ideology*, London: Verso, 1989, p. 53.
[4] Slavoj Žižek, *The Sublime Object of Ideology*, London: Verso, 1989, p. 51.

的物质组织（哭叫声）引发出快感。①

剩余快感是在普通快感的基础之上产生的，它与一般意义上的纯粹的快乐无关，它来自快乐的反面——痛苦。在拉康那里，剩余快感是一种抛弃了一切经验性的、病态性的内容所引发的快感，因此在拉康的术语体系中，剩余快感也叫作"快感剩余价值"。鉴于我们业已知道欲望的对象-原因是对象a，而剩余快感此处又被拉康拿来置于一种与对象a的替代关系之中，故而在拉康那里，对象a与剩余快感似乎也存在着某种等量关系。而"对象a是马克思揭示的作为剩余价值的地方"②，如此一来，马克思主义体系中的剩余价值便被拉康成功地与精神分析学系统中的对象a和剩余快感等概念对接在了一起。

在马克思那里，剩余价值是资本主义生产不断发展的内在动力，资本主义的生产方式就是要不断地追求剩余价值。而拉康和齐泽克则认为，剩余快感是这种生产方式下个体行为的内在动力。资本主义生产方式下个体的行为逻辑就是要不断寻求欲望的满足，而剩余快感是剩余欲望的客体原因和内在驱力。剩余欲望是摆脱了一切物质的、经验的"病态"条件之后所产生的一种无止境的、具有无限生命力的欲望。它永远不可能被实现，剩余快感就是引发这种欲望的驱动力，也就是欲望的对象-原因。

这就好像是朱丽叶对罗密欧说的那句广为流传的、不朽的爱情名言："我给你的越多，我拥有的就越多。"这意味着交换的平衡逻辑被打破了，在这种新的情势之下，得到和付出并不一致。当我们感觉自己离真实越近的时候，真实就越是逃离我们的把握；我们越是拥有了自己渴望得到的东西，我们就缺乏的越多；缺乏的越多，我们想取得这种原初的一致的渴望就越强烈。剩余快感不受平衡交换的逻辑的限制，因此它就是永远不可能完全实现的。剩余快感只以自身为目的，不以其他任何偶然的、外在的因素为目的，因此永远不可能达到平衡，永远不可能完全实现自身。而就意识形态快感来说，情形大致也是如此。意识形态就是通过对剩余快感的操纵维持自身形式统一性的。意识形态就是要使人们放弃实证的、经验的内容，在对意识形态形式的

---

① Slavoj Žižek, *The Plague of Fantasies*, London: Verso, 2008, p. 58.
② Jacques Lacan, *The Other Side of Psychoanalysis, The Seminar of Jacques Lacan, Book XVII*, trans. by R. Grigg, New York: W. W. Norton & Company, 2007, p. 201.

坚持中，体验到这种意识形态的剩余快感。

那么，文学艺术又是如何表现剩余快感的呢？

鲁迅的名篇《阿Q正传》塑造了一个愚昧自大、自欺欺人、敏感多疑的底层人物。阿Q在现实中贫困潦倒，但在精神上，他却总是常胜不败。就是这么一个来自底层的农民，却对和他同在底层的人们冷淡有加。透过语言之墙呈现在他面前的现实社会是一个毫无人情味的处所，一个权贵们可以任意践踏底层草民的地方。但就是在这样一个社会之中，阿Q却遭到了几乎所有阶层的嫌弃，人们都将其视为瘟疫般的存在，尽可能地躲开他。受尽剥削压迫的阿Q最初并不喜欢革命，认为那是造反。然而，当他随后看到权贵们在革命面前惊慌失措之时，又对革命产生了强烈的兴趣。原因无他，就是觉得革命可以帮他出一口气。但阿Q参加革命的结果，却是被抓起来送上刑场处死。最后，当他被要求在判处自己死刑的判决书上签字画押时，阿Q从不提笔的手哆哆嗦嗦，无法将押画圆，最终画成了一个瓜子形。此刻，对自己悲惨命运坦然接受的阿Q，却对这个没画好的圆懊恼不已，因为他生命之中的最后一丝快感没有从这个圆中实现。把这个中国文学的著名场景投射到拉康的理论坐标上，我们可以看到：对规定和制造了他命运的象征秩序——当时的那个半殖民、半封建的腐朽愚昧的社会语境——阿Q将其当成理所当然的存在而从不加以质疑，在此情势下，他能得到的便只能是痛苦（被判死刑，即将结束生命）之中的一丝剩余快感（画圆的成就感）。

如是观之，对剩余快感的隐喻、换喻，甚至直接的呈现，是文学艺术的一个重要部分。对它所作的任何深入的、多方位的研究，都有必要考虑并兼顾到精神分析学和马克思主义的理论向度，才有可能得出比较合理的逻辑结论和价值立场。

第二节　现实、意识形态与文学幻象

在马克思主义那里，文学艺术反映了外在的客观世界，同时又反过来对外在世界产生影响。根据拉康一派的精神分析学，文学是一种幻象，它有着客观的主观的特性。同时，通过对美的概括和勘定，还揭示出了文学的反象征特质。这样的反象征的幻象，在何种程度上与马克思主义相关联？精神分析学与马克思主义在各自的领域中，针对资本主义政治、经济、文化等方面的困境所作出的剖析、探索和研究，虽然在认知路径和考察策略上大为不同，但它们确实以某种公认的方式确立了对各自面临的文化语境的回应，并在此基础上，给出了各自的方案。

一、写作中的无意识过程与现实

在弗洛伊德看来，"无意识过程几乎不涉及现实"[①]，因为它是非时间性的（timeless），不会因为时间进程而改变。对于任何熟悉、甚至粗知精神分析学的人来说，弗洛伊德关于无意识的共时性判断，都是一个基本常识。如果我们完全赞同并追寻弗洛伊德的逻辑，那么，文学艺术就与外在现实无关，这样的观点显然就既与马克思主义文艺观相抵牾，也不符合我们对文学艺术的基本认知。在拉康一派的精神分析学看来，源自实在界深处的 das Ding 构成了文学艺术的基本源点，而实在界在某种程度上与弗洛伊德的无意识空间有着极强的相似性——这正是我们有必要从弗洛伊德的无意识观入手来研究这个题旨的原因。

此前本书已经研讨过，拉康欲望图二（参见前文图-3）的主题是以语言为中介的想象性认同和象征性认同。拉康试图告诉我们，主体之欲望是大他者的欲望，但大他者却位于主体从不可能到达的语言之墙的另一边。主体与大他者之间是如何会通的呢？欲望当然是一个桥梁，而欲望必然牵扯到无意识。那么，无意识是一种纯粹内在的存在吗？事实也许并非如无意识的字面意思所表达得那么清晰明了。在拉康那里，无意识就是大他者的话语，而大他者体现为象征结构，是社会结构、历史线性、文化秩序的同义词。顺着这个逻辑，可以很清晰地看到，因为与外在象征紧密相连，无意识竟然是一种社会性的存在。而在想象性认同中，由于只涉及了主体和客体的关系，想象关系反倒恰恰就封闭了主体与外在世界的联系。

那么，从拉康的视角出发，既然无意识具有外在性，主体身处其间并受制于斯的文化逻辑在何种程度上将自身的影响加之于文学艺术之上的呢？不妨以钱钟书《围城》为例。小说中，方鸿渐的父亲方遯翁平常都预备了许多临别赠言，诸如什么"咬紧牙关，站定脚跟"，"可长日思家，而不可

[①] Sigmund Freud, *The Standard Edition of The Complete Psychological Work of Sigmund Freud, Volume XIV (1914-1916)*, trans. James Strachey, London: The Hogarth Press, 1957, p. 187.

一刻恋家"等,他要求儿子方鸿渐都牢记于心。"鸿渐知道这些虽然对自己说,而主要是记载在日记和回忆录里给天下后世看方遯翁怎样教子以义方的。"① 如此之描写,甚是辛辣,它清晰地揭示了这样一个题旨——方遯翁将自己本应是隐秘的日记摆到他者之欲望的客体位置上去,这正是对拉康的"无意识就是大他者的话语"的最好诠释。如是观之,方遯翁心中显然是有着他自己认定的隐含读者的,关于他在日记中写的东西、他对儿子说的话,就像是在表演一样,他都希望在未来的某时某地向可能出现的潜在读者和观众证明自己的高人一等。那么,这场证明的裁判是谁?答案是大他者,或者说,象征秩序。这也正是方遯翁在其日记中,根据中国传统的社会文化道德规范,力图将自己塑造成为一个伟大、光荣、正确的人的原因——他热切地认同于大他者,以大他者为坐标,希望在与其他主体的关系——主体间性——中占据一个有利的位置。

如是观之,哪怕是在文字写作之中,无意识的主体总是试图向控制着他的大他者言说,并从大他者那里获得反馈,而体现为象征秩序的大他者不可能被主体之认同完全吸收,但能规范、限制、界定主体。这样的认同,被拉康称为象征性认同,亦即对大他者的认同。那么,象征空间又具有一些什么样的特征呢?在其中,除了耳熟能详的那些社会文化规范之外,还有什么要素是必须被考虑进来的、不可或缺的呢?从拉康的名言"无意识就是大他者的话语"那里,可以略窥一二。此言中,无意识与大他者紧紧绑在一起——千万不要忘了,大他者又被看成是象征秩序,因此,以大他者为桥梁,无意识与象征界就被明白无误地联系在了一起。这便解答了一个非常有趣的问题:因为象征界对无意识所施加之决定性意义的缘故,无意识竟然更多地与外在客观世界相连了。我们只需厘定了象征界的位置,自然就会顺理成章地弄明白无意识的位置。在此,关于象征界的一个不容置疑的要点就是,它是一个充满了法律、规章、条例的空间,通过这些规则,象征界作用于主体的欲望,就像它作用于《围城》中方鸿渐的父亲那样。在此意义上,拉康判断,"象征界位于人之外在空间"②,既然是外在空间,一个不可回避的事实就是,在这样的空间内,挤满了各种各样的主体。象征界中必然会有语言的介入,靠着

---

① 钱钟书:《围城》,北京:人民文学出版社,2005年,第125页。
② Jacques Lacan, *Ecrits*, trans. Bruce Fink, New York: W. W. Norton & Company, 2006, p. 392.

语言的符号才能构成象征秩序。因此，主体与主体之间，凭借着语言进行交流、沟通、互动。而从逻辑上来看，语言是一种主体间的现象，如果一个主体不与其他主体发生关系，那么语言就没有用了。对此，拉康当然了然于胸，所以他接着说："这一事实构成了无意识的概念。"① 这一事实指的是象征空间的外在特性。既然无意识与象征界有关，而象征界中最重要的维度是主体间性——只要身在其中，主体必然与其他主体发生关系——因此与惯常的看法相反，无意识就显然不是一种纯然内在的东西，毋宁说，与象征界一样，无意识也具有强烈的、不容置疑的外在性。

因此，在精神分析的文艺观中，如果说埋藏于实在界深处的 das Ding 为我们提供了解答"文学何来"这个问题的答案，那并不意味着文学艺术由此便丧失了自己的历史性，而仅仅成为被压抑和阉割在主体实在界/无意识中的 das Ding 的外在投射。根据拉康的逻辑，无意识以欲望为中介，而主体之欲望又指向外在的大他者的欲望，那么顺理成章地，无意识便与象征秩序关联在了一起，并由此从逻辑上打开了与马克思主义的对话通道。

二、幻象与现实的互侵

拉康从不否认，他的剩余快感范畴的理论灵感和启发，来自马克思的剩余价值。对此，拉康坦承，两者的关联并不是简单地来自它们各自带有的那个"剩余"，而是"马克思在剩余价值中谴责的是对快感的掠夺"②。在本书此前的阐述中，我们知道，剩余快感并非快感的剩余或多余，而是通过认同和接受象征秩序而获得的快乐，其基础是痛苦。对于拉康来说，快感这个范畴的内涵溢出精神分析学的疆域，蔓延到了社会学和政治学的领域之中。

在拉康看来，剩余价值的关键并不仅仅在于资本家到底从劳动者那里剥削了多少钱，而是掠夺了快感。我们知道，在精神分析学那里，快感具有某种非历史的内核，它充斥在我们生活的方方面面。对此，齐泽克在《幻象的瘟疫》(*The Plague of Fantasies*)中讲了一个故事，有助于我们很快理解这个理论节点。齐泽克说：出于正常的礼仪和义务，有时他将不得不去拜访自己的亲戚，就像我们绝大多数人都会做的那样。那些亲戚对拉康理论一无所知，

---

① Jacques Lacan, *Ecrits*, trans. Bruce Fink, New York: W. W. Norton & Company, 2006, p. 392.
② Jacques Lacan, *The Other Side of Psychoanalysis, The Seminar of Jacques Lacan, Book XVII*, trans. by R. Grigg, New York: W. W. Norton & Company, 2007, p. 81.

但他们知道齐泽克写了很多书，且又在世界各地讲学，故而他们无不妒忌地问齐泽克，那得挣多少钱啊？如果齐泽克如实告诉他们，他挣了在他们看来相当多的钱，他们会觉得很不公平——一个搞哲学耍嘴皮子的人凭什么能挣这么多钱；如果齐泽克告诉他们一个很小的数目，他们会带着深深的满足感，认为即便是那点也太多了。简而言之，亲戚们的底层逻辑就是：不管齐泽克挣多少，都挣多了。亲戚们为何会有这样的情绪呢？齐泽克总结道："我们能发现的是对快感的嫉妒。"[①]那么，引发了亲戚妒忌的快感是什么呢？齐泽克在此没明确阐释，但根据我们对拉康理论的理解和把握，亲戚们的不满显然来自这样一个事实，那就是原本和他们一样处于同一象征空间之内的齐泽克居然拥有了能够突破约束他们的象征秩序的能力，获得了亲戚们所不敢奢望的某些可被投射到实在界之中去的东西，亦即拉康理论线索中的快感。从根本上看，在亲戚们眼中，金钱并不是齐泽克工作的衡量标准，快感才是。如此一来，不管齐泽克收入多少，都不能让亲戚们满意，因为他们针对的表面上看起来是钱，实则是快感。由此，在拉康的理论空间中，马克思的剩余价值理论便与精神分析学的剩余快感关联起来了，在此视野下，将剩余价值与剩余快感进行对接的有效渠道不是经济学中的价值，而是精神分析学中的快感。

快感在两个层面上体现。一个是个体层面的快感，这一点在前面的章节中已有足够论述——对于主体来说，由于象征秩序的阻隔，他永远不可能真正获得自以为曾经拥有过的快感，除非穿越幻象。一个是大他者的快感（*jouissance* of the Other），亦即那种完全实现的快感，其前提是通过击碎象征秩序，让所有的律法、规则和禁令都失效。如果真的能够得到所谓大他者的快感，那便意味着实在界的晦涩、匮乏、空洞都将被一扫而空——但是，实现大他者的快感这种情势是永远不可能真正在现实中出现的，哪怕它撩起了主体欲望的无限可能性。

幻象的框架内，快感永不可得，这是我们在精神分析学层面上理解快感和幻象的一个基本前提。

在这个题旨内，精神分析学的阐释是这样的：幻象告诉我们，我们对他者——大他者，以及位于大他者投射的位置上的小他者——来说很重要，并由此掩盖了我们的创伤性内核。精神分析学强调幻象对现实的侵蚀。意识形

---

① Slavoj Žižek, *The Plague of Fantasies,* London: Verso, 2008, p. 67.

态的崇高客体之所以崇高，乃因其矗立于主体之外的远方，遥不可及。对于精神分析学领域的研究人士来说，幻象的公式应该已经是一个非常明了的存在了。如此之理论节点与马克思主义发生碰撞和融合，直接催生了齐泽克反复而深刻地论述的意识形态幻象这一洞见。所谓意识形态幻象，意指着这样一个事实：资本主义社会借助文化框架下的各类文化产品，力图在心理空间为大众营造和建构的一种幻想——意识形态幻象力图让每一个身处其间的个体都感觉自己相对于大他者来说有一种虚幻的重要性，从而为资本主义再生产提供源源不断的心理动力。对于资本主义社会来说，这种幻象之重要，在于幻象对现实的侵入，使得主体实际上不可能真正认知和把握现实，某种程度上，幻象就构成了主体的现实。如是观之，主体对现实的感知，几乎就来自以主流意识形态为基础的幻象空间。如此，意识形态便可塑造主体的现实感，而主体在这个幻象空间中，由于有着他对大他者很重要这样的幻觉，主体便会认同、接受、甚至维护这个意识形态幻象背后的现实。

幻象框定了我们的现实，这是精神分析学的观点。从马克思主义视角出发，现实又反过来侵蚀着幻象。这就像《哈姆雷特》中的奥菲莉亚，当她得知父亲波洛涅斯死于情人哈姆雷特之手时，她疯了。年纪轻轻的她，便在悲伤与疯癫之中死去。在齐泽克看来，后来的奥菲莉亚已经不再是哈姆雷特欲望的客体——主体是根据大他者的欲望来结构自己的欲望——在现实的入侵下，哈姆雷特的幻象开始崩塌，奥菲莉亚不再具有她曾经有过的光环，她成了某种令人作呕的存在。外在世界对我们精神空间的入侵，会带来巨大的困扰。不妨设想一下，在一个虚幻的幻象之中，主体最终惊奇地发现，他周围所有其他的人都不是真正的人，而是机器、数字或者幻觉，只有他一个人按照符号所限定的规范去做一个真正的人，那该是何等可怕的一件事？

总之，从拉康的理论视野看出去，幻象与现实之间的相互袭扰和入侵，是带来当下的文学迷局和文化困境的重要原因。

三、物神在掩盖什么？

快感链接了欲望与无意识，同时它还是精神分析学切入政治的一个窗口，只有在快感话语的层面上，精神分析与政治的对话才能恰当地展开。"唯一存在的话语，不仅仅是分析话语，而是快感话语。只有认识到这一点，侵入政治才有可能。"① 只有认清了这一点，我们对精神分析文论的马克思主义维度的标识和考察才能得到如其所是的澄清。

在这个题域中，齐泽克以他的方式，讲了两个颇为粗俗的笑话②。笑话一：一位顾客坐在吧台前喝酒，一只小猴跑过来，在那位顾客的酒里洗了洗自己的睾丸，然后跑开。顾客吃惊不小，又要了杯酒，可那猴子又过来重复同样的动作。顾客愤怒之极，叫来服务员，质问那猴子为何老在他的酒里洗它的蛋。服务员答，问那个吉卜赛人吧，他什么都知道。于是顾客找上了那个在酒吧里到处溜达、拉小提琴娱乐顾客的古卜赛人，向他问了同样的问题。吉普赛人心平气和地开始唱起一首悲伤的歌曲："为什么那猴子在我的酒里洗它的蛋，噢，为什么……"这里的笑点在于，那个吉卜赛乐师错把那位顾客的话当成了点歌的要求，要他唱首"为什么那猴子在我的酒里洗它的蛋"的歌。笑话二：在鞑靼人统治的中世纪的俄罗斯，一个鞑靼骑兵强暴一个俄罗斯农夫的年轻妻子。那个鞑靼骑兵为了加深他对农夫的侮辱，更命令农夫扶着自己的睾丸，这样他和农夫的老婆在尘土满地的村路上交媾时就不会把它弄脏。鞑靼骑兵完事后绝尘而去，农夫却开心地笑出声来。他妻子问他，看到老婆在自己面前被强奸，怎么还会如此开心？农夫答："我要了他，我并没有真扶住他的睾丸，现在那玩意儿上全是尘土和污泥！"在如此场景之下，农夫居然还能笑得出来，不禁令人大为困惑与不解。

这两则笑话的逻辑前提是主体对现存象征秩序的接受和遵从。笑话一揭示了主体如何从主人那里窃回一丁点快感，而笑话二则阐明了剩余快感源自痛苦这么一个事实。如此，便涉及了两个不同的层面，一个是政治领域的意识形态，一个是快感/剩余快感与文学艺术的关系。

首先来看意识形态题域。拉康说："知识就是大他者的快感。"③ 他此处所言之知识，当然是在精神分析学的疆域内的知识，它指涉的是那些已经驻留于主体无意识中、但主体却从未真正意识到的知识。从这个向度出发，我们可以说，无意识是一种未知的知识，亦即齐泽克所说的"未知的已知"。而大

---

① Jacques Lacan, *The Other Side of Psychoanalysis, The Seminar of Jacques Lacan, Book XVII*, trans. by R. Grigg, New York: W. W. Norton & Company, 2007, p. 78.
② Slavoj Žižek, *The Plague of Fantasies*, London: Verso, 2008, pp. 56-58.
③ Jacques Lacan, *The Other Side of Psychoanalysis, The Seminar of Jacques Lacan, Book XVII*, trans. by R. Grigg, New York: W. W. Norton & Company, 2007, p. 13.

他者则喻指了社会文化历史语境中的象征秩序,这个秩序是靠意识形态来维持的,象征界的合法性有赖于意识形态建构的主体的现实感的证明和支撑。如此一来,快感便暗中与意识形态关联在了一起。

意识形态具有构建与遮蔽作用。齐泽克认为,在马克思主义视角中,意识形态的凝视是一种对社会关系整体性的局部凝视。所谓局部凝视,在齐泽克的解释中,是指意识形态将特殊性提升到普遍性。简言之,资本要将特定群体的利益修饰、装扮、提升为具有普遍意义的人类利益,而意识形态批判就是要将这种普遍性还原到特殊性上来,批判的最重要目的之一就是要揭示这种普遍性的虚假性,揭示掩藏在普遍人权后面可能呈现出来的资本对大众的剥削,等等。而在精神分析学的视角下,意识形态更确切地说是一种整体性的存在,旨在抹去其自身不可能性的痕迹。换言之,意识形态的功能就是让主体觉得他从来不曾有过任何的创伤性内核。由此,齐泽克总结道:"在马克思主义那里,物神(fetish)遮蔽了实证的社会关系网;而在弗洛伊德那里,物神掩藏的是匮乏('阉割'),象征网络正是围绕着它而言说。"①

其次是快感/剩余快感与文学艺术的关系。在齐泽克看来,意识形态和幻象有着某种同源性。那是因为意识形态作为一种梦一般的结构,它同样阻碍了我们对外在现实的真实状态进行观察和反应。那么,如果我们直接抛弃意识形态的幻觉,是否就有可能切入现实之中?答案是否定的。因为在主体和客体之间,从来都不是透明的。如果在历史上的某些时段上人们觉得自己可以直接通达外在客体——就如现实主义的文学艺术观所认为的那样,它可以不要中介直接地、中立地将客观现实反映到文艺作品之中来——那也只是一种幻觉。在此语境中,巴尔扎克那句著名的"我只是法国历史的书记员"的宣言就显得特别矫情,那充其量不过是他在他那个时代的认知平台上所作出的一个私人化的判断而已。他不可能成为法国社会、历史、文化的忠实的书记员,他甚至都不可能是他自己内在精神空间的书记员,因为他在意识层面的思想随时有可能被其无意识欲望所颠覆。

在精神分析文论看来,对剩余快感的隐喻,是文学艺术的一个主要的功能。在这个题域中,一个能够马上想到的例子就是爱情诗歌,其永恒的主题不正是对失去了的爱人的哀悼吗?正是因为爱情这一符号的缺失,才引发了

---

① Slavoj Žižek, *The Sublime Object of Ideology*, London: Verso, 1989, p. 50.

诗性快感的出现。这里面存在着一个很奇妙的转换，失去了爱情的痛苦转换为了诗性的快感。如此之快感，与上面齐泽克的第一个关于猴子"蛋"的笑话中的快感相比，虽然从我们惯常的文学体验来看，这两者之间的差别有如云泥，一为大雅，一为大俗，不可同日而语，但实际上从内在的心理机制来看，在精神分析学的层面上，这两种快感具有显在的同源性——它们都是从痛苦中转换而来。换个角度看，吉普赛乐师将"我"的愤怒转换为一首自我满足的歌谣，难道不正是当下流行的一系列心灵鸡汤式的文艺作品的底层逻辑吗？

第三节 主人能指与主人话语

齐泽克指出："当代的大众已经是一种人为的形式，是经过某种'被管理'、被引导的程序所产生的结果。简言之，它们是一种后心理现象。"[①] 大众不具有独立的主体性，也并非一种客观的存在，某种程度上，大众是一种权力的建构，一种主人话语的产物。围绕着主人话语所喻指的线索，精神分析学将自己对文学艺术的理论预设、范式勘定和价值判断以一种虽然隐蔽、却暗中具有很强理论指向性的方式与马克思主义的相关论点关联在了一起。

一、阿多诺的"非心理化"

在齐泽克的视域内，法兰克福学派——尤其是阿多诺和马尔库塞——并不认同将弗洛伊德理论完全"社会化"，反对简单地将自我和本我的力比多矛盾转移到自我内部的社会和道德矛盾冲突中去。这样的社会化必然意味着文化权力的介入。与文化相对的是自然这个十分可疑的概念。自然绝非某种先验的存在，而是某种历史过程的产物。在我们的研究题域中，精神分析学理论在一定程度上的有条件的社会化和历史化，恰恰是它与马克思主义相互介入的契机和起点。而这也正是西方马克思主义者阿多诺力图证明和倡导的。

在马克思的辩证唯物主义看来，人是社会关系的总和，人的本质是由外在客观建构起来的，但人具有主观能动性，可反作用于外在客观。精神分析

---

① Slavoj Žižek: *The Metastases of Enjoyment: Six Essays on Woman and Causality*, London: Verso, 1994, p. 18.

学则认为，悸动的无意识构成了主体的本真，这是精神分析学一个基本的认知前提。在此层面上，拉康判断，主体是无意识的，自我才从属于意识。某种意义上，可以将主体理解为人本来该是的那个样子，而自我则是他自认为是的那个样子，因此自我往往需要从外在的参照系统那里获得想象性认同。职是之故，无论是我们此前论述过的马尔库塞的爱欲观，还是以下即将讨论的第一代法兰克福学派的代表性学者阿多诺，皆将人的解放归于对无意识欲望的某种释放和满足上。这是因为，人的解放并非源自他通过对自身的想象而建构起来的自我，而是取决于设定、规范和制约了他作为一个主体存在于世的无意识根基。

在精神分析学与马克思主义的交叉领域中，并非所有相关的西方学者——譬如阿多诺——都认可前者的理论价值。阿多诺对精神分析学持否定态度的这一立场并不难理解。既然精神分析学宣称无意识永不可符号化，任何对无意识的阐释都是对它的偏离，那么精神分析学家——阿多诺在其理论中针对的精神分析学家主要是在他那个时代已声名鹊起的弗洛伊德——凭什么认定自己对无意识的阐释、解析、判断是恰当的、正确的？当然，在今天的语境下，笔者完全可以用自己在此前章节中给出过的那个暗黑中看不见的光源和它在象征界中的投影这一隐喻来回应阿多诺的疑问。但此处我们的理论重点不在于此。

须指出的是，阿多诺对精神分析学的否定性判断，更多的是一种话语层面的表述。虽然他不认同弗洛伊德精神分析学的某些阐释，但他并不否定无意识对于主体的重大意义。他认为无意识是属于心理学的领域。一方面，心理学意味着对个体的束缚，这就像当心理学上提出该做什么的时候，它同时也暗示了自己的反面，亦即该禁止什么；另一方面，它又是以个人享有一定的自足和自主权意义上的自由为前提的。这里面的逻辑机制是这样的：只有当我们能够确定什么是痛苦，然后才能明了和享受痛苦的反面——快乐。19世纪以来，伴随着资本主义的大发展，欧美社会逐渐变成了一个越来越物化的社会，心理因素在人与人之间的关系中扮演的角色越来越不重要。

那么，我们可以将人从他的无意识的压抑之中解放出来吗？至少在阿多诺看来，这个答案是否定的，因为"将人从他的无意识的统治支配下解放出来就相当于是废除了他的'心理学'"①。对于主体而言，作为一种内在的心理机制而存在的阿多诺式的"心理学"既给了主体某种约束，甚至禁锢，但它同时又将某种自由的前景赋予了主体。因此，阿多诺的心理学，也意指着主体的心理化，亦即那些内在地决定了主体之精神空间的存在。在弗洛伊德的坐标上，这就是被压抑的无意识，而人之本质正是由这种非历史的、内在的无意识决定的。在阿多诺看来，通过让本我转向，甚至成为自我，精神分析学的最大问题就是它使得主体"非心理化"了。换言之，从阿多诺的视角看来，精神分析暗中取消了主体的内在决定因素，而将自己完全交给了外在的社会历史文化机制。或者借用经典马克思主义的话语表述模式：精神分析取消了人的思考能力、辨别能力、判断能力。而这正是阿多诺所面临的德国的纳粹极权主义者所希望做的事情，他们要以绝对的外在威权强加于已经被"非心理化"的大众的头上。这样的大众，完全丧失了自我，不再具有真正意义上的无意识活动，他们只是被动而茫然地反映和回馈着外在客观。如此一来，"非心理化"的直接后果就是，它给主体带来了超我与本我的和解，从而放逐了自我的能动性。由此，马尔库塞视野中的压抑性反升华便应运而生。所谓压抑性反升华，意指着这样一个进程，在其中原本不可调和的超我与本我竟然达成了某种和解，并由此取消了自我的能动性和革命性。丧失了无意识冲动的自我遭受到了来自超我的更大的压抑和统治。归根结底，压抑性反升华，掩饰了社会文化中的对抗性。

如是观之，在精神分析学层面上的内在的无意识具有非历史化特征，具有共时性，因而是一种惰性的存在。它必须与外在的积极的历史化进程相联系，才会对自己的时代做出必要的描述、阐释、反馈和调整。在这内与外之间，自我实际上发挥着中介的作用，它将内在的精神空间与马克思主义对资本主义的深刻揭露和批判对接在一起，从而在一个更为广袤的、更有批判精神的、更具现实意义的层面上，赋予了精神分析学新的活力。

二、绝对知识的淫荡性

在西方马克思主义的理论线索上，可以看到众多学者试图将精神分析学

---

① Theodor W. Adorno, "Freudian Theory and the Pattern of Fascist Propaganda", in *The Culture Industry: Selected Essays on Mass Culture*, London: Routledge, 1991, p. 130.

与马克思主义进行对接的不懈努力。这样的努力，始于哲学，延伸到文学、艺术、宗教、道德等方方面面，在西方学术界产生了深远的影响，并对学术推进作出了不可小觑的贡献。

那么，相对于精神分析学，哲学在干什么？在印证着什么？否定着什么？又在支撑着什么？对这些问题，拉康解释说，在哲学思辨和理论实践中，"主人通过诡计，进行盗窃、绑架，并从奴隶那里窃取他们的知识"[1]。所谓哲学，不过就是为了主人的利益而进行的一项迷人事业。

我们知道，扬弃这一概念阐明了黑格尔关于面对诸多不同元素的精神是如何解决它们之间的冲突，并最终向着绝对知识进发的这么一个洞见。黑格尔相信，在事物的新陈代谢过程中，人有意识地承接、保留和发扬旧事物中的积极因素，抛弃旧事物中的消极因素。在此意义上，扬弃就是辩证的否定，既克服又保存，既抛弃又发扬，它代表着一种进步的趋势。然而，如若从今天的文化语境返身回去审视黑格尔的扬弃，一个必然的疑问便是：判断积极因素和消极因素的标准是怎么作出的？我们是否有可能如胡塞尔所宣称的那样，"悬置"所有那些暗中与我们的个体经验、家庭背景、教育经历、利益架构、意识形态、无意识欲望相关联的个人因素，然后凭借所谓的客观真理、绝对知识、先验理性等等作出选择？

拉康对黑格尔的扬弃素来抱有疑虑，在他看来，"扬弃只是哲学的一场小小的美梦"[2]。当然，造成拉康疑虑的学理原因并非在上一段中所列举出来的那些理由，他是从精神分析学坐标出发来作出这一判断的。在拉康看来，精神分析治疗的目的并非针对一种黑格尔式的"绝对知识（absolute knowledge）"，在主体与知识之间，总是存在着一种不可避免的割裂。

关于绝对知识，黑格尔在其《精神现象学》中，给出了一个一般定义：

> 这个最后的形态——这精神赋予它的完全而真实的内容以自我的形式，从而就同时实现了它的概念，并且它在这个现实化过程里仍然保持在它的概念之中——就是绝对知识；绝对知识是在精神形

---

[1] Jacques Lacan, *The Other Side of Psychoanalysis, The Seminar of Jacques Lacan, Book XVII*, trans. by R. Grigg, New York: W. W. Norton & Company, 2007, p. 21.

[2] Jacques Lacan, *On Feminine Sexuality, The Seminar of Jacques Lacan, Book XX, Encore, 1972-1973*, trans. by Bruce Fink, Norton 1998, p. 86.

态中认识着它自己的精神,换言之,是[精神对精神自身的]概念式的知识。①

绝对知识从认知的角度阐释了既包含本体也包含现象的概念性知识。黑格尔认为,意识的对象是自我意识,在这个层面上,意识开始认识到,所谓的科学律法和自然定律,不过就是它的创造和建构,职是之故,精神便将自身作为观照和审视的对象。这意味着,意识会形成在精神状态中认识自身的知识,根据黑格尔的说法,这种"概念式的知识"便是绝对知识,它不是关于纯粹现象的知识,而是关于世界本身的知识。

在拉康看来,黑格尔的这种所谓绝对知识,只不过是一种空中楼阁式的愿景而已。对于精神分析学家来说,精神空间从来都不是一个透明的存在,主体绝无可能如黑格尔们所设想的那样,可以将自己的精神摆上手术台,从容检测、衡量、评估,并由此获得绝对知识。正如本书此前所澄清的那样,主体的精神空间分为意识和无意识两个部分,且决定了主体之本质的、永远不可符号化的无意识是不可化约的。所谓意识以自我意识为对象,不过就是一种憧憬罢了,因为自我意识不可能摆脱无意识而单独存在,撇开无意识谈意识/自我意识都是不完满的。这就像如果只是对露在海面之上的冰山部分进行考察的话,我们绝不可能对整个冰山有一个合理而深刻的认识一样,浮在表面的、能让我们看到的冰山,只占整个冰山的一小部分而已。

在拉康眼中的世界,是半醉半醒的世界,是一个充满了未知的似是而非的空间,在其中,象征领域的种种法则和实在界中的核心的不可能性之间,总是存在着某种不可名状的张力。西方马克思主义的大师们曾试图从马克思主义维度对此进行审查、考证和论述,并取得了一定的成就。而在本书关注的文学艺术层面上,齐泽克提出:"在文学领域,律法与快感之间的这种短路的最典型例子是卡夫卡伟大小说中法律的淫荡机构。"②淫荡一词,最初是由拉康引入来喻指对象 a 的。因为主体永远不知道 das Ding/ 对象 a 到底要他做什么,于是主体便自以为是地去想象与猜测,以便迎合 das Ding/ 对象 a,从而为自己的行为获得根据、提供意义。但是,das Ding/ 对象 a 就像一个任性的

---

① [德]黑格尔:《精神现象学》,贺麟、王玖兴译,北京:商务印书馆,1983 年,第 265-266 页。
② Slavoj Žižek, *The Metastases of Enjoyment: Six Essays on Woman and Causality*, London: Verso, 1994, p. 9.

荡妇，从不将自己的要求直接说出来——"她对我们的建议说'不！'，但我们从来不敢肯定这个'不！'是否意味着双重的'是！'"①——永远也不满意主体的迎合，因此主体便永远处于不知所措的状态之中。

卡夫卡作品中法律的淫秽机构可在其代表作《审判》中清晰地辨识出来。故事讲述了约瑟夫·K 在 30 岁生日那天被捕，没人告诉他究竟犯了什么罪。他为了摆脱审判而四处奔走了一年，但知道的越多，反而越无助。最终，在31 岁生日前夕，他被秘密杀害，审判落幕。在卡夫卡的这部小说中，奥匈帝国令人窒息的官僚制度、毫无理性和逻辑的社会、个人与社会的矛盾、面对现实的主体的无助，都得到了淋漓尽致的文学再现。由此，借助齐泽克提供的理论视野，我们得以在马克思主义维度上对卡夫卡名著《审判》进行一番精神分析的阐释和解读。某种程度上，小说中的律法机构一如黑格尔的绝对知识，在神秘莫测之中展现了自己的淫荡性。它总是莫名其妙地起作用，但从来不会被主体明晰把握。

三、主人话语的马克思主义维度

精神分析学层面上，拉康指出了内在精神空间与外在文化逻辑之间关联的通道。但仅凭这些，还不足以在"文学何是"这个题旨中，合理地审视精神分析文论的马克思主义维度。换言之，需要在理论细节上审理两种理论的对话和交融，才能真正勘定这一题域的理论价值。

试图通过回归弗洛伊德而为这门学科获得新的活力的，不只是拉康一个人。在这个过程中，赖希、弗洛姆、阿多诺、马尔库塞、哈贝马斯和拉克劳、墨菲等都从自己的角度出发，作出了相当的理论贡献。值得注意的是，在此处的这个名单中，有一个明显的共同点，那便是这些学者或者自称马克思主义者，或者或多或少都具有浓烈的马克思主义色彩。换言之，西方学界的各种马克思主义流派乃是力图从自己的理论语境出发，积极整合精神分析学的主力军。

在两者的融会贯通中，齐泽克无疑作出了巨大的贡献。他感兴趣的是"在马克思眼中，我们当今世界本身意味着什么"②。这个问题的答案，对于深思熟

---

① Slavoj Žižek, *The Sublime Object of Ideology*, London: Verso, 1989, p. 112.
② Slavoj Žižek, *The Metastases of Enjoyment: Six Essays on Woman and Causality*, London: Verso, 1994, p. 183.

虑之后的齐泽克来说，是明晰的。通过深刻阐明资本主义社会的构成性不平衡，马克思最重要、最关键的理论成就"是他洞察到普遍的、形式平等的逻辑本身是如何介入物质不平等的"[①]。简言之，马克思致力于探索的是：一个实质上并不平等的世界，是如何被那些普遍形式上的平等逻辑所掩盖，譬如人与人之间的不平等关系是如何被物的关系所修饰和掩盖。

然而，我们要问，在精神分析的理论节点上，马克思主义维度是如何展开的呢？答案是拉康所标识出来的主人话语。

在以"精神分析学的另一面"为题的第17期研讨班中，拉康集中探讨了四种话语——主人话语、大学话语、癔症话语和分析师话语。其中的主人话语占据着最为重要的地位。在主人话语公式[②]中，S_1喻指主人能指；$\$$是被阉割的主体；S_2代表知识；a为对象a：

$$\frac{S_1}{\$} \rightarrow \frac{S_2}{a}$$

在拉康的四种话语中，左上角是主导性的位置。这个位置有一个非常独特的特点，那就是在它那里的是一个既无意义也无原因的能指。在主人话语中，这个支配性位置由S_1占据，即主人能指。意即主人的话必须要听，不要问理由。故而，齐泽克点评道："主人能指（S_1）从定义上说就是'空洞的'，而'主人'就是偶然占据这一空位的人。"[③] 在他看来，主人能指就是没有所指的能指，并以此意义去要求人们遵从甚至牺牲，但是却没有意义赖以产生的根基。当主体认同于一种意识形态时，主人能指之空缺内容就会被其操演维度"填充"。由此，主体对意识形态的认同回溯性地创造出一个幻觉，在其中获得了主体认同的内容总是–已经先已存在于斯："当主体在一种意识形态召唤中识别出了自身之时，他自动地就忽略了这样一个事实：正是这种识别行

[①] Slavoj Žižek, *The Metastases of Enjoyment: Six Essays on Woman and Causality*, London: Verso, 1994, p. 183.

[②] Jacques Lacan, *The Other Side of Psychoanalysis, The Seminar of Jacques Lacan, Book XVII*, trans. by R. Grigg, New York: W. W. Norton & Company, 2007, p. 13.

[③] Slavoj Žižek, *Everything You Always Wanted to Know About Lacan (But Were Afraid to Ask Hitchcock)*, London: Verso, 2010, p. 236.

为本身创造了他识别的内容。"[①] 从根本上说，主人能指（S_1）的空洞带来的一个幻觉就是，主人之为主人是因为他的内在魅力而非由于他偶然占据了结构中的特定位置。

在拉康的主人话语公式中，主人能指（S_1）与被阉割的主体（$）构成了一对具有优先秩序和上下等级的二元关系，而知识（S_2）与对象 a（a）则构成了另外一对二元关系。从 S_1 与 $ 中，我们看到主人能指之所指来自空洞与匮乏，这是因为主人之所以成为主人，并非如他们的意识形态告诉我们的那样，是什么天降大任于斯人，事实只不过是某人偶然地占据了主人的位置而已。而对奴隶而言，他在空洞的主人能指之下被阉割，而被阉割之后的奴隶就不再有通常意义上的快感，而只剩下无以名状的遗留物——在拉康的公式里体现为对象 a。反过来看，对主人来说，他们权力的来源和根基除了我们惯常理解的政治、经济、军事之外，还来自他们所掌握的知识。

为什么主人有知识而奴隶没有或极少有？主人与奴隶从人种基因上来看是不是存在着巨大的差异？如果你认为有这种差别存在，那只是意识形态给你的蒙蔽而已。这也正是拉康和齐泽克通过主人能指 S_1 希望告诉我们的：主人其实与芸芸众生没什么区别，他们并不是与众不同的人，他们只不过是偶然地占据了某个位置才被当成主人的。既如此，那么主人的知识又是从哪里来的？对此，拉康明确地指出，对主人来说，"可传播的知识……总是从工匠（亦即奴隶）的技术中借鉴过来的"[②]。传说中由尹吉甫采集、孔子编订的《诗经》便是一个典型的例子。诗经中相当部分乃是民间劳动者所作，反映了劳动与爱情、战争与徭役、压迫与反抗、风俗与婚姻、祭祖与宴会，甚至天象、地貌、动物、植物等方方面面，是周代社会生活的一面镜子。相传周代设有采诗之官，每年春天，摇着木铎深入民间收集民间歌谣，把能够反映人民欢乐疾苦的作品，整理后交给太师（负责音乐之官）谱曲，演唱给周天子听，作为施政的参考。这些没有记录姓名的民间作者的作品，占据诗经的多数部分，如十五国风。而周代贵族文人的作品构成了诗经的另一部分，譬如《尚书》就有记载，《豳风·鸱鸮》为周公旦所作。周代的祖居之地周原宜于

[①] Slavoj Žižek, *Tarrying with the Negative: Kant, Hegel, and the Critique of Ideology*, Durham: Duke University Press, 1993, p. 73.

[②] Jacques Lacan, *The Other Side of Psychoanalysis, The Seminar of Jacques Lacan, Book XVII*, trans. by R. Grigg, New York: Norton, 2007, p. 22.

农业，《大雅》中的《生民》《公刘》《绵绵瓜瓞》等诗篇都表明周是依靠农业而兴盛，农业的发展促进了社会的进步。周族在武王伐纣之后成为天下共主，家族宗法制度、土地、奴隶私有与贵族领主的统治成为这一历史时期的社会政治特征。然而，在随后的年代中，铭刻在《诗经》中的知识的精髓被主人攫取，知识"摇身一变成为了主人的知识"①，《诗经》脱离了它原初的生成土壤，成为一部高高地凌驾于劳动者之上、看起来似乎与劳动者没有多大关系的大雅之作。故而，在拉康主人话语的等式的左边，主人能指（S_1）的威权是建构在被阉割的奴隶（$）之上的；而在等式的右边，知识（$S_2$）被从奴隶那里夺走，留给被剥夺与被压榨的奴隶的就只有与痛苦紧密相关的对象（a），或剩余快感。

总之，拉康的主人话语某种程度上达成了精神分析文论与马克思主义意识形态之间的一座重要的交通桥梁。以拉康理论在《诗经》上的投射为例，本书认为，那些貌似高高在上、不食人间烟火的文学艺术，构成其高雅性的基本要素——拉康所说的知识——源自奴隶。主人之所以能够从奴隶那里攫取、霸占知识，那是因为从马克思主义的维度上，意识形态赋予了主人以空洞能指的权力，这使得他可以无需任何理由和借口，就完成知识的掠夺。

---

① Jacques Lacan, *The Other Side of Psychoanalysis, The Seminar of Jacques Lacan, Book XVII*, trans. by R. Grigg, New York: Norton, 2007, p. 22.

小　结

就"文学何是？"来看，精神分析文论提出了文学是主体欲望建构起来的一个关于创伤的幻象空间这样一个立场。"艺术家要展示的不正是那些在根本上是去主体化的、无法被主体所实施的幻象吗？"[1] 通过这个反诘，齐泽克阐明了这样一个观点：文学家在文学世界中"客观"地实现了自己那无法主观地令其实现的幻象，文学是一种"客观的主观"的幻象。

正是因为考虑到了意识形态的维度，伊格尔顿建议我们必须抱着异常谨慎的态度去界定"文学"，因为文学并不具有任何先验性质的本体，它"是受制于我们实际社会生活形态中根深蒂固的利益架构的"[2]。借助拉康的理论，从齐泽克的视野出发，当意义以一种回溯性的方式被赋予文学，意义的先验性显然就被拒斥了，我们只不过是在意识形态幻觉的支撑下认定了这个意义，然后才试图去为这个所谓的意义的产生作出解释。这种回溯性意义的产生是以意识形态的认同为基础的。文学的幻象空间既是主体的对象 a 外溢之客观的主观，同时也是在回溯性的意义建构之中，对外在的意识形态所作出的回应。这表明了齐泽克将马克思主义认识论导入到封闭的内在精神空间的一种理论立场。

关于美，拉康作了相当的论述，当然是以他特有的那种迂回、含混、隐晦的方式。在此题域，拉康有一些论点是明确的，有一些则需要我们作出必要的逻辑审理和理论推断，才可得出结论。根据本书的研究，拉康理论框架中的美，既是一种诱惑，也是一种屏障，更是一种对实在界之虚空的隐喻。实在界驱动了主体的欲望，而欲望指向大他者，因此文学之美在某种程度上是一种虽然受制于外在的社会历史文化、但具有强烈反象征倾向的存在。文学艺术的反象征性质，为其批判性——这将是下一部分的研究主题之一——

---

[1] Slavoj Žižek, *How to Read Lacan*, London: Granta Books, 2006, p. 57.
[2] Terry Eagleton, *Literary Theory: An Introduction*, Malden: Blackwell Publisher Ltd., 1999, p. 9.

埋下了理论伏笔。

在文学幻象这个节点上，拉康从马克思的"剩余快感"那里获得灵感，提出了精神分析学的"剩余快感"这一重要概念。幻象与现实相互侵扰，通过主人话语，拉康与马克思主义形成了跨越时空的理论对话，并由此将新的活力赋予了精神分析学。

总之，和我们日常所体验的社会现实一样，在文学中建构起来的心理现实不过就是意识形态构建起来的一种无意识幻象，因此文学必然隐含着某种文化诉求，这表明建构文学这一话语对象的过程必然会铭刻着强烈的方向性和意图性。这一立场为马克思主义意识形态批判的介入开启了一道大门，并为精神分析文学观打上了鲜明的马克思主义烙印。

第三部分

文学何为？

> 关于事物的一切好坏都将与之相关的主体进行了划分，并且这种划分不可抑制、无法弥补、毫无疑问地与同一 das Ding 相关。客体无好坏之分。先有好坏，然后才有 das Ding。好与坏都已属于观念的命令；它们根据快乐原则以线索的形式存在，根据主体的原则将主体的位置与代表事物的方向联系起来，寻找特权状态，寻找被欲望的状态。期望的是什么呢？总是与 das Ding 保持一定距离的事物，即使受到 das Ding 的约束，它也存在于事物之外。[1]

通过上面这一段晦涩的话语，拉康希望告诉我们什么？客体本无好坏之分，好与坏是主体的判断。就像本书前面提到的西藏圣山一样，圣山所有的意义都是由人赋予它们的。但 das Ding 的前提却是一个有着好坏判断的先验性存在。这似乎就进入到一个先有鸡或先有蛋的循环之中——先有了观念领域的好与坏，然后才有了 das Ding；主体受到这种好与坏的制约和规定，反过来又去对客体加以判断。只有与 das Ding 保持一致的事物，才会被认为是好的，反之则不然。解开这个症结的关键在于厘清这个节点：das Ding 暗中

---

[1] Jacques Lacan, *The Ethics of Psychoanalysis 1959-1960, The Seminar of Jacques Lacan, Book VII*, trans. Dennis Porter, New York: W. W. Norton & Company, 1997, p. 63.

指向的是什么？或者说，在底层逻辑上，das Ding 受到什么样的支配？这个问题的答案将会把我们引入另一个新的理论场域，一个在精神分析视角下关于人的行动——当然也包括文学行动——的场域。

就"文学何为？"而言，它包含这么几个层面的题旨：在拉康精神分析文论的视野下，文学是做什么的？它为什么服务？是什么在影响、制约和规范着文学的行动？随着第二次世界大战之后的文化转向大潮，这个问题在一定程度上已经得到了回答。在今天的语境下，文学性溢出文学的边界，不再作为自足自律论依据，而是广泛地渗透到当代社会生活的方方面面，进入几乎所有日常消费和商业炒作中。在当今这个后现代的消费时代，审美性不再是文学艺术的专属性能，而成为商品世界的共性，各种不同的维度相互交叉，相互渗透，使得文学再也无法固守自己的传统领域。伴随这一过程的是文学文本的形式变迁。随着多媒体技术的发展和普及，文学文本正逐步从传统的平面纸质向三维多媒体的立体形式扩张与过渡。这意味着，任何对文学艺术的研究，在强调主体内在精神的同时，还有必要将文学艺术置身其中的文化、历史、社会、政治、经济、宗教、伦理等因素纳入理论视野。在这样一个相互交叉、多元共生的题域内，精神分析学如若希望大放异彩，那它就必须从包括马克思主义文艺思想在内的其他理论流派中吸取营养。

本书第一部分曾经就马克思与拉康关于人的本质的论述，作过一定程度的研究。无论是拉康理论，还是马克思主义，都十分强调文学艺术与人的关系。在他们眼中，文学是关于人的文学，艺术也是为了人的艺术。而这一部分里，在文艺理论的层面上，本书关注的不仅是在拉康和马克思视野下分别具有某种特质的单个的主体，更是这些不同的个体在精神分析学和马克思主义理论框架中的相互关系。

第七章
关于人与人关系的文学

从马克思主义视角出发，生产关系是社会关系中最基本的一种关系，其性质是由生产资料所有制决定的。社会关系是一种人与人构建起来的关系，在其中，拉康沿着另一个分支（即"不存在性关系"中的性关系）来展开他对人与人关系的研究。某种程度上，人与人关系在这两门理论之间搭建了一座桥梁，通过它，精神分析学将马克思主义导引到了自己的文学观那里。

第一节 马克思主义关于人与人关系的论述

在本书的视野内，人与人的关系构成了马克思主义最重要的问题意识之一。当这个题旨进入文学艺术的领域，它构成了马克思主义文艺观的基本色调之一。

一、不同视角下的问题意识

在弗洛伊德看来，无意识是一种没有时间维度的稳定存在。这意味着，构成了人的本质的无意识具有某种共时性，它拒绝对社会历史文化语境作出反应。拉康与弗洛伊德一脉相承，通过欲望是人的本质的判断，将本质指向了内在的、无意识深处的 das Ding。在此层面上，拉康干脆认为："精神分析不是世界观。"[1] 当然，需要说明的是，拉康此言，并非是真的要将精神分析学封闭在共时的实在界内部，从而忽视波谲云诡的象征空间。在拉康那里，通过某些隐含的逻辑通道和学理架构，主体的内在精神实则与外在的文化空间

---

[1] Jacques Lacan, *Le séminaire, Livre IX, L'identification: 1961–1962*, Publication Hors Commerce de l'Association Freudienne Internationale, 1996, p. 74.

有着不可割裂的关联。

反观马克思主义,它始终将自己置于波澜壮阔的社会历史文化大潮之中。马克思指出,每个时代都有属于它自己的问题,"问题就是时代的口号"[①],而问题意识则是人们对存在问题的能动性、探索性和前瞻性的反映,它体现了一种认识架构和价值取向。

众所周知,哲学产生于问题,因此哲学界对问题意识的敏感,实属正常。在哲学界看来,问题意识是在与体系意识相对应的二元系统中的一极。如果说体系意识追求一种同一性,那么问题意识则是对差异性的诉求。问题意识不再寻求面上之广度,而着眼于单个的点的深度。这与历经后现代洗礼的当下语境是契合的。当多元性、差异性、歧义性、断裂性、世俗性成为大旗被高高举起之时,同一性/总体性被抛在了一边。但如此一来,也并非没有问题。凯尔纳和贝斯特就认为:

> 由于后现代理论偏好玩弄碎片(鲍德里亚)、放弃宏观理论(利奥塔,以及某种意义上的福柯)、强调离散的微观现象或话语分析(拉克劳与墨菲)或重视文化现象而忽略经济、社会与政治,不能提供一种语言来说明社会的各个方面以及各个领域是如何相互联系、相互依赖、互为中介的,因而,它往往会成为重建理论与政治这一计划的障碍。[②]

笔者此处无意将哲学界的问题意识简单归入极端的差异性和碎片性而妄加褒贬。然而,对微观点的过度偏好,某种程度上确实会造成我们对宏观面的把握不足。学界提倡问题意识,是 21 世纪以来的一道亮丽的风景线。这表明,学界已经不再满足于对西学理论的简单译介和引进,而是希望在文化资本的全球化流通中,发出自己的声音。而自己的声音必须植根于我们自身的语境之中。换言之,如果我们倡导并致力于建立一种多元文化的"狂欢"氛围,从而使中国文学和文化能够在国际学术中占有一席之地,我们就不能跟在西方后面亦步亦趋,而必须要有自己独特的视野和题域。正是在这样的背景下,问题意识得以成为 21 世纪以来学界思考的最重要热点之一。作为当今

---

① 《马克思恩格斯全集》(第 40 卷),北京:人民出版社,1982 年,第 289 页。
② Steven Best & Douglas Kellne, *Postmodern Theory: Critical Interrogations*, Hampshire and London: The MacMillan Press Ltd., 1991, p. 272.

学界使用最频繁的范畴之一，问题意识显然包含问题和意识两个维度。这意味着，它既要能回答"何为问""如何问"和"问什么"，更要能回答"为何问"。

关于问题及其本质，伽达默尔有过相当的研究。他甚至认为，如若我们不对事物投去关注的目光，事物的存在便不具有足够的意义。

> 问题的本质在于它具有某种意义。但是，意义是指方向的意义。因此，如果要使之合乎情理的话，问题的意义就是这样一种使答案唯一能被给出的方向。问题将被问东西置于一种特定的视角。问题的出现好像开启了被问东西的存在。因此展开这种被开启的存在的逻各斯已经就是一种回答。它自身的意义只出现在问题的意义中。①

这段话中，伽达默尔说了两层递进关系的意思。首先，问题的本质就是它必须具有某种意义；然后，意义是方向的意义，即问题的方向性。而方向是使答案能唯一给出的方向。答案是否具有意义，很大程度上取决于问题，因为问题导引着回答的方向。而这种问与答，乃是一切通过提问的认识的过道。这就是说，伽达默尔赋予了问与答以认识论和本体论内涵。但是，在喜欢吹毛求疵的笔者看来，伽达默尔的问题观似乎并不完整。问题引导着回答：伽达默尔以其极为雄辩的思辨能力向我们证明了此言不差。但又是什么在引导着问题呢？在上一段引文之后不远处，伽达默尔针对问题，又进一步阐释道：

> 事实上，当我们对不符合我们期望的事情感到震惊时，我们也会有这样的经历。因此，提问与其说是一种行动，不如说是一场激情。问题压向我们，以致我们不再能避免它并坚持我们习惯的意见。②

在这里，伽达默尔告诉我们，虽然问题决定着回答的方向，但问题本身却是不受约束的、自我表现的，甚至很多时候就显现在一种突然的想法中。如是观之，从伽达默尔的阐释学出发，问题便只能是不可避免地外在于人而

---

① Hans-Georg Gadamer, *Truth and Method*, trans. Joel Weinsheimer & Donald G. Marshall, London: Continuum, 2006, p. 356.
② Hans-Georg Gadamer, *Truth and Method*, trans. Joel Weinsheimer & Donald G. Marshall, London: Continuum, 2006, p. 360.

自足自律：这就使我们除了被动地跟随西方理论结构所生发出的问题之外，很难真正到达"为何问"这个层面。

"为何问"之重要，在于问题本身是一个极为主观的范畴，与其说问题是摆在某处可供人们进行研讨甚至解剖的外在客体，毋宁说它体现了人们的某种对外在客体的判断指向和能力。所以，克莱恩在《跨越边界——知识、学科、学科互涉》一书中对问题因素这样阐述道："问题的推动力是如此之大，以至于研究者常常被描述为不管走向哪里，都紧随其后。但问题并不具有人的特征，对问题的界定是人类能动的产物。"[1] 通过强调问题是人类能动的产物，克莱恩将浓郁的马克思主义色彩赋予了自己的立场。在此意义上，她的这一提法也许会更有助于我们审视和观照问题意识。

二、马克思的问题意识：人与人关系

从问题意识入手，审视和考察精神分析学与马克思主义跨越时空的对话关系，应该说是恰当的、合理的。针对两者的会通，拉克劳提议："关键是在两个不同的理论领域之间找到对比指标，而这也相应地意味着比较有意义的新领域的建构。"[2] 这意味着，确定在什么样的向度上找到比对两者的指标至关重要，因为它会为我们勘定两者不同的问题意识给出一个坐标。

在本书的研究场域中，这个指标便是两者在不同维度中对人与人关系的拷问。之所以以此作为研究两者不同问题意识的切入点，乃因如前所论，关于意义的源头，两者有着不同的看法，这构成了它们底层逻辑上的一个极具学理价值的支撑点。当这个不同的底层逻辑外化出来，映射到它们各自对以人与人关系为基本框架的社会关系的审查、观照和揭示之上，它们便从根本上具有了不同的问题意识：精神分析学从无意识入手，提出意义乃是从实在界之坚硬内核回溯性地给予自我的，在此基础上，通过"不存在性关系"这一论断，拉康聚焦于被人与人关系所遮蔽的人与自己内在创伤的核心不可能性的关系上；而马克思主义则在物质与精神这两个维度上，重点考察和追究被人与物关系所掩盖的人与人关系，进而深刻厘清和阐发生产力与生产关系、

---

[1] [美]朱丽·汤普森·克莱恩：《跨越边界——知识、学科、学科互涉》，姜智芹译，南京：南京大学出版社，2005年，第61页。

[2] [英]拉克劳：《我们时代革命的新反思》，孔明安、刘振怡译，哈尔滨：黑龙江人民出版社，2006年，第112页。

经济基础与上层建筑、社会存在与意识形态之间的辩证结构,并将自己的批判目标锁定在了资本主义制度上。某种程度上,不同维度上的人与人关系在马克思主义和拉康的精神分析理论之间搭建了一座桥梁,并折射出了两者不同的价值取向。

在本书此前的梳理中,我们已经知道,马克思在不同时期、不同地方从三个方面归纳和总结了人的本质。在我们今天的认知中,人从笛卡儿式的中心位置上跌落下来,世界和人都不再具有绝对第一性,重要的是某种相互依赖性。在在世之在中,人是被抛的筹划者,领会不是我们所为,而是我们所是。在领会与解释这一对二元中,当海德格尔将优先性给予领会并赋予其本体存在论意义之时,便意味着他将解释以及解释所包含的主观意蕴统统流放了。这意味着,任何对主体的研究都离不开他者这一背景。反过来说,人与人的关系构建起了精神分析学视域中的象征秩序的基本结构。

关于人与人的关系,在《资本论》中,马克思给出了一个著名的论断:

> 商品形式的奥秘不过在于:商品形式在人们面前把人们本身劳动的社会性质反映成劳动产品本身的物的性质,反映成这些物的天然的社会属性,从而把生产者同总劳动的社会关系反映成存在于生产者之外的物与物之间的社会关系。由于这种转换,劳动产品成了商品,成了可感觉而又超感觉的物或社会的物。①

在上面这段大家耳熟能详的引文中,马克思指出,商品的生产、流转和消费掩盖了生产关系,并使得后者看起来依赖,甚至受控于前者。原本交换只是商品生产的目的,然而,这个目的却遮蔽了商品生产背后的劳动关系和社会关系,商品变得神秘起来,开始独立于人而存在,并最终被宗教化。如此一来,神坛上的商品摇身一变成为具有至高无上的控制权的存在。然而,在马克思主义看来,作为物,商品本身既没有使用价值,也没有交换价值,更没有剩余价值。物所拥有的,只有它自己的存在。而它所有的价值,都是人为赋予的,这便是海德格尔所说的"若没有终有一死的人的留神关注,物之为物也不会来"②。物只有当它被人所购买并使用时,才有使用价值;只有

---

① 《马克思恩格斯文集》(第5卷),北京:人民出版社,2004年,第89页。
② [德]海德格尔:《演讲与论文集》,孙周兴译,北京:生活·读书·新知三联书店,2005年,第190页。

在人与人之间进行交换时,才具有交换价值;而只有在特定的生产关系之中,才会出现供剥削者占有的剩余价值。因此,马克思又说:"理解商品的困难在于:商品像资本主义生产方式的一切范畴一样,是一种在物的外壳掩盖下的人的关系。"① 而马克思就是要揭开这种对人与人关系的物化的伪装,并进而厘清和批判资本主义生产关系的内在运作模式。

从马克思主义那里,可以得出这样的结论:人与人之间需要通过某种中介才能彼此相交、相关和相连,而这个中介就是物,这个物既包括用于交换的商品,也包括作为商品之一般等价物而出现的货币。正是这个特定的物,让不同的生产者所拥有的不同类别、不同剂量的劳动能够在同一个平台上得到标准统一的裁定和度量。如此,人与人的关系就"隐蔽在物的外壳之下"②,并表现为物与物的关系。即是说,物掩盖了人和人的关系,这便是马克思所说的"商品拜物教"。

如是观之,马克思主义在人与人关系的揭示和阐释上,体现了一种卓尔不群、力透纸背的问题意识。在政治上,它阐明了上层建筑的隐含构建要素;从经济上,通过深刻地揭示资本主义生产关系的内在驱力,从而有效地展开了对资本主义的批判;而在文化上,马克思主义则强调了在所谓高雅的文学艺术的背后,到底掩饰和遮盖了一种什么样的实质性关系。

三、马克思主义文论的几个基本要点

在经典马克思主义那里,艺术与审美的关系,以及如何分析和阐释文学艺术之中的阶级立场,一直是一个非常重要的问题。经典马克思主义文论的理论前设是建构在反映论的基础之上的。正因为文学艺术是对现实的反映,它才能被当成是一种历史形式而在历史唯物主义之中占据了一个重要的席位。但是,文学艺术与历史并非两种相互补充的独立分支,而是处于一种极为复杂的关系网络之中。文学艺术是社会实践系统中的重要一环,它是意识形态上层建筑的若干形式之一。马克思认为,对社会关系的把握是理解人的本质和文学价值的基础:"人不是抽象的蛰居于世界之外的存在物。人就是人的世界,就是国家,社会。"③ 如是观之,作为一种符号系统而存在的文学,它隐喻

---

① 《马克思恩格斯全集》(第21卷),北京:人民出版社,2003年,第375页。
② 《马克思恩格斯全集》(第31卷),北京:人民出版社,1998年,第426页。
③ 《马克思恩格斯选集》(第1卷),北京:人民出版社,2012年,第1页。

和表征着人与人的关系。如前所论，对于人与人的关系，马克思是通过对商品本质的研究来加以阐释的。当这一洞见投射到文学之中，那就是文学隐喻并揭示了波澜壮阔的现实生活中人与人的关系。顺此逻辑，当文学艺术在表现、描写和抒发人与自然、人与环境、人与所有外在事物的关系之时，我们都可在其底层找寻到人与人关系的逻辑。

当然，针对传统马克思主义文论，疑问也是存在的。

问题一：既然文学艺术是意识形态的一种存在形式，那么文学艺术与意识形态中的其他形式（如宗教、道德、政治等）之间是一种平行的关系呢，还是一种还原的关系？即，文学艺术是否最终都会被简约到宗教、道德和文化状态上面？要知道，这种简约式的还原，在文学批评实践中屡见不鲜。

问题二：如果文学艺术是以精神反映客观现实，那么，如何保证这种反映的精准度？要知道，辩证唯物主义的反映，并非是指像镜子一样去反映。在反映的过程中，必然会借助到符号的使用。根据齐泽克在《视差之见》中所举的案例以及在此基础上提出的洞见，在任何情况下，我们能同时看到的都只是硬币的一个侧面，关于这个硬币的另一个侧面，要么是借助如镜子之类的工具、要么就是我们借助先已有之的前理解进行脑补的结果。如果非要把硬币的两面拧到一起，就意味着我们必须设法去抵消那实际上不可能消解的视差，如此便会如齐泽克所说："如果我们试图将它们全都放入视野之中，其结果就是我们什么都看不到，其轮廓消失了。"[1]如此一来，在此基础上得到的任何意义便都会是荒谬的。而一旦引入工具，就会出现人们为何选择特定工具，而放弃另一种工具的问题，简言之，由于工具选择的主观性和偶然性，反映就不可能是精准和客观的。

在《在延安文艺座谈会上的讲话》中，毛泽东提出："作为观念形态的文艺作品，都是一定的社会生活在人类头脑中的反映的产物。"[2]据此可知，文学是"作为一种观念形式"而存在的，它是对社会生活的反映。这一观点，不仅是毛泽东所持有，它在随后的时间里，也被欧洲的马克思主义者们所接受，

---

[1] Slavoj Žižek, *The Parallax View,* Massachusetts: MIT Press, 2006, p. 56.
[2] 毛泽东：《在延安文艺座谈会上的讲话》，见中共中央文献研究室编《毛泽东文艺论集》，北京：中央文献出版社，2002年，第63页。

并且后者还进而对文学艺术的虚构性作出了必要的研究①。他们认为,文学艺术无外乎或者指向它之外的某个东西,或者指向它自身。"文学不是虚构,而是虚构的生产。"②或者说,是虚构效果的生产。

在西方的马克思主义中,对于本题域而言,最大的理论贡献之一来自法兰克福学派的马尔库塞。他反对经典马克思主义文论的"反映论"与"阶级论",在《美学的向度》(*The Aesthetic Dimension*)中推出了自己的六条见解,并在此认知上,提出了爱欲的解放就是人的解放这一影响极大的观点和立场。在以伊格尔顿为代表的英国的新马克思主义文论中,文学艺术被看成是意识形态的生产和产物。他们强调,要在文学批评中,对文学艺术进行价值判断。伊格尔顿认为,在对文学艺术的研究中,我们必须充分考虑到意识形态的在场性,因为意识形态是经典马克思主义最重要的理论节点之一。而在詹姆逊(F. Jameson)看来,文学艺术必须冲破语言的牢笼,方才有可能为自己寻求到一片独立的、阳光明媚的天地。他对文学艺术的形式与内容进行了深入的研究,认为在特定的情势之下,两者是可以转换的。形式与内容的关系,一直是马克思主义与精神分析学的一个重要题旨。

总之,传统的、经典的马克思主义文论强调的是文学艺术对现实世界的反映,以及在这个过程中阶级立场的不可避免的介入,在其中,人与人的关系得以以一种深刻的艺术方式被再现出来。对此,马尔库塞有着不同的看法,他甚至还提出了以爱欲为纲要的解决方案。而以毛泽东为代表的部分马克思主义者则提出文学乃是一种观念形式,所谓文学艺术不过就是内在精神空间的一种外在形式而已。在这个过程中,不可避免的虚构为意识形态的介入提供了可能性。

第二节 拉康关于人与人关系的文学投射

从马克思主义视角出发,生产关系是社会关系中最基本的一种关系,其性质是由生产资料所有制决定的。而社会关系显然是一种人与人构建起来的

---

① [英]弗朗西斯·玛尔赫恩编:《当代马克思主义文学批评》,刘象愚、陈永国、马海良译,北京:北京大学出版社,2002年,第39-61页。
② [英]弗朗西斯·玛尔赫恩编:《当代马克思主义文学批评》,刘象愚、陈永国、马海良译,北京:北京大学出版社,2002年,第53页。

关系，在其中，拉康乃是沿着另一个分支，亦即性关系，来展开他对人与人关系的研究的，并由此在认识论上形成一个与马克思主义迥然不同的理论指向。

在拉康那里，精神分析学因欲望的桥梁作用，而与外在世界关联在一起，从而为马克思主义介入精神分析文论打开了理论通道。拉康的著名论断"不存在性关系"精准地揭示了他对社会关系的深刻洞见。这一看法不仅展现了拉康对人与人关系的立场，也为其精神分析文艺观提供了有力的理论支撑。

一、指涉范围

拉康视野中的性关系并非简单的两性之间的关系。根据拉康的阐释，性关系中的对方只是主体内在创伤的外在投射。如此结论也可推而广之到其他社会关系上去：

> 你是我的女人——但是，你对此知道一些什么？你是我的主人——实际上，你能如此肯定吗？创造了这些词语的根本价值的事情就在于：信息所意指的东西，同样还有在假装中显露的东西，不过是他人作为绝对他者而在那里。[①]

到底是什么使得我将你认同为我的女人、我的主人？又是什么让你相信你就是我的女人、我的主人？在拉康看来，作为"我的女人""我的主人"所具有的那一切性质并非先验地就具有，你只不过是"作为绝对他者而在那里"，而所谓"绝对他者"亦即大他者。这当然不是说女人和主人就是大他者，而是说，大他者定义了女人和主人，以及其他的在社会象征体系中的什么人。如果没有大他者在象征界和实在界的背后做一个支撑，人与人的关系，和动物之间的关系便没什么区别。人与人之间，便只会有如动物间的那种不具备任何文化内涵的"惰性"的生物关系，如此而已。

如是观之，"我的女人""我的主人"不过就是体现为象征秩序的大他者赋予你的一个身份而已，这个身份既可给你，当然也可以给任何偶然地占据了幻象框架之预设位置的人。其实在你被大他者指定为"我的女人""我的主

[①] Jacques Lacan, *The Psychoses 1955-1956:The Seminar of Jacques Lacan, Book III*, trans. by R. Grigg, New York: W. W. Norton & Company, 1997, pp. 37-38.

人"之前，你和"我"一样，对此是一无所知的，对于象征秩序赋予你和"我"的新的身份所带来的新的关系，你和"我"都需要时间和空间去适应。

就指涉范围而言，拉康"不存在性关系"这个题旨位于象征界之中。这意味着，拉康论述的是"性"的社会文化属性，而非生理属性。而我们需要做的，就是通过一系列的逻辑推理和理论思辨，追寻这个论断背后的心理属性，这种属性乃是根植于实在界之中，并对精神分析文艺观有着构成性影响。

有鉴于幻象中人的欲望是由他者的欲望来构建的，"性本身（主体间的性关系）总是牵涉权力关系，因此就不存在什么中性的、对称的、不为权力所扭曲的性关系和性交换"①。正是在这个缝隙之中，齐泽克将马克思主义维度引入到了其精神分析文论之中。从当下的文化研究视野看出去，"非性"成分虽然看起来影响甚至污染了纯粹的生理性性吸引，但若将其拿掉，社会关系中的性吸引本身也许同时就一起消失了。正是在此意义上，齐泽克将社会历史文化的维度融汇到了精神分析学视野中的性关系（进而是人与人关系）之中。

在此，我们不妨以堂吉诃德为例来加以阐释。

在塞万提斯的名著《堂吉诃德》里，崇尚中世纪骑士精神、不务正业的乡村小绅士堂吉诃德满脑子都是魔法、战车、决斗、挑战、受伤、漫游、恋爱、风波以及书中种种荒唐无理的事，凡是书中所写的他都信以为真。然后有一天，他突发奇想，要去做一个游侠骑士，把书中读到的都实行起来。当然，按照一个标准的骑士的习惯，他还为自己找到了一个可以为之而献身的所谓贵妇人———一位身强力壮、嗓门奇大、性格泼辣的地道村妇，堂吉诃德视之为公主，甚至称她为"托博索的杜尔西内亚"。令人深思的是，虽然这个村妇无论在何种意义上都与贵妇人风马牛不相及，但她却仍然被当成了贵妇人。

由此，堂吉诃德便单方面地为自己建构起了一个性关系，而那位村妇对此事既不知晓内情，也无法理解。实际上，村妇持有一种什么样的立场和态度并不是一件十分重要的事情，对于欧洲传统的骑士文化来说，贵妇人完全可以一直是一副冷淡的、冷漠的、反复无常的暴君形象。在这样的一种性关系中，作为 das Ding 替身的贵妇人完全可以是一个非人的伴侣，围绕着她，

---

① Slavoj Žižek, *The Plague of Fantasies*, London: Verso, 2008, p. 91.

主体的欲望得以构建起来。当堂吉诃德将自己搁放在如此奇怪的性关系之中，真的去面对那位村妇之际，村妇本身是什么已经不再重要，在他的心中，她从那一瞬开始就变成一个既匪夷所思却又深得他心的存在——贵妇人，这便是所谓"客观的主观"，貌似客观的呈现其实映射了主体实在界深处的某种诉求。如是观之，堂吉诃德之所作所为，乃是出于他自身的某种内在的某种创伤性的不可能性——符号的阉割带来创伤，这种创伤被深深地掩埋在实在界，虽然驱动了主体的欲望，但永远抗拒符号化。围绕着这个创伤，堂吉诃德为自己构建起了一个幻象，在那里面，他把村妇当成贵妇、把风车当成巨人、把旅店当成城堡、把苦役犯当成被迫害的骑士、把皮囊当成巨人的头颅，等等。可是，为什么如此之不合逻辑、不合情理——或者用齐泽克的表述，具有如此之"不一致性"——的事情竟然能被堂吉诃德以一种荒谬而可笑的认真态度去严肃对待和处理呢？因为"幻象的功能就是填补大他者中的空缺，隐藏其非一致性"[①]，主体之所以能在幻象中泰然处之，恰因幻象先已将他者的短缺和象征秩序的不一致性掩盖掉了。即是说，唯当主体选择围绕着对象a跳舞这样一种迂回的方案之际，他的欲望才有可能暂时寻得一个栖身之所。

因此，拉康"不存在性关系"这一判断的指涉范围，明面上是针对象征界的两性关系，实则是实在界中"核心的不可能性"的外化。在 das Ding 支撑之下建构起来的幻象是它能够产生作用的关键所在。

二、性质

在上面的论述中，堂吉诃德单方面为自己建构起了一个性关系，而村妇则对此一无所知。这正体现了拉康的一个极其重要的观点：贵妇人占据的就是 das Ding 的位置，所以她在实证意义上到底是什么并不重要，只要村妇能被摆放到隐喻了堂吉诃德某种内在创伤的核心不可能性的位置上即可。堂吉诃德性关系中的另一方并非活生生的人，而是一个折射了其实在界深处被压抑的坚硬内核的投影而已。就根本而言，任何符号化的性关系其实都已经偏离了原初的轨道，在性关系中我们之所以爱上某人，那是因为实在界深处的内在创伤先已为我们给出了一个幻象框架，而我们心悦的那个人只不过是因为部分或全部地满足了幻象框架的要求而偶然地占据了幻象中的那个位置而

---

① Slavoj Žižek, *The Sublime Object of Ideology*, London: Verso, 1989, p. 123.

已——这就像一个男人最终真正喜欢上某位女性，仅仅是因为她满足了他预设的幻象框架形式，且又偶然地出现在他的生活中罢了。

如果这样的结论还不能令人信服的话，那么就让我们来看看齐泽克的论断吧：

> 现实中所谓的"真实性爱"也是如此：它同样需要某个幻象的屏障。与另一个真实的、有血有肉的人的任何接触，我们在触摸另一个人时所得到的任何快感，都不是清楚明白的东西，而是内在的创伤性的，只有当这个他者进入了主体的幻象框架的时候，它才可以被承受。①

在性关系中我们感觉自己爱上某人，这个感觉实则是非常含混不清的。之所以爱上某人，之所以觉得和某人在一起有愉悦之感，那是因为实在界深处的内在创伤先已为我们给出了一个幻象框架，而我们心悦的那个人只不过是因为部分地或者全部地满足了幻象框架的要求而偶然地占据了幻象中的那个位置而已。所以，拉康所谓之"不存在性关系"实际上说的是这样一个观念：在两性的幻象中，我们不是在和另一个人发生关系，而是和我们自身的创伤性的不可能性发生关系。性关系中的对方只不过是我们内在创伤的外在投射而已。这同样的结论也可以推而广之到其他社会关系上去，譬如在朋友关系中，人们之所以成为朋友，并非单纯地是因为友谊那么简单而笼统，而是在朋友关系中的彼此各方都满足了对方先已给定的朋友幻象中的种种设定而已。在我们的文化中，"有缘千里来相会，无缘对面不相识"表达的就是这个道理，所谓"缘"，完全可以被理解为幻象框架，能满足之则有缘，否则便是无缘。总之，在性关系也好、朋友关系也罢这一类的社会建构型的关系中，不是一个人面对另一个人，而是一个人在面对着他自己的内在的创伤性的不可能性。

在性关系中，幻象设定了我们对对方的基本预设和基本想象，并且还致力于消解符号秩序的不一致性——如果我们的预设和想象与符号秩序产生冲突的话。同时，幻象还具有另一个至关重要的作用，即"为了让性关系发挥

---

① Slavoj Žižek, *How to Read Lacan*, London: Granta Books, 2006, p. 51.

作用，我们不得不通过某种幻象而把它掩盖起来"①。齐泽克给出的一个例子，很精准地阐明了这个观点的内涵。在大卫·林恩（David Lean）的电影《雷恩的女儿》（Ryan's Daughter）里，女主人公莎拉·迈尔斯（Sarah Miles）和她的非法情夫，一个英国官员，在树林中发生了性爱活动。齐泽克提醒我们注意，这个性爱场景在进行之时还伴随有瀑布的声音。那么，那个外在的、荒谬而又模糊的背景瀑布声音的作用是什么呢？齐泽克说："这些声音在某种意义上将行动非物质化了，使我们摆脱了其在场的重量。"②这里的"行动"当然指的是主人公的性爱活动本身，但什么是行动的"在场的重量"？齐泽克接着解释："瀑布的声音本身充当了过滤性行为之实在界的幻象屏障。"③但是，设若没有这个模糊的背景声音，那将会是什么样的一个效果呢？音乐戛然而止，剩下的唯有快速、迅猛的动作，这个两性关系中的那对男女痛苦的沉默，偶尔被沙沙声或叹息所打断——如果是这样，那么"我们就不得不面对性行为的惰性在场（inert presence）了"④。"惰性在场"是一个拉康式的术语，其意为：出现在这个场景之中的性爱没有任何的附加之物，它就是纯粹的、身体的、生理学意义上的性爱——这种纯粹的性的"行动"，因其不可能激发起任何文化的、社会的、历史的、精神的、经济的附加物，所以说它就是"惰性"的，而这种纯粹的惰性存在会让电影的观众感到沉重的压力，体会到性的"在场的重量"。这种物理的、肉欲的性爱显然就破坏了主体之性关系得以操演自身的那个幻象结构。因此，幻象中的性关系不但与社会、政治、经济、文化等相关，更在于它直接就是主体内在创伤在符号世界中的一个投影，为了让如此之性关系能够展开，就必须将其从纯粹的物理性爱之中捞出来，而那个瀑布的背景声音恰好就起到了这么一个作用。

总而言之，就性质而言，拉康之"性关系"体现的是人与实在界之坚硬内核的关系。在拉康那里，人与人关系是通过"不存在性关系"这么一个运作在形而上层面的论断来展开的。在两性幻象中，主体只不过是和自身内在创伤在发生关系。对主体来说，实在界深处的内在创伤为他预设了一个幻象框架，他之所以会爱上某人，不过是因那人部分或全部满足了幻象框架的设

---

① Slavoj Žižek, *How to Read Lacan*, London: Granta Books, 2006, p. 49.
② Slavoj Žižek, *How to Read Lacan*, London: Granta Books, 2006, p. 50.
③ Slavoj Žižek, *How to Read Lacan*, London: Granta Books, 2006, p. 50.
④ Slavoj Žižek, *How to Read Lacan*, London: Granta Books, 2006, p. 50.

定，且又偶然地站到了幻象中的那个位置上去而已。

在此基础上，拉康的著名论点"不存在性关系"实际上表明了这样的一个意思：性关系没有自己内在的本质，它只不过是由主体内在的创伤性的不可能性构建出来的。幻象中的性关系不可避免地会具有"客观的主观"的特性。

三、社会关系的文学投射

在精神分析学的、而不是实证的层面上，拉康指出"不存在性关系"，亦即幻象之中的社会关系不是人与人的关系，而是人与自己内在创伤的核心不可能性的关系。正因为主体无法承受直面自己创伤性内核所带来的毁灭性后果，创伤的核心不可能性才将自身投射到外在的某人身上，而所谓情侣、朋友等不过就是偶然地被投射笼罩的那个人而已。喻指着象征界中所有社会关系的性关系实则体现了一种抗拒符号化的不可能性，但最终却又被幻象的叙事所填充。表面上看，叙事之作用是将主体与客体的想象关系呈现出来，并确保这种关系的因果性、合理性和逻辑性。接下来似乎应该是这样：欲望将有着不同的经验个体联系在一起，叙事将其整合到幻象之中，而幻象顺理成章就成了一个关于"我"与他人关系的场域。然而，拉康的判断"不存在性关系"却泄露了叙事与幻象的奥秘：叙事将人与自己创伤性内核的关系修饰、掩盖、扭曲成了人与人的关系。正因为主体无法承受直面自己创伤性内核所带来的毁灭性后果，创伤的核心不可能性才将自身投射到外在的某人身上，而所谓情侣、朋友、同事等等社会角色不过就是偶然地被投射笼罩的那个人而已。

"不存在性关系"实则是整个社会关系的投影。当这种投影被投射到文学艺术之中，它便构成了文学经久不衰的母题之一。

莎士比亚的《罗密欧与朱丽叶》这部著名的作品讲述了一个爱情故事。在一座城市中，有两大家族，他们有着难以化解的世仇，双方经常械斗。然后其中一家的儿子罗密欧在一次宴会上，被另一家的独生女儿朱丽叶深深吸引住了。在当时双方都不知道对方的身份的情势下，罗密欧上前向朱丽叶表达了自己的爱慕之情，朱丽叶对罗密欧也是一见钟情。可是，真相大白之后，罗密欧仍然不能摆脱自己对朱丽叶的爱慕。他翻墙进了女孩家里的园子，正好听见了朱丽叶在窗口情不自禁呼唤罗密欧的声音。翌日，罗密欧请神父帮忙。在正想化解两家的矛盾的神父的主持下，二人结成了夫妻。但双方的家庭成员并不接受。阴差阳错之中，罗密欧杀死了朱丽叶的堂兄提伯尔特。城市的统治者决定驱逐罗密欧，下令如果他敢回来就处死他。罗密欧就不得不开始了他的流放生活。罗密欧刚一离开，出身高贵的帕里斯伯爵再次前来求婚。朱丽叶去找神父想办法，神父给了她一种药，服下去后有数十小时的假死，然后朱丽叶便可趁着葬礼逃跑出去。不料，在一系列戏剧性的阴差阳错之后，罗密欧和朱丽叶竟双双死去。失去儿女之后，两家的父母才清醒过来，可是已经晚了。从此，两家消除积怨，并在城中为罗密欧和朱丽叶各铸了一座金像。

罗密欧与朱丽叶的故事，在本书研究的理论场域中，涉及三个很重要的题旨，它们既与精神分析学密不可分，也与马克思主义紧密相关。

首先，罗密欧与朱丽叶一见钟情，这就是我们通常所说的缘分，即，在偶然的状态下，意外发现了一个能够满足自己所有想象的异性；这种想象，在有着不同经历、不同背景、不同文化的不同的人那里，是不一样的。根据拉康的理论，每一个主体实则都先已有着对异性的想象，所谓一见钟情，不过是偶然地发现对方在很大程度上——有时甚至是完全——符合自己对另一半的想象。这里面的关键是我们此前不断论述的位置。在这个层面上，双方更多地受到实在界的操控。

其次，象征界的制约。我们经常能够在文学作品中看到这样的桥段：一个人深深地爱上另一个人，却因社会、家庭、道德、观念的制约和限制，而不能在一起。这呈现了精神分析学的文化逻辑。在拉康看来，欲望就是大他者的话语，而大他者经常都现身在小他者那里，这意味着欲望并非一个私人事件，而是在与其他主体的可探知的欲望之互动关系中被建构起来的。欲望主要是文化网络中的社会性产物，其目的是获得大他者的认同。主体绝非某种先在于人的实践活动而存在的先验设定，而是一种在与他者之关系基础上构建出来的无意识的文化主体。

其三，故事的结局体现了幻象的功效。受制于各自的核心不可能性而爱上对方的罗密欧与朱丽叶因外在的文化语境（双方家庭互为仇敌）而双双死去，终不能在一起。但莎士比亚最终让双方家庭幡然醒悟，不再敌对，从此城中一片祥和。这个结局，和罗密欧与朱丽叶的内在创伤，以及与故事发生时的两个大家族之间激烈的文化冲突显得格格不入。这便是意识形态幻象在起作用了。叙事和谐地为内在的缺失和外在的冲突作出貌似合理的修补和解释，从而以一片表面的和谐掩盖住下面的波涛汹涌。

总之，人与人关系投射到文学艺术之中，使得主体内在创伤不再如弗洛伊德所说的总是具有共时性，而是在特定的向度上指向了外在的文化逻辑，这便为马克思主义意识形态分析介入精神分析文艺观打开了大门。内与外的冲突又闭合于叙事构建的幻象之中。性关系就最根本的内容来说，体现的是一种不可能性，但它最终却被幻象的叙事所填充。这个原初的叙事将人与自己创伤性内核的关系修饰、掩盖、扭曲成了人与人的关系，这使得幻象摇身一变，竟然就成了关于性关系的幻象。

第三节 跨越时空的理论对话

找寻到了某种唯物主义基础的精神分析学试图以一种更为复杂、细腻的内在机制来提升和丰富自身的阐释力。在存在与意识的缝隙中，在象征界与实在界的交织地带，通过"不存在性关系"，拉康给出了一个链接外在客观与主体内在精神空间的方案。对拉康来说，无论是人的压抑或解放，都主要是人与其自我内在精神空间的事务。这一洞见也影响、制约和规范了精神分析学视野中的文学艺术。而在这个题域中，齐泽克结合精神分析学和马克思主义相关理论节点，给出了他的认知和立场。

一、"非性"成分

拉康说"不存在性关系"，意即性关系不能符号化，因为从根本上来看，性关系中的另一方折射的是从符号秩序中被排斥出去的东西，那些东西与 das Ding、对象 a、快感等等颇为类似。这构成了拉康的基本理论立场。

在齐泽克看来，幻象构建起了一个符号空间，在其中人们被告知他们是什么。在这样一个基本的认识里面，我们同时也可以将幻象看成是一个身处其间的各个主体不停地交换着彼此欲望的空间。齐泽克进而提出，幻象体现为叙事的原初形式，其功能是掩饰与缝合符号世界的不一致性。但无论如何，我们永远都不能忘记，幻象就是分裂的主体对对象 a 的欲望。这表明，对象 a 构成了欲望的原因和对象。而此处，关于幻象与欲望，需要论及的是这样一个事实：幻象之中的欲望在不知不觉之中早已被神秘地预先设定好了。

人之所以有别于动物，就在于人将性从单纯的传宗接代的生物学维度推进到更为广阔的社会、历史、文化等多向维度上去了，正是基于此点，齐泽克语重心长地提醒我们，就其根本而言，性原本不过就是一种病态的、被文化"污染"了的存在。这是因为在象征界中的各种关系——性关系只是其中最重要的、最具代表性的之一而已——必然会受到无意识欲望、个人体验、知识结构、认知模式、家庭背景、经济状况、政治立场、思维惯性、方法策略等等各个方面的影响，以至于任何试图从一个单纯的视角去观照性关系的尝试都会显得浅薄不文，从而都不可能获得一个关于性关系的比较合乎逻辑的认知结果。因此，针对性关系，齐泽克以不容置疑的口吻说道："如果我们从性的和谐关系中抽除掉'非性'成分（物质的、金融的……）带来的强制——这种强制扭曲了'纯粹的'性吸引（sexual attraction）——我们可能会丧失性吸引本身。"[①] 此处所谓"'纯粹的'性吸引"指的是纯粹生理性的吸引，而"'非性'成分"则指的是那些外在的社会、历史、文化的光环（譬如一个丑陋的名人常常会拥有与其生理外貌不相称的性吸引力）。在相当多的情势之下，那些光环反倒会成为性吸引的主要决定因素。

从这里可以获知齐泽克力图传达给我们的多重含义。首先，齐泽克当然是在拉康的理论框架中论述性关系的，这是象征界中的性关系，而非那种所谓生理学意义上的"纯粹的"性吸引；其次，性关系的和谐既包含纯粹的性的成分，也包含"非性"成分，所谓非性成分，指的是外在于纯粹的性的那些物质的因素（譬如性关系中的对方的经济状况、社会地位等）；再次，诸如长得帅气漂亮、事业有成等外在的因素必然会扭曲纯粹的性吸引；最后也是最关键的，那些"非性"成分虽然看起来影响甚至污染了纯粹的性吸引，但若我们将其拿掉，性吸引本身也许同时就一起消失了——正是那些看上去有可能是误导、败坏了纯粹的性关系的成分以某种幻影般的方式令人难以置信地支撑着性吸引本身。

对此，齐泽克进一步阐释道：

> 情侣之间和睦的性关系并没有任何普遍的担保。每一个主体都不得不发明一个他或她自己的幻象，一个有关性关系的"私人"公式——只有当情侣们坚持这个公式的时候，和一个女人的性关系才

---

① Slavoj Žižek, *The Plague of Fantasies*, London: Verso, 2008, p. 91.

是可能的。①

是的,这样的貌似悖论性的结论确实就是齐泽克给出来的,并且这个结论还具有惊人的逻辑自洽性。幻象之中,人的欲望是由他者的欲望来构建的——这就可以解释为什么齐泽克会毫不含糊地认为性吸引会受到种种"非性"成分的影响和支撑。被社会符号所包围的人在选择性关系的对象——笔者在此采用"性关系的对象"这一表述是为了以此区别于生理的、身体的性对象——时,必然会考虑到这种选择在他人的眼光中会得到什么样的一种评价这样一个问题,因此主体间的性关系必然会牵涉种种权力关系。这表明,虽然性吸引是构成性关系的一个关键因素,但它并非性关系本身。

正如前面所论述的那个关于姑娘与男子、青蛙与啤酒的广告,姑娘与青蛙之间的关系最终延伸到了一个英俊男子那里,而男子与美女的关系却又跳跃到一瓶啤酒那里。齐泽克对此的研究结论是这个场景表达了一个"客观的主观"的潜在幻象,即姑娘与男子最终所看到的白马王子和啤酒都只不过是他们实在界深处的那"核心的不可能性"的客观流露而已。而此时此刻,这个案例具有的理论意义还在于它告诉我们:幻象为幻象中的每一个人提供了他在这个幻象之中的位置,以及他所在的位置与其他人的位置之间的关系这样一些主体无法逃避的框架设定。诚然,"非性"成分可以极大地增强性吸引,但那也只是提升了达成性关系的可能性而已。必须指出的是,性吸引本身并不是性关系,因此,幻象中的性关系并非如人们通常所认为的那样,是在这种关系之中的各个"非性"要素协商、谈判、妥协的结果,而是由潜藏在实在界深处的那不可符号化的坚硬内核对象 a 所决定。或曰,对象 a 给出了我们的欲望呈现自身的框架形式,在这框架之中性关系(推而广之,人与人关系)得以以某种既非客观又非主观的方式展开。这种"客观的主观"的方式,就如面对青蛙的姑娘和面对美女的英俊男子一样,他们所面对的青蛙和美女最终既出乎意料又在情理之中地分别变成了他们内心深处那深不可测的欲望客体——白马王子和啤酒。

二、去升华

齐泽克将象征秩序与拉康的"不存在性关系"关联在了一起,这在理论

---

① Slavoj Žižek, *How to Read Lacan*, London: Granta Books, 2006, pp. 47-48.

上来说，当然是一种必要的提升。他指出："在某种意义上，性本来就是病态。"①所谓病态，亦即非正常态，因为在象征界中的性关系必然会受到无意识欲望、个人体验、认知模式、经济状况、政治立场、思维惯性、方法策略等各种"非性"因素的影响，以至于任何试图从单纯的生理性视角去观照性关系——进而言之，人与人的关系——的尝试都会不得要领，这便为象征秩序的引入提供了契机。

正如我们在《罗密欧与朱丽叶》中看到的那样，在性关系中，他与她或者他与他/她与她之间的性关系绝非缘分天定的结果。当主体试图去追寻自己的das Ding、对象a、快感这样一些东西的时候，他会发现自己永远也不会成功。性关系只是das Ding、对象a、快感等在象征界中的投影，任何希望直接追溯性关系的企图都必然会以失败告终，因为就本质而言，性关系是不能符号化的，任何符号化的所谓性关系其实都已经偏离了原初的性关系。所以齐泽克深刻地说道："恰恰当我不把性关系作为显而易见的目标时，我反而使这种性关系成为可能。"②

为了证明这一点，齐泽克对拉康的关于欧洲中世纪的贵妇人的论述进行了进一步的阐发。齐泽克指出，对于骑士而言，贵妇人占据的就是das Ding的位置，所以她在实证意义上到底是什么无足轻重，重要的是位置，"贵妇人-das Ding所在之处最初是空的：她作为一种'黑洞'发挥着作用，主体的欲望就是围绕这个'黑洞'建构的"③。同理，在性关系中，主体之所以将某人当成对方，实际上也是因为他/她偶然地占据了das Ding的位置而已。当主体拼命去接近das Ding的时候，他反倒偏离了它；唯当主体选择围绕着das Ding跳舞这样一种迂回的方案之际，他的欲望才有可能暂时寻得一个栖身之所。由此可知，性关系既非仅仅由性来决定，也不完全是由那些"非性"成分和因素来决定。

以上顺着拉康的理论脉络所论，只是性关系的一个侧面。齐泽克以波兰电影《爱情短片》(*Short Films on Love*)为例，对这个题旨展开了进一步的阐

---

① Slavoj Žižek, *The Plague of Fantasies*, London: Verso, 2008, p. 92.
② Slavoj Žižek, *The Metastases of Enjoyment: Six Essays on Woman and Causality*, London: Verso, 1994, p. 152.
③ Slavoj Žižek, *The Metastases of Enjoyment: Six Essays on Woman and Causality*, London: Verso, 1994, p. 94.

释和研究。

电影中，寄住友人家的 19 岁男主角托梅克（Tomek）是一个年轻的邮局工作人员。他与一个名叫玛丽亚（Maria）的成熟的、性感的、滥交的女人同住一个街区。借由闹钟的提醒，每晚 8 点半，托梅克都在窗前以望远镜窥视对街的公寓女子玛丽亚及其访客的一举一动，以满足自己心底的渴望。渐渐地，他的活动不仅限于被动地观察她与众多情人打交道的性能力，他一步一步地介入了她的生活。他应征递送牛奶人员，只为每天清晨上班前有机会为她送瓶鲜奶；并利用在邮局工作之便，伪造挂号通知单，这样她就可以来到邮局的窗口；在她做爱的过程中打电话给水管工到她的公寓；等等。最后，当他鼓起勇气，联系她并透露他是她最近滋扰的根源时，她的好奇心被激发了。

他就是这样默默地、温柔地、毫无指望地爱着她，他对她也没有任何实际的所求。她问他是否想要她的吻，与她做爱，或者一起远行，他都摇头说不，只是一再表示，这样做是因为爱——对此齐泽克的解释是："他希望她回报的是她内心的'虚无'，'在她身上比她自己更重要'的东西——不是她拥有的东西，而是她所没有的东西，爱本身的回归。"①——她好久没有听到这样的话了，转而对他产生了好奇，同意了他请她去咖啡厅吃冰淇淋的邀请。玛丽亚按照自己的思路和套路继续发展这份情感，把他带回了自己的家，鼓励他与自己做爱。在最后一刻，这段情感因性爱的不成功而发生了逆转。玛丽亚鄙夷地说："现在你看，这就是爱情的真谛！去洗手间洗个澡吧！"托梅克受到了极大的刺激，匆忙跑回家，用剃须刀片割腕自杀。两人的爱情观在此刻发生了尖锐的冲突。

在玛丽亚看来，爱情几乎等同于性，爱情自然地奔向性，性的高潮才是爱的高潮。而在托梅克心中，爱情远远不只是性，他对此有很多的期待与想象，他从没有想到爱情来得如此匆忙仓促。没有凝视，性爱成了一种手忙脚乱的交换，一阵狂欢之后，什么也不能留下。这种将自己、她的身体献给他的姿态实际上相当于一种完全拒绝和/或羞辱的行为。齐泽克点评道："她由

---

① Slavoj Žižek, "There Is No Sexual Relationship", in Renata Salecl and Slavoj Žižek, *Gaze and Voice as Love Objects*, Durham: Duke University Press, 1996, p. 239.

此完成的是彻底的去升华（desublimated）。"① 爱在托梅克心中，是一个被赋予了神圣光环的对象。托梅克将爱从简单直接的象征领域中打捞出来，置放于实在界之中。回顾一下本书前面的论述，便知道这是一种将客体提升到 das Ding 的位置的升华过程。而玛丽亚此举，无疑又将带着光晕的爱从实在界中拉回到了象征界，这是对升华的逆反，是一种去升华。

对于玛丽亚来说，托梅克骤然离去，叙事便从他的视角转向了她的视角。这个视角的转换在某种意义上暗示了他的自杀确乎是成功了——当然玛丽亚是不知道的。接下来，轮到玛丽亚去窥探、凝视、期待、盼望了。她先是打电话，没人接听。接着，在窗口贴出大字：回来吧！对不起。也无人回应。她甚至深夜披上外衣，冒昧地找上门去。由此，齐泽克认为，这场两性关系最终走向了失败，因为"当被爱的对象变成施爱的对象时，她就不再被爱"②。

由此，可以归纳出齐泽克在精神分析学领域中对文学艺术的深刻洞见。首先，升华与去升华，皆为文学艺术的重要主题。它背后的底层逻辑得到了拉康辨识出来的"不存在性关系"这一论断的理论支撑。其次，根据拉康和齐泽克的定义，升华与去升华是指这样一个过程，在其中客体被主体移动于实在界与象征界之间，当客体被从象征界移向实在界，这是升华，反之则为去升华。最后，升华意味着崇高化，此点在齐泽克《意识形态的崇高客体》中得到了进一步的明晰澄清；而去升华则表明去崇高化，将崇高的客体由实在界的神坛拖入象征界的日常现实之中——这正是齐泽克希望借助《爱情短片》的阐释来告诉我们的理论立场。

三、通向马克思主义文艺批评

通过"不存在性关系"这一判断，拉康实际上关心的是性关系中的欲望这么一个题旨："肯定地说，欲望的所有区间都在性关系中发挥着作用。情侣对话中永恒的问题就是：我拥有的对你的欲望有什么价值？"③ 当然，经过此

---

① Slavoj Žižek, "There Is No Sexual Relationship", in Renata Salecl and Slavoj Žižek, *Gaze and Voice as Love Objects*, Durham: Duke University Press, 1996, p. 239.
② Slavoj Žižek, "There Is No Sexual Relationship", in Renata Salecl and Slavoj Žižek, *Gaze and Voice as Love Objects*, Durham: Duke University Press, 1996, p. 239.
③ Jacques Lacan, *The Four Fundamental Concepts of Psycho-Analysis*, New York: W. W. Norton & Company, 1998, p. 192.

前的论述，我们已经知道，拉康所谓的性关系，喻指的实际上是以人与人关系为主要构成的所有的社会关系。

"不存在性关系"将主体引导到了他的内在创伤那里。这似乎是一个与马克思辩证唯物主义背道而驰的内向转折，但其实不然。内在创伤隐喻了对象a，对象a是对作为本体的das Ding的本体论阐释，它们都位于无意识之中，而"无意识就是大他者（the Other）的话语"[1]，无意识中人的欲望来自支撑起了现实中的社会、历史、文化等象征秩序的大他者。这表明，无意识来自象征界，与文化网络相关，因此它显然就不是一种纯粹内在的东西，而具有了某种不容置疑的外在性。这意味着，社会、历史、文化等等皆有可能在幻象中呈报自身，这便为马克思主义介入无意识的精神空间提供了一个理论场域。在齐泽克看来，幻象在无意识与意识形态之间居中调停。无意识从属于象征秩序，由此出发，我们日常所体验的社会现实不过就是一种由意识形态构建起来的"（无意识）幻象"[2]，而支撑幻象的是物化的信仰——譬如臣民在对国王的匍匐膜拜中确立了国王的威权。

在拉康视野中，人与人关系掩盖和修饰了"我"与自己内在创伤的关系，这两种关系一个在明、一个在暗；而在马克思看来，人与人关系却进入了暗处，它被明面上的物的关系所掩饰和伪装，由此，马克思揭穿了物的关系对人与人关系的遮蔽。如是观之，人与人关系成了精神分析学与马克思主义之间的一座虽然让人不易察觉、却十分重要的桥梁。但是，人与人关系在两者的理论体系中所占的位置、所发挥的作用却极不相同。总体而言，两者皆为关于人、关于主体的理论，并且都致力于在某种终极的目标上对人的解放。只不过精神分析学更多地是希望通过让主体能够释放出原初的状态而获得解放，马克思主义则在揭示人与人关系的本质的基础上，最终通过调整和解决生产力与生产关系的矛盾来达成对人的解放。

在齐泽克视野中，就功能而言，文学是对主体实在界深处的创伤性内核的一种外在折射策略；就内容来看，不同的文学流派有着对das Ding的不同的处置方案；就形式而言，文学通过叙事构建出幻象，在其中现实生活里的种种不一致性、荒谬性和悖论性得到了合理的、艺术的展示——这表明幻象

---

[1] Jacques Lacan, *Ecrits*, trans. Bruce Fink, New York: W. W. Norton & Company, 2006, p. 10.
[2] Slavoj Žižek, *The Sublime Object of Ideology*, London: Verso, 1989, p. 33.

与文学之间存在着不可分割的关联,离开了幻象就没有办法谈论文学。而关于幻象,齐泽克建议道:"幻象是不能去解释的,它只能被'穿越':我们必须去做的全部工作就是去体验,为什么在它后面一无所有,幻象是如何巧妙掩饰这'空无(nothing)'的。"① 正是在此意义上,齐泽克认为文学艺术的目的就是要揭穿幻象的虚假性,将那个古怪、异己、残酷的世界以某种富有冲击力的方式赤裸裸地呈现给读者。总之,幻象来自对对象 a 的欲望,而主体之欲望来自他者,顺着这条逻辑线索,这意味着主体身处其中的幻象的原初驱动力也是来自他者。因此,幻象为文学的生成构建了一个外在的机制,以这种方式,幻象实则便为文学艺术之展开提供了不可或缺的外在驱动力。

齐泽克的思路,为马克思主义与精神分析文论的跨时空对话提供了一个符合逻辑的场域。马克思阐释的生产关系与拉康论述的性关系,在认知疆域中都从属于社会关系,他们从不同的维度诠释了人与人关系。马克思主义认为,文学艺术是社会生产的一部分,其特有的艺术形式必然是对一定的社会关系与现实经验的象征和隐喻,因此文艺表征的是意识形态的现实:"当艺术生产一旦作为艺术生产出现,它们(艺术形式)就再不能以那种在世界史上划时代的、古典的形式创造出来。"② 而在齐泽克看来,拉康的"不存在性关系"将精神分析学的现实归结到了一种心理现实,它"是实在界符号性'提升'的结果"③。这意味着,一个以语言为代表的符号中介插入到了实在界与象征界之间。所谓心理现实,实则是一种被重新建构的符号现实。如是观之,齐泽克在拉康"不存在性关系"基础之上提出的所谓实在界的符号性"提升",一方面确实是说文学乃是对不可言说的 das Ding/ 对象 a 的隐喻,这种言说注定会失败,因为实在界的剩余总是在逃避符号的掌控,文学的现实之中总是存在着一片语言不能涵盖的空间;另一方面,某种程度上,由于拉康的"人的欲望就是大他者的欲望"与马克思所说的人是社会关系的总和这一洞见暗中有着某种契合,精神分析学视野中的文学实则也是一种通过符号建构起来的历史文化的产物。这意味着,齐泽克将文化权力在文学中的投射纳入了自己的观照视野。而文化权力是以意识形态为内核的——这正是齐泽克为精神分

---

① Slavoj Žižek, *The Sublime Object of Ideology*, London: Verso, 1989, p. 126.
② 《马克思恩格斯文集》(第 8 卷),北京:人民出版社,2009 年,第 34 页。
③ Slavoj Žižek, *Everything You Always Wanted to Know About Lacan (But Were Afraid to Ask Hitchcock)*, London: Verso, 2010, p. 239.

析文论搭建的一条行之有效的通向马克思主义意识形态批判的自内而外的理论通道。

在拉康一派的精神分析学和马克思主义看来，文学隐喻着不同维度上的人与人关系，这既是文学的一个重要属性，更是文学的目的之一。具体而言，在人与人关系的不同维度上，马克思阐释的生产关系与拉康论述的性关系，在认知疆域中都从属于社会关系。通过对商品拜物教的阐释，马克思深刻揭示了被物的关系所掩盖的人与人关系，并由此展开了对资本主义的批判。在马克思主义那里，人与人之间的关系被体现为象征秩序的生产关系所规范。阿尔都塞指出，精神分析题域中的"从生物存在到人类存在的这种转变是在秩序法则（the Law of Order）中实现的"[①]，亦即象征界中的秩序法则让人从生物成为人类。而拉康的"不存在性关系"却暗中又将象征秩序中的人与人关系拉回到了人与实在界中之"核心不可能性"的关系上去了。

总之，在精神分析学层面上，通过拉康的"不存在性关系"这一判断，关于文学艺术，精神分析学给出了自己的一个重要理论立场：文学源自作为欲望动因的 das Ding/ 对象 a，它是建构在分裂的主体对对象 a 的欲望基础之上的一种关于主体之内在创伤的幻象空间，这个空间呈现的是"客观的主观"。幻象是一个用来填补根本的不可能性和不一致性的叙事脚本，这为艺术的操演提供了广袤的空间，因为"艺术成功的诀窍在于艺术家将这种匮乏转化为自己优势的能力"[②]。因此，在拉康的维度上，文学就是对主体与自身内在创伤的核心不可能性（亦即对象 a）的关系的隐喻。所谓不可能性，它表明被阉割在实在界中的那些创伤性内核永无可能被符号捕捉；而不一致性则发生在象征空间，认定不一致性的标准当然只能是齐泽克致力于研究和阐释的意识形态。一旦进入意识形态的领域，就意味着权力关系的介入，而正是在对文化权力的揭示和批判中，马克思主义提供了不可或缺的认知洞察力和理论阐释力。

[①] Louis Althusser, *Lenin and Philosophy and Other Essays*, trans. by Ben Brewster, New York: Monthly Review Press, 1971, p. 209.

[②] Slavoj Žižek, *The Plague of Fantasies*, London: Verso, 2008, p. 24.

第八章
精神分析伦理的文化逻辑

如果说,第七章中论述的拉康与马克思视野中的人与人关系为"文学何为?"这一题旨勘定了理论疆域,并试图解答文学是为了什么这个问题,那么本章则尝试回答,这个疆域背后的理论内涵是什么。

我们知道,某种程度上,"文学何为?"体现了一种价值观。价值观是一种对事物好与不好、坏与不坏的主观判断;而伦理则是以人与人的关系为基础而建构起来的哲学思想和行动指导。价值观与伦理相辅相成,互为支撑。虽然拉康基本不提价值观,但他却对精神分析的伦理进行过深入的论述。尽管拉康的伦理研究因其特有的晦涩、抽象、含混的表达风格而令读者倍感头疼,但不可否认,拉康的伦理学对于本书力图回答的"文学何为?"提供了有力的论据。

通过分析齐泽克视野中的拉康伦理,以及拉康对以亚里士多德、边沁（J. Bentham）、康德和萨德为代表的传统伦理的批判,本章力图揭示和阐释拉康伦理批判的文化逻辑,以及这个逻辑对精神分析文论的指导性、方向性和界定性意义。

第一节　齐泽克视野中的拉康分离伦理学

在拉康看来,没有一个涉足精神分析的人不被其伦理学主题所吸引。精神分析学的一个主要理论指向,便是其伦理诉求。他甚至在自己的第7期研讨班上,专门以"精神分析伦理学"为题,展开了那一年的讲座。

传统上来看,"伦理学是哲学的一个分支;它是道德哲学,亦即关于道德、道德问题和道德判断的哲学思想"[①]。从亚里士多德开始,到边沁,再到康德,

---

① Keith W.Frankena, *Ethics*, Prentice Hall, 1973, p. 4.

伦理学无不试图以某种法则去对主体的欲望进行约束和规范，存天理、灭人欲，以便将善的理念贯彻到社会共同体之中。这意味着，伦理既内含着某种价值体系，又与主体欲望相关。

那么，相对于传统伦理学，精神分析伦理学具有什么样的基本特质？拉康的伦理学悖论是如何产生的？它背后的基本预设和认知前提是什么？必须在一个相互关联的知识网络中勘定精神分析伦理学的位置，才有可能比较清晰地把握这门理论的基本立论、认知逻辑和价值立场，并对这些问题作出思考和回答。

一、齐泽克辨识的伦理线索

尽管拉康对伦理的提及和关注散布在其众多著述之中，但他第一次对精神分析伦理学进行集中而系统的研究，是从其第 7 次研讨班（1959—1960 年）上开始的。然而，齐泽克却根据后来拉康在以精神分析学四个基本概念（无意识、凝视、移情、大他者）为主题的第 11 次研讨班上提出的异化（alienation）与分离（separation）范畴，以主体为线索，将拉康的精神分析伦理学辨识并命名为分离伦理学——值得注意的是，拉康本人并没有分离伦理学这个提法。这绝非齐泽克对第 7 次研讨班的有意无视，更非其疏忽。本书从齐泽克指认的分离伦理学切入研究，乃因他的这一线索在一定程度上揭示了精神分析伦理学的内在逻辑。

在《意识形态的崇高客体》的"引论（Introduction）"部分，齐泽克纲要性地勾勒出了 20 世纪西方学界的四种主流伦理立场——"有四种不同的伦理立场，同时还有四种不同的主体观"[①]——它们分别被归于哈贝马斯、福柯、阿尔都塞和拉康。值得一提的是，齐泽克在此只是以极其简要的文字提出了一个思路，并未展开论证。他提议，鉴于伦理和主体密不可分，两者必须被关联在一起才有意义，因此可以通过勘定主体的位置，来追寻伦理的诉求。

首先，哈贝马斯的交际主体及其伦理价值。

哈贝马斯认为早期法兰克福学派和西方马克思主义的内在批判已失去其批判力量，所以在《交际与社会进化》中，他宣称"再也没有可供诉诸的内在批判范式"，因为"资产阶级意识已变得玩世不恭"而不再能对范式批判作

---

① Slavoj Žižek, "Introduction", in *The Sublime Object of Ideology*, London: Verso, 1989, p. xxiv.

出回应①。于是他呼吁"范式转换",倡导从意识哲学转向交际哲学,并试图借此区分工具行为和交往行为。他提出了建构不同于以往主体性哲学的交往行为哲学的思路,希望在主体间的交往中,利用语言的潜力达成相互理解,形成自愿的共识。针对这一理论构思,沃林(Richard Wolin)在对法兰克福学派的研究中,如是评价道:"哈贝马斯的工作绝不缺乏乌托邦潜力:交际能力理论提出了一个理想的说话场所。在那里,普遍地和不受限制地参与决策变成了违反实际的常规检验标准。"②哈贝马斯的交际理论设立了一个新的前景,在其中,多元文化理论如鱼得水,似乎只要我们拼着命抢上一个说话的机会,就可以很顺利地和他人达成共识。然而哈贝马斯却不能回答这里面的最关键的问题,即交往各方形成共识的基础何在?主体在交际中处理主体间的关系,以及主体与社会的关系,这同时也是一个伦理的选择过程。

第二,福柯的主体是自我调停的结果。

福柯认为,主体之成为主体,并非其内在本质的结构,而是权力/知识规训的结果。在此认知基础上,福柯给出了他那句著名的判断:"人将被抹去,如同大海边沙地上的一张脸。"③谈到作为主体的个体时,福柯说:"个体不是权力的对立面,而是权力的一个主要效用","由权力建构的个体同时也是它的传送工具。"④在此,福柯通过框定主体与权力的关系,暗示了伦理选择的渊源。如此便可很清晰地看到福柯关于伦理的判断:主体之伦理来自操控了主体的权力。在一系列著作中,福柯对处于边缘话语权力的微观运作作了精彩的描述与论证,在权力"如何是"权力的论证上,无疑取得了划时代的进展。他一反过去所谓权力就是禁止或阻止人们做某事的力量的说法,而将它看作一种网络关系,追问权力在社会中的功能和运作方式,研究权力的策略、网络和机制,并发现权力赖以实施并促使其得到实施的手段。因此,齐泽克认为,福柯视野中的"主体是自我调停的力量,它可平息各种力量之间的对抗"⑤。也许正是因为哈贝马斯和福柯都赋予了主体某种摆脱困境的途径——

---

① Jürgen Habermas, *Communication and the Evolution of Society*, trans. Thomas McCarthy, Boston: Beacon Press, 1976, p. 97.
② Richard Wolin, *The Terms of Cultural Criticism*, New York: Columbia University Press, 1992, p. 62, p. 64.
③ [法]米歇尔·福柯:《词与物——人文科学考古学》,莫伟民译,上海:上海三联书店,2001年,第506页.
④ Michel Foucault, *Power / Knowledge*, New York: Pantheon Books, 1980, p. 98.
⑤ Slavoj Žižek, "Introduction", in *The Sublime Object of Ideology*, London: Verso, 1989, p. xxiv.

不管这种途径是否有效——并由此将某种伦理色彩给了主体，齐泽克点评道："哈贝马斯和福柯是同一硬币的两面——真正的突破来自阿尔都塞。"①

第三，阿尔都塞的异化伦理学。

在阿尔都塞看来，意识形态起作用的方式就是把个体询唤（interpellate）为主体。这就像每一个刚出生的小孩都会得到一个命名，长辈由此将对孩子的期望赋予他，进而将特定的身份给了这个孩子，"通过主体范畴的作用，总体意识形态把具体的个人召唤或质询为具体的主体"②。在这个过程中，意识形态通过主体传达自身，并将主体询唤成为主体。被询唤到意识形态面前的主体，是一个空洞的存在，主体的确认必然会外在于他本身。因为本真的缺失，主体不得不转向外在的架构那里去获得自身的确认，但这只能是一种误认，一种异化。由此，齐泽克将阿尔都塞的伦理学称为"异化伦理学"，主体在异化之中决定了自己的行动的伦理方向；或者反过来说，主体的伦理方向是在异化之中作出的。由于主体没有任何内在的本质足以支撑他作出伦理判断，主体之存在不过就是在询唤之中的主流意识形态塑形的产物。因此，齐泽克所谓的阿尔都塞的异化伦理学，是说在意识形态笼罩之下的主体其实无力作出伦理判断。某种程度上，它与福柯的权力伦理观有着相似的底层逻辑——主体的伦理都是外在权力以及权力下的意识形态的产物，在这个过程中，主体只是被动地操演着意识形态的伦理规范，主体本身实际上是不存在的。

二、拉康视野中的异化

齐泽克将以上哈贝马斯、福柯和阿尔都塞的三种伦理学与拉康精神分析伦理学并置，显然是从它们的架构之中窥见了某些认知的同一性——它们皆从对主体的研究切入到伦理的行动上面。从学理上看，这是合理的。在我们的学术视野和文化研习中，伦理是对主体行为的指导，因此任何伦理判断，都是以主体为出发点的。伦理总是主体的伦理，离开了主体，伦理便失去了其存在的基础。而这正好与拉康对伦理的定义高度契合："从根本上看，伦理在于对我们（主体）行为的判断。"③ 在此，齐泽克强调的重心无疑是拉康的伦

---

① Slavoj Žižek, "Introduction", in *The Sublime Object of Ideology*, London: Verso, 1989, p. xxiv.
② Louis Althusser, *Lenin and Philosophy and Other Essays*, New York: Monthly Review Press, 1971, p. 173.
③ Jacques Lacan, *The Ethics of Psychoanalysis 1959-1960, The Seminar of Jacques Lacan, Book VII,* trans. Dennis Porter, New York: W. W. Norton & Company, 1997, p. 311.

理学，他称之为分离伦理学："与阿尔都塞在象征性的'没有主体的过程'中的异化伦理学相反，我们可以将拉康精神分析学所暗示的伦理表述为分离伦理学。"① 因此，厘清拉康的异化与分离这一对概念，是理解和把握齐泽克视域中的拉康伦理学的认知前提。

异化一词，最初源于拉丁文，有转让、疏远、脱离之意。在德国古典哲学中，黑格尔借此标明主体与客体之间的分裂和对立，进而提出人的异化。而马克思主义则认为，异化主要体现在人与其"类本质（Gattungswesen）"的异化。马克思主张，异化是资本主义的结果，它是人的生产及其产品反过来统治人的一种社会现象。其产生的主要根源是私有制，最终根源是社会分工固定化。在异化中，人丧失能动性，人的个性不能全面发展，只能片面甚至畸形发展。它在资本主义社会中达到最严重的程度，必将随着私有制和阶级的消亡以及僵化的社会分工的最终消灭而被克服。

拉康的异化观与马克思，以及卢卡奇、阿尔都塞等马克思主义者的异化概念皆有所不同。拉康视野中异化的发生，源自这样一个认知：主体在从实在界进入象征界的过程中，由于符号的阉割，而不得不将某些东西遗留在了混沌朦胧的实在界，从此主体成了分裂的主体。由于在符号经验之前就缺失了自己的本真，主体不得不在大他者所在的地方去寻求自我的认同，但这种外在的认同只能是一种误认，它只会造成主体与自己内在本真的不可挽回的异化。

拉康指出，"异化存在于 vel 中"②，vel 是拉丁语"或、或者"之意，它喻指了这样的一个判断：一方面，存在的意义来自能指——对于能指优先于所指这一点，拉康在他的《关于〈被窃的信〉的研讨会》一文中已经给出了充分的论证，本书在此前已经论证过，这里的能指当然指的是隐含于主体内在精神空间深处的 das Ding；另一方面，因为主体的本真被外在的认同所遮蔽，这意味着，如此之意义路径便掩埋了主体，造成了主体的消失（Aphanisis），在主体意识之中留下的是自我。

拉康专门绘制了一个图示（见图-6）来阐明异化。主体如果选择左边的他的存在，那么主体就会消失，因为主体是无意识的，而无意识不可能被符

---

① Slavoj Žižek, "Introduction", in *The Sublime Object of Ideology*, London: Verso, 1989, p. xxv.
② Jacques Lacan, *The Four Fundamental Concepts of Psycho-Analysis, Book XI*, trans. Alan Sheridan, New York: W. W. Norton & Company, 1998, p. 210.

号捕捉到。如果选择右边的意义,那么实在界的非-意义(non-meaning)就将被排除在外。为了更为直观地解释,拉康借用了日常生活中的"要钱或要命"和黑格尔的"要自由或要命"这样的逻辑程式来论证此点。虽然名义上有着某种选择的可能性——拉康称之为"或(vel)",或选这、或选那——但实际上,要钱和要自由,命就没了,最终钱和自由都得不到;要命,则只能得到一条没有钱或没有自由的命,一条被剥夺了某些东西的生命,一个不完整的生命。"或(vel)",看起来给出了一种选择,其实没有选择,主体无论如何都逃不掉被异化的宿命。

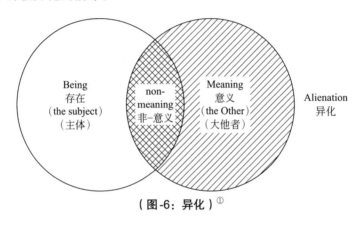

(图-6:异化)①

那么,在精神分析的异化的处境之中,主体该当何以自处?拉康从笛卡儿切入对此题旨的思考。

拉康认为,"笛卡儿追求的是一种确定性"②,但知识却是不确定的。西方文化语境中的知识到底有着什么样的所指内涵?英语中 knowledge(知识)这个词向我们揭示了一些重要的信息。knowledge 是由 know(知晓、知道)加上名词性后缀 ledge 构成,意指着我们对世界所知的一切。我们知道,拉康之后的福柯在其《知识考古学》中阐明了这样一个立场:知识有可能是对的,也完全有可能是错的。借此视角,可以看到,曾经在中国文化中被奉为圭臬的所谓吃核桃补脑,就是一种典型的伪知识,它所依循的逻辑基础乃是福柯所揭示的相似性原则,即,核桃在外观上像大脑,所以它能补脑。

---

① Jacques Lacan, *The Four Fundamental Concepts of Psycho-Analysis, Book XI*, trans. Alan Sheridan, New York: W. W. Norton & Company, 1998, p. 211.

② Jacques Lacan, *The Four Fundamental Concepts of Psycho-Analysis, Book XI*, trans. Alan Sheridan, New York: W. W. Norton & Company, 1998, p. 222.

在笛卡儿看来，如果我们认为 2+2=4，那只不过是因为上帝希望如此。反过来说，如果 2+2 不等于 4，那只是因为上帝的缺席。这意味着主体从一开始就存在于某种确定性之中。然而，根据本书的理解，主体与上帝之间的那个中介具有什么样的性质、又该由谁担当呢？如果回避这些问题，指望像胡塞尔现象学所设想的那样，悬置一切干扰，独自面对世界的真相，就今天的认知来看，那是不可能真正办到的。

因此，拉康认为，正是怀疑论维持了人类生活的方式，某种意义上，怀疑论就是一种伦理取向。尽管在怀疑论的统治下，主体会面临一个极为艰辛的境地，在其中，如若他们不具备某种英雄的气概，最终是无法筚路蓝缕，找到一条出路的。不认可确定性的怀疑论暗示了一个既充满艰难又如此富有英雄气概的路径，它足以引领主体对通向异化之"或"的那一点的确定性道路的探索。由此，拉康得出结论，在这条探索之路上，"异化之点只有一个出口——欲望之道"[1]。

归纳一下，在拉康视野下，从一开始就丧失了本真的主体必然遭遇异化。并不存在一个确定的世界可供主体去探索、理解和阐释。异化之中的主体唯一可被导引的方向便是他的欲望，而根据我们对拉康理论的一般了解，主体的欲望源自大他者的欲望，异化的主体只能受制于体现为社会、历史、文化的大他者，除此别无他途。

三、齐泽克论分离伦理学

异化的结果是，主体成了分裂的主体，从此本真的大门就对主体关闭了。由于内在的匮乏与缺失，主体不得不向外转，于外在的大他者那里去寻求对主体自身的确认。由此又进一步加强了异化。

在本书前面的论述中，一个反复论及的观点便是：拉康的大他者概念是其精神分析理论体系中的支撑性范畴。大他者是象征秩序的另一个名称，它支撑起了我们现实之中的社会、历史、文化秩序，"符号象征性的向度就是拉康所说的'大他者'，那个将我们关于现实的体验予以结构化的无形的秩序"[2]。所谓"现实的体验"，实则是一种非常抽象的东西，它主要由主体的记

---

[1] Jacques Lacan, *The Four Fundamental Concepts of Psycho-Analysis, Book XI*, trans. Alan Sheridan, New York: W. W. Norton & Company, 1998, p. 224.

[2] Slavoj Žižek, *Event: Philosophy in Transit*, London: Penguin, 2014, p. 119.

忆支撑。没有记忆，就无所谓秩序，因为在此情势下，每一次的体验对主体来说都会是重新开始。由此主体的世界便会成为一个封闭的系统，随着时间的推移，熵不断增加，最终抵达最大值，主体的世界将会变得混乱无序。

大他者给了主体思想的疆界和行为的规范。只有从大他者的领域出发，主体才有可能言说，才可能有欲望。而大他者总是将自身投射到某个具体的小他者身上。

以中国传统文化里的《白蛇传》为例。法海对许仙、白娘子之所为虽不被绝大多数观众所接受，但完全符合大他者的要求，法海只是占据了大他者给定的位置而已。这表明，大他者在语言之墙上表现为各种各样抽象的社会、历史、文化规则，它往往附着在某些具体个体之上，譬如，儒家以孔孟为代表，基督教以耶稣为表征，等等。只不过那些光辉的个体已经被抽象化、符号化、理想化，他们高高在上，与我等凡夫俗子拉开了不可逾越的距离。反过来看，也可认为孔孟、耶稣等不过是偶然地占据了大他者指涉的位置的具体个体而已。孔孟、耶稣如果不去那个位置，还会有别的个体去。大他者也许体现在某人身上，但不能说某人便是大他者。

在这个题域中，也许最好的例子便是中国的封建皇帝。清朝末代皇帝溥仪（宣统皇帝）登基的时候，年仅3岁。但满朝文武，无论年事几何，面对溥仪，皆匍匐在地，下跪叩头，三呼万岁。这些大臣中，甚至包括宣统皇帝的亲生父亲载沣。和众大臣一起，载沣也跪伏在地，向高高在上的自己的儿子溥仪行臣子之礼。这个时候，载沣叩拜的不是自己的儿子，而是被尊为天子的皇帝。溥仪所拥有的能够凌驾于其父之上的威权来自他所占据的那个皇帝的位置。在此，我们说，作为单个个体的小他者溥仪因为占据大他者的位置（皇位）而获得了至高无上的威仪。

然而，作为大他者在社会、历史、文化中的投射，皇帝的威权是如何来的呢？我们知道，中国的中央集权始于一统天下的秦。有秦以来，专制主义中央集权成为我国两千多年封建社会的基本政治制度。在这种体制下，皇帝掌握国家最高权力，并通过军政官僚机关管理、控制国家，其基本特征是皇权至高无上，皇位世袭罔替，君尊臣卑等。而汉代董仲舒则从理论上将皇帝奉上神坛。董仲舒代表自己的学派提出了"君权神授"观点，他将汉朝替代秦朝称为新的王朝归结为"天命"，任何敢于质疑此点之人就是"逆天命"。如此一来，便从理论上、思想上解决了皇位的合法性难题。

第八章　精神分析伦理的文化逻辑

中国皇权的案例，很好地阐明了这样一个认知立场：大他者所在之处乃一片虚空，所有关于大他者的认知都是分裂的主体从自己的想象出发建构起来的，就像董仲舒们建构起了皇帝至高无上的威权一样。所以齐泽克说："大他者是脆弱的、非实体的，实际上还是虚拟的，其地位是一种主观的预设，它只有在主体表现得好像它存在的情况下才存在。"① 这就如象征秩序中的宗教，关于它的一切都是主体从自己的想象出发填充的——这正是拉康作出"不存在大他者的大他者"这一著名判断的原因。

因此，经历了异化过程的内在匮乏的主体转向大他者寻求认同，遭遇到的是大他者的匮乏——不幸的是，主体并不知道这一点，他依然执着地试图从大他者那里为自己的行为获得某种伦理指引。如此，主体就面临了一个匮乏叠加在另一个匮乏之上的窘况，他匮乏的不是任何具体的东西，而是匮乏本身——这便是拉康所说的分离："上一次产生的匮乏是为了回应下一次提出的匮乏。"② 简言之，因为匮乏而转向大他者，殊不知大他者本身也是一种匮乏。

行动是一个伦理学概念，对此拉康表示赞同。他进而指出："除了与人类相关，不存在其他的行动（act）。"③ 这意味着，伦理学研究的是行动的准则。在做什么或不做什么之间，主体回应着伦理的召唤，体现出伦理的指向。而产生于双重匮乏基础之上的分离给主体的行动带来了某种不容忽略的方向性和指导性。在如此之分离中，内在匮乏的主体不断地追问：大他者到底想从我这里得到什么？我到底要做什么才能让大他者满意？虽然大他者不可能给出答案，但主体根据这些追问，形成了伦理的导向、制约和规范，并据此规划、调整和修正着自己的行动。由此齐泽克认为，拉康建构了一种有别于阿尔都塞之异化伦理学的分离伦理学。齐泽克这一理论线索的价值在于：通过厘清并回答为什么内在匮乏的主体必须转向同样匮乏的大他者那里去寻求伦理导向的这一问题，它在一定程度上回溯性地阐明了拉康精神分析伦理学的理论预设和逻辑起点。

---

① Slavoj Žižek, *How to Read Lacan*, London: Granta Books, 2006, p. 10.
② Jacques Lacan, *The Four Fundamental Concepts of Psycho-Analysis, Book XI*, trans. Alan Sheridan, New York: W. W. Norton & Company, 1998, p. 215.
③ Jacques Lacan, *The Four Fundamental Concepts of Psycho-Analysis, Book XI*, trans. Alan Sheridan, New York: W. W. Norton & Company, 1998, p. 50.

第二节　拉康对传统伦理学的批判

通常而言，几乎所有新的理论思想都是在对既往的相关理论作出梳理、评估、借鉴、质疑、甚至批判的基础之上提出和阐发的。精神分析伦理学亦然。拉康的精神分析伦理学主要是在对西方思想史上的亚里士多德、边沁、康德和萨德的几种传统伦理学的观照、审视和质疑中来展开的。

一、亚里士多德的少数人伦理

在1959—1960年的第7次研讨班上，拉康首次系统地对精神分析伦理学作了专题研究。在若干年后的第20次研讨班（1972—1973年）上，拉康仍然对精神分析伦理学的论证起点念念不忘："我是从亚里士多德的《尼各马可伦理学》开始精神分析伦理学的研究的。"[①]亚里士多德的伦理学代表了他那个时代受过教育并且阅历丰富的人的流行的见解，是他那个时代的知识和精神的高度结晶，同时也是两千多年来西方伦理学思想的重要支柱之一。

亚里士多德的伦理学可谓逻辑华丽、博大精深，但拉康重点关注的是两个方面的内容：善的本体地位和善的标准制定。

首先，善的本体地位。

在亚里士多德的基本设想中，伦理与善关联，伦理的要求就是善的要求。善的顶点是幸福，但幸福是什么，不同的人却有不同的看法，亚里士多德当然在此题域内给出了自己的观点。以上这个逻辑链构成了亚里士多德伦理学的基本支撑。

整体而言，亚里士多德的伦理学是建构在这样一个基本的认知前提之上的："每一种技能和探究，同样的，每一个行动和理性选择，都被认为是为了某种善；因此，善被恰当地描述为一切事物的目标。"[②]这里面包含了至少两个层面的意思：对技能的探究，以及为了达成这种探究而采取的行动。由此必然便会引出对行动的选择——亚里士多德给了这种选择一个限定："理性"。当然，亚里士多德给出的理性这个限定，以今天的学术标准来看，是有问题的，因为他没有澄清是谁、为了什么目的在定义理性。

---

① Jacques Lacan, *Encore, Book XX,* trans. Bruce Fink, New York: W. W. Norton & Company, 1999, p. 51.
② Aristotle, *Nicomachean Ethics,* trans. &. ed. Roger Crisp, Cambridge: Cambridge University Press, 2004, p. 3.

让我们回来继续讨论"善"。在亚里士多德看来，每种行为和抉择的目的只有一个，那就是为了善。善是物所欲求的东西，它分为三部分：外在的善、身体的善和灵魂的善。在这三者之中，亚里士多德认为，灵魂的善才是最重要的和最高层次的善。善应该是出自我们灵魂深处的某些古老而美好的主张。请注意，亚里士多德对灵魂之善给出这样的判断，并非是因他如两千多年后的弗洛伊德和拉康那样洞悉了灵魂深处的那些被压抑、被阉割的东西，而是因他真的就相信，在某种先验的神秘力量的驱动下，灵魂内确乎自动就会产生某些美好的存在。

职是之故，亚里士多德认为，伦理有着与善相同的诉求：所谓至善，体现了主体在本体论上的自我实现的努力；所谓伦理，不过就是引导主体走在他该走的路上的规则而已。快乐与善，对主体来说是一种本体论上的存在。如是观之，亚里士多德的伦理预设着一个基本的前提，那就是德性。所谓对至善的追求，体现了主体在本体论上的自我实现的努力。

其次，善的标准。

概言之，亚里士多德的善就是事物本来该是的那个样子，它构成了事物的内在本质，在《尼各马可伦理学》的定义中，"人类的善是根据德性而来的灵魂活动"[1]，而道德伦理的"幸福则是灵魂根据德性进行的某种活动"[2]。在古希腊伦理学体系中，德性指事物的特性、品格、特长、功能，是使一事物成为该事物的本性。对人而言，德性就是使人之为人的本性。亚里士多德把人的德性分为道德德性和理智德性，前者主要通过习惯养成，后者则通过教导而生成。人的德性应该指这两种德性的融会贯通。顺此逻辑，人的善是合乎德性而生成的灵魂的现实活动。幸福是完全合乎德性的现实活动。而德性不是肉体的感性，而是灵魂的德性。幸福是灵魂的现实活动，换言之，幸福就是灵魂之善在现实中的操演。亚里士多德的道德哲学主张善的原则和正义，强调人性的善。亚里士多德认为，作为人，他应该有且只有一个内在性的目的，就是人性的善。幸福不过就是灵魂以美德和德性的方式做事，而行动的恰当进程只提供了一种中间状态。

---

[1] Aristotle, *Nicomachean Ethics,* trans. &. ed. Roger Crisp, Cambridge: Cambridge University Press, 2004, p. 12.
[2] Aristotle, *Nicomachean Ethics,* trans. &. ed. Roger Crisp, Cambridge: Cambridge University Press, 2004, p. 16.

拉康对亚里士多德视野中的善提出了尖锐的质疑。他认为，在亚里士多德所处的希腊时代，主人是"一种特权的休闲代表"①，只有他才能有钱、有闲、有心情去思考伦理问题，并有权将自己思考的伦理结果强加给奴隶，让他们以此去指导自己的行为。职是之故，亚里士多德的善是主人的善，其伦理是一种典型的具有强烈等级色彩的主人伦理。为了让读者更好地理解此点，拉康进一步阐释道："我的意思是，（主人）将他的奴隶的控制权交给他的管家，以便专注于一个沉思的理想。没有它，伦理学就无法实现其正确的目标。"②在此，善是主人进行自我人格完善的一种价值取向，而在他们控制之下的奴隶，只有服从主人伦理的道德律令，才有可能交换到快乐。而从人文角度看，奴隶实则是不在场的，他们的存在只能由在场的主人来代表。在后来的黑格尔那里，亚里士多德意义上的"主人"的地位遭遇到了极大的贬损和无情的嘲讽，黑格尔甚至将主人说成了"伟大的骗子、历史发展中被戴绿帽子的牛人"③。通过主奴关系的论述，黑格尔力图证明，美德的推进是通过奴隶的工作来传递的。拉康由此归纳道："他（亚里士多德）的道德是一种主人的道德，是为主人的德性而设的道德，并且与权力的秩序有关。"④亚里士多德的善并非先验德性的产物，在善的基础上的伦理必然带着深深的等级烙印，表征着不可逾越的阶级鸿沟。

因此，虽然用语晦涩的拉康并未直接点明，但通过追寻其逻辑，我们仍可得出这样一个合理的结论：亚里士多德的善并非先验德性的结晶，而是主人权力的产物。这一认知，构成了拉康建构其精神分析伦理学的基本出发点之一。

二、边沁的功利主义伦理

在第 7 期研讨班上，拉康注意到并集中论述了 19 世纪初出现的功利主义对支撑了几乎整个亚里士多德伦理体系的主人功能提出的严峻挑战。

---

① Jacques Lacan, *The Ethics of Psychoanalysis 1959-1960, The Seminar of Jacques Lacan, Book VII*, trans. Dennis Porter, New York: W. W. Norton & Company, 1997, p. 23.

② Jacques Lacan, *The Ethics of Psychoanalysis 1959-1960, The Seminar of Jacques Lacan, Book VII*, trans. Dennis Porter, New York: W. W. Norton & Company, 1997, p. 23.

③ Jacques Lacan, *The Ethics of Psychoanalysis 1959-1960, The Seminar of Jacques Lacan, Book VII*, trans. Dennis Porter, New York: W. W. Norton & Company, 1997, p. 11.

④ Jacques Lacan, *The Ethics of Psychoanalysis 1959-1960, The Seminar of Jacques Lacan, Book VII*, trans. Dennis Porter, New York: W. W. Norton & Company, 1997, p. 315.

所谓功利主义，其主旨是指出社会利益与个人私利的一致性，通过个人追求最大快乐，最终实现社会的最大多数人的最大幸福。拉康认为，在伦理学的谱系之中，功利主义理论家边沁有着某种不容置疑的重要性，值得我们重新阅读和阐释。

关于边沁的功利主义思想，一方面，它认为凡是能将效用最大化的事，就是正确的、公正的。简单说就是只要能满足大多数人的诉求，那就是公平和公正。必须要承认的是，这样的哲学思想对于西方民主体制的建构发挥了举足轻重的作用。至少，从理论上看，西方民主的根本要点就在于它宣称可以通过某种特定的政治实践，来达到满足大多数人的需求的目的，而实际上也确实在一定程度上达成了这个目标。另一方面，在通过某种方式——譬如投票或民意调查——获知了大多数人的诉求并尽力加以满足之后，对于另一些少数派的利益又该当如何保障呢？如果所有人都被要求去少数服从多数，那么，伴随着社会历史文化的进步而来的多元文化又如何可能得到真正的实现呢？如是观之，功利主义最显在的缺陷在于，对个体权利的尊重明显不够。对此，一个简单而朴素的例子，就可阐释明白：如果一个人，他或者自私、或者情商低、或者木秀于林而招致风必摧之，总之他被大多数人讨厌，甚至憎恶，那么，我们可以通过满足大多数人的愿望，对这个人进行经济、政治、文化的处罚吗？或者极端状况下，甚至对此人处以极刑？如果这个都还不足以说明问题，那么古罗马时代的大众娱乐项目——角斗士被迫进行的斗兽游戏——是否因为有足够多的罗马人从中获得了快乐，就说明这种行为是道德的？答案显然是否定的。

就整个社会而言，满足最大多数人的要求；就个人而言，每一个单个的人都追求自己最大的快乐——这就是功利主义视角下的伦理观的基本指向。但这个立场从它出现的那一天开始，就招致了大量的质疑。满足大多数人，就意味着有少部分人得不到满足。鼓励个体追求自己的最大快乐，那么，吸毒的人觉得吸毒是自己最大的快乐，可吸毒是道德的吗？如果快乐竟然可以成为道德的标准，那么贪官污吏的快乐呢？连环杀手的快乐呢？对此，如果我们将快乐分成不同的层次和等级，是否就能解决这个问题？但新的问题马上又会出现：谁有这个权力划分人的快乐等级？这种划分是出于什么样的利益架构和无意识欲望？谁的快乐等级更高？

但是，拉康是从另一个角度去审视和观照边沁的功利主义伦理学的。

边沁在其代表作《道德与立法原则导论》中的论点是:"法理学是一个虚构的实体。"①顺着这个逻辑,法理背后的功利主义伦理也是一种虚构。所谓虚构,并不是说它是欺骗性的,而是揭示了一个更为重要的特质:虚构意味着它位于拉康所说的符号象征领域,它拒绝的是先验意义。由此,边沁剥夺了亚里士多德赋予善的本体特权,将其从本体位置上拉下来,同时也让幸福跌落到了虚构的象征之中。拉康对此大加褒扬:"边沁的努力在于语言与实在的关系的辩证法,以便安放实在界中的善。"②边沁认为,所谓幸福不过就是一个摆脱了本体基础的"虚构",这个幸福运行在象征层面。一旦善的本体被抽掉,它就漂浮起来了,在它支撑下的伦理内涵必然便会处于流动之中。

通过将"善"引导并框定在"虚构"的象征领域,功利主义伦理观成为连接亚里士多德和弗洛伊德的桥梁。在亚里士多德那里,快乐与善一样,位于先验的领域。如何将快乐的真正功能恢复到适当的位置,成为《尼各马可伦理学》的一个相当重要的部分,与善紧密关联的快乐构成了主体之本体架构中最基本的要素。在亚里士多德的快乐观中,快乐具有某些虽然神圣但却难以辨识的东西,它在主体与自然的联系之中浮现出来。而边沁通过将善拉回到象征领域,让我们有可能在亚里士多德和弗洛伊德的伦理观之中找寻到某种内在逻辑。根据拉康,弗洛伊德的伦理准则总是闪现在快乐原则和现实原则这两者间的摇摆和对立之中,鉴于快乐原则源自无意识的本我,而自我遵循象征领域中的现实原则,道德律法明确是反对快乐的。而以"善""幸福"为内核的位于象征界的道德与伦理,以及随之而来的价值体系,皆与实在界格格不入。

很显然,亚里士多德的主人伦理是属于少数人的,它源自一种权力关系。这样的主人伦理在启蒙运动时代遭遇到了巨大的挑战。在启蒙现代性中,伦理成了一个政治问题,因为其目标乃是让所有人都幸福——这也正是边沁的功利主义伦理观的逻辑起点。"除了所有人的满足之外,没有对个人的满足"③,这种启蒙式的宣言在人类历史上乃是首次出现,它是接受了广泛的启蒙思想

---

① Jeremy Bentham, *An Introduction to the Principles of Morals and Legislation*, Kitchener: Batoche Books, 2000, p. 234.

② Jacques Lacan, *The Ethics of Psychoanalysis 1959-1960, The Seminar of Jacques Lacan, Book VII*, trans. Dennis Porter, New York: W. W. Norton & Company, 1997, p. 12.

③ Jacques Lacan, *The Ethics of Psychoanalysis 1959-1960, The Seminar of Jacques Lacan, Book VII*, trans. Dennis Porter, New York: W. W. Norton & Company, 1997, p. 292.

动员的一个必然后果。"正因为幸福进入政治领域,幸福问题才不易被亚里士多德的解决方案所影响"①,因为亚里士多德的方案恰恰是建构在将所有人的福祉归于极少数"主人"那里的基础之上的。

三、弗洛伊德与伦理

在西方哲学传统中,经验不仅是主体的重要构成要素,它还要求人们在面对新的境况时,要回过头去参考过去的阅历。道德伦理的经验是关于可做什么和不可做什么的经验。这种经验必须要有一个作为评判的标准方可得以正常运行。然而,正如我们在当下这种日新月异的技术发展大潮中所看到的那样,现在老年人的经验越来越不被重视,那是因为世界变化太快,经验已经不足以应对新的语境。而爱欲一物则要复杂很多,它与欲望的悖论性息息相关。所谓欲望的悖论,喻指着这样一个意思,人们永远得不到他真正欲望的东西,所有得到的都是欲望的替代品。每一次所谓欲望的满足,都不过是挑起了一次新的欲望。这意味着,经验与爱欲之间,形成了某种张力。

那么,精神分析学能让我们对道德的起源说些什么?道德伦理起源与超我是什么关系?这些问题是拉康在《精神分析伦理学》中提出的。在上面那个道德受虐癖所提供的场域内,伦理与超我的关系也受到了必要的关注,同时快乐这个题旨也浮出了水面。

那么,该当如何理解超我与伦理的关联呢?拉康指出,欲望的因素被亚里士多德排斥在了伦理道德的领域之外。譬如,与性相关的欲望在亚里士多德那里就被归于反常的"兽性"。某种程度上,大他者就是神意的裁判,代表着上天在人世执法。然而,根据拉康的理论,主体难道不应该是去反抗超我的律令吗?因为超我从根本上说,是与主体的本我相对立的。对于某些人来说,他们具有道德受虐癖,即是说,通过僭越道德伦理原则而遭致批判和惩罚,但他们反倒从中感受到了快乐。这种道德受虐癖的案例,在现实生活和文学艺术中,多如牛毛,不胜枚举。这一事实直接质疑了道德伦理的超我维度。

关于快乐,拉康建议我们可以从弗洛伊德《文明及其不满》中去找寻一些线索。拉康认为,亚里士多德和弗洛伊德的相同点在于,他们都认可幸福

---

① Jacques Lacan, *The Ethics of Psychoanalysis 1959-1960, The Seminar of Jacques Lacan, Book VII*, trans. Dennis Porter, New York: W. W. Norton & Company, 1997, p. 292.

乃是人们伦理追求的重点和终点。但不幸的是，弗洛伊德《文明及其不满》却告诉我们，在文明之中，没有任何东西是为幸福而准备的。

快乐源自内在精神还是外在空间？这取决于我们怎么看待内与外。在拉康的镜像阶段描述中，我们知道，初生的婴儿是没有截然清晰的内外之别的。对此，弗洛伊德指出："自我最初包括一切事物，后来它从自身分离出了一个外部世界。"① 从此，主体才开始必须面对一个内部精神空间与外部客观存在组合而成的集合体。"通常，我们最能确定的事情就是我们对自身和我们对自我的感觉"②，但这种现象是欺骗性的，因为自我只不过是本我的表象而已。自我与外在客体之间，总会保持着某种谨慎的距离。当然也有例外，那就是热恋中的人们。他们会有一种幻觉，认为他们的自我和客体之间的界限似乎在特定的恋爱状况之下消失了。这表明，内与外的界限并不总是那么明晰，自我与客体的关系也总是会处于不断的波动之中。

那么，快乐在哪里？快乐的前提之一当然是人的自由，但弗洛伊德明确地告诉我们："个体自由不是文明的赐予。"③ 相反，文明给出了种种约束，反倒限制了个体的自由。这也正是《文明及其不满》的论述主题，即，哪怕是出于治疗目的，我们也经常必须反对超我，降低超我给我们带来的种种不便和桎梏，因为在文化层面上，超我几乎不关心人的心理状态。如是观之，弗洛伊德认为，我们当然有必要对文化超我的道德要求提出完全相反的看法：

> 事实上，伦理学解决的是在所有文明中都可以容易发现的最令人痛苦的境地。这样，伦理学就被看作一种治疗的尝试——它试图用超我提出的要求来获得某种东西，而迄今为止，人们还无法通过其他任何文化活动来获取这种东西。④

---

① ［奥］弗洛伊德：《一种幻想的未来　文明及其不满》，严志军、张沫译，上海：上海人民出版社，2007年，第61页。
② ［奥］弗洛伊德：《一种幻想的未来　文明及其不满》，严志军、张沫译，上海：上海人民出版社，2007年，第59页。
③ ［奥］弗洛伊德：《一种幻想的未来　文明及其不满》，严志军、张沫译，上海：上海人民出版社，2007年，第85页。
④ ［奥］弗洛伊德：《一种幻想的未来　文明及其不满》，严志军、张沫译，上海：上海人民出版社，2007年，第125页。

在边沁功利主义看来，道德伦理不过就是一种虚构。拉康认为，弗洛伊德的快乐也具有相似的虚构性质。简言之，快乐原则乃是运作在虚构的层面之上的。通过此说，拉康想要指出的是，快乐原则也不过就是一种象征的符号建构，因为引导快乐的现实是一种语言现实。在现实原则的指引下，人学会了为得到延迟了的、受到限制的、但是保险的快乐，而放弃暂时的、不确定的、破坏性的快乐。而我们对现实的感知，还是通过无意识的语言本质来达成的。正因为这样的语言的存在，使得在其中活动的快乐和现实可以形成一种相互作用的关系。

总之，在伦理这个题域内，拉康重点解读和阐释了弗洛伊德的《文明及其不满》。拉康明确指出，文明孕育出文化，不同的文化给出了各自的行为规范，亦即伦理要求。这样的要求首先是运作在象征层面，与无意识的空间相隔甚远；其次，在文化表征中呈现的伦理又总是显得太多，几乎无人能够真正全部遵从伦理的要求。职是之故，在象征领域中指定道德伦理的人就必须要考虑这样一个问题：用什么来奖励那些服从律法和伦理的人？亚里士多德、弗洛伊德和本书下一小节将会论述的康德都给出了幸福的保证——遵守道德规范吧，你会得到幸福。但这种幸福是不可能真正实现的，因为幸福的达成很大程度上是建构在人与人关系基础之上的。一旦与他人发生关系，那么主体的无意识欲望就会蹦出来，影响、搅动、干扰那些被承诺的幸福的实现。因此，以欲望为本质的无意识主体便不可避免地会对围绕、笼罩和统治着他的文化产生了无法根除的不满。

第三节　拉康、康德、萨德

启蒙时代的法国贵族萨德以其所描写的性虐幻想、所导致的社会丑闻、所宣扬的性虐哲学而出名。他名字的首字母为后世的SM（sadomasochism，施虐受虐狂）贡献了其中的"S"，即施虐狂。围绕萨德这个题旨，西方学界有过一系列的思考和论述。而第一次从理论上将萨德与康德关联在一起的是霍克海默和阿多诺（以下简称"霍阿二人"），后来的齐泽克也曾对萨德与康德这个主题作出过系统而深刻的阐释。

作为精神分析学大师，拉康对性虐待狂萨德抱有兴趣是必然的。但在拉康的眼中，萨德的意义却远不止于这个领域。针对萨德，拉康扮演的角色也并不简单地是一个如当年弗洛伊德面对狼人时的精神分析医生。实际上，通过对萨德那淫秽浪荡的性虐世界的条分缕析，拉康希望对康德之道德哲学进行一番审视、再释和追问。在道德伦理的轴线上，康德与萨德位于两个极端，前者终身未娶，以极度自律而闻名于世；后者放浪不羁，因淫秽性虐而多次入狱。如此迥然不同的两个人，是如何被串联起来的呢？拉康并不是依循着传统伦理学的路径去接近康德与萨德这个题旨的，毋宁说，他是沿着精神分析伦理学之欲望及其对抗性力量快感这条线索，顺着萨德之性虐幻象，追溯到康德那里的。如果说康德因其道德的形式主义而被携带私货的萨德暗中鸠占鹊巢，那么拉康由于其精神分析伦理学之内涵的匮乏和苍白，最终也不得不与康德肩并肩地站到了一起。这一结果意味着拉康与他致力于反思和质疑的康德之间达成了某种共谋关系，并由此动摇了自己的批判立场。

一、萨德题旨

在代表作《卧房哲学》中，萨德提出，先验存在的大自然之终极目标是为了维持自然界中所有生命在更新中不断延续。至于促进了大自然之吐故纳新的毁灭是由谋杀、虐待或自然死亡中的哪一个带来的，对结果来说并不重要。"在这个世界，只有怜悯和慈善才是危险的"[①]，因为那些情感违反了大自然法则，它们只是帮助了那些本该回归自然的弱者得以继续存在于世。施虐者不过是顺应大自然之革故鼎新的呼唤，是在替天行道。

此前，本书第五章第二节对萨德图示（参见图-5）有过必要的梳理和阐释，其目的是为了阐述这样一个题旨：当萨德视野中的施虐主体被摆放到 das Ding 的位置上时，会发生什么？

在西方学界，萨德一直是一个关注点。福柯认为，萨德的性并无内在本质，"它是服从于无限权力法则的"[②]。由此，福柯为萨德系统找到了一个外在动因，即萨德的大自然之欲望和福柯的文化权力关系。萨德实际上也意识到了性虐中的权力关系，所以他承认所有人在法律面前都是平等的，但这种平等是财产上的，"如果自然给了我们向所有女性无例外地表达我们欲望的权力这一事实是不可否认的，那么，也就同样不能否认我们强迫她们全部屈从于

---

① Marquis de Sade, *Philosophy in the Boudoir*, trans. J. Neugroschel, London: Penguin, 2006, p. 149.

② Michel Foucault, *The History of Sexuality, Volume 1*, trans. Robert Hurley, New York: Pantheon Books, 1978, p. 149.

我们的权力"①。这意味着，假借大自然之欲望的名义，萨德有意忽略和压抑了后来的福柯所强调的文化权力维度，将性虐之权赋予了浪荡施虐者。

布朗肖（M. Blanchot）认为，萨德针对他者的性虐行为，从根本上来看，是为了浪荡施虐者的自证所需，因为"我作为一个浪荡子的独立不来自我自己的自治，而是来自依赖于我的他者"②。如此一来，布朗肖便将萨德题旨引导到了黑格尔的主奴关系辩证法那里。黑格尔指出，主人和奴隶这一对主客之间并不是一个平等的关系，"凡是主人对奴隶所作的，他也应该对自己那样作，而凡是奴隶对自己所作的，他也应该对主人那样作"③——这正好就揭示了萨德幻象中作为主人的施虐者和作为被主人支配的受虐者之间根本性的关系。只不过萨德性虐关系中的主人并非通常意义上由政治、经济、文化提供背书的黑格尔意义上的真正主人，而是外在的大自然之欲望的客体。萨德对此当然心知肚明，所以，他辩解道："地球上所有的恶棍只不过都是任性自然之中介而已。"④如果说性虐行为存在什么道义上的问题，那也与施虐者无关，因为他们只不过顺应了某个外在驱力的召唤而已，性虐之中的所有人都是无辜的：这一点构成了萨德哲学之基本逻辑。

萨德这一题旨，经常与康德联系在一起。据齐泽克考证，霍克海默和阿多诺在其合著的《启蒙辩证法》第二附论"朱莉埃特或启蒙与道德"中，首先开启了萨德和康德这一问题场域。

霍阿二人是在工具理性批判的架构之中并置康德和萨德的。他们敏锐地意识到，在启蒙的语境中，萨德偷偷为自己搭建起了一幢与康德有着千丝万缕联系的理论大厦："萨德在他的作品中描述了'不经别人引导的知性'：这就是摆脱了监护的资产阶级主体。"⑤所谓"不经别人引导"，即为康德之未经理性引导的先验知性。康德认为，启蒙帮助人类脱离自己加之于自己的不成熟状态，而"不成熟状态就是不经别人的引导，就对运用自己的理智无能为

---

① Marquis de Sade, *Philosophy in the Boudoir*, trans. J. Neugroschel, London: Penguin, 2006, p. 127.
② Maurice Blanchot, *Lautréamont and Sade*, trans. S. Kendall & M. Kendall, CA: Stanford University Press, 2004, p. 23.
③ [德]黑格尔：《精神现象学》上卷，贺麟译，北京：商务印书馆，1983年，第129页。
④ Marquis de Sade, *Philosophy in the Boudoir*, trans. J. Neugroschel, London: Penguin, 2006, p. 168.
⑤ Max Horkheimer & Theodor W. Adorno, *Dialect of Enlightenment: Philosophical Fragments*, trans. Edmund Jephcott, CA: Stanford University Press, 2002, p. 63.

力"①。康德希望将真理与科学体系等同起来,他试图"从哲学角度论证上述同一性,但他的这一努力得到的却是毫无科学意义的概念"②,而科学没有自我意识,它只是一种工具。启蒙的理性成了一种具有抽象普遍性与可重复性的"工具理性",它所内含的社会、历史、人文的意义全部被消解。由此,霍阿二人认为,康德和萨德暗中苟合,他们都"把整个生活组织展现为一个丧失了一切现实目标的世界"③。在科学的笼罩下,道德伦理失去了其鲜活的内容,变成了空洞的法则,人们据此而动,只求达到目的,不择手段。在萨德狂放不羁的性幻想中,性虐待会将受虐者从痛苦的耻辱中解脱出来,因此它就如康德"冷漠的"道德律令,以理性的名义,盲目地踏上了灭绝人性的道路。

在霍阿二人之后,齐泽克《康德同(或反)萨德》一文力图阐明,在貌似极端对立的康德与萨德之间,实则隐含着某种同一性。他认为康德与萨德共同之处,首先在于"冷漠无情的绝对指令强迫主体牺牲掉他对全部偶然、'病态'客体的依恋"④。萨德的施虐者不会考虑被摆放到弱者位置上的受虐者的福祉;而高举理性大旗的康德则囿于其道德形式主义,在制定一个普遍原则时,也从不顾及具体对象的利益。康德之道德哲学与萨德的性虐行为都围绕"你必须,因为你应该"这样的绝对命令来展开,而这正好就与以纯粹的形式命令为基础的法西斯主义意识形态不谋而合:"服从,因为你必须服从!"在齐泽克眼中,这种对纯粹形式的诉求恰恰是法西斯主义意识形态的力量所在,它体现了那些执行恐怖清洗政策的极权主义者的逻辑:"这不是我的责任,真正做这些事情的人并不是我,我只是更高级的历史必然性的工具而已。"⑤因此,在康德的框架下,极权主义者与萨德之性虐主体之间有着某种哲学上的同一性。

---

① [德]康德:《历史理性批判文集》,何兆武译,北京:商务印书馆,1996年,第22页。
② Max Horkheimer &. Theodor W. Adorno, *Dialect of Enlightenment: Philosophical Fragments*, trans. Edmund Jephcott, CA: Stanford University Press, 2002, p. 66.
③ Max Horkheimer &. Theodor W. Adorno, *Dialect of Enlightenment: Philosophical Fragments*, trans. Edmund Jephcott, CA: Stanford University Press, 2002, p. 69.
④ [斯洛文尼亚]齐泽克:《康德同(或反)萨德》,见齐泽克:《实在界的面庞》,季广茂译,北京:中央编译出版社,2004年,第14页。
⑤ [斯洛文尼亚]齐泽克:《康德同(或反)萨德》,见齐泽克:《实在界的面庞》,季广茂译,北京:中央编译出版社,2004年,第17页。

二、康德道德哲学的基本出发点

究其滥觞，康德哲学当然是在它身处其间的启蒙运动那个大语境之下展开的。所谓启蒙，在某种意义上，就是开启人的那种自足自立的理性能力。

康德将世界设想为本体和现象两个部分。在康德的本体世界中，自在之物虽不可知，但我们总算还能捕捉到一些现象，并在现象的基础之上，通过我们的理性思辨能力和逻辑运算能力，对自在之物进行一番推导。对康德来说，在人的意志之外存在着一个客观真实，而人对这个真实的认识虽然可以接近自在之物，但总是只能达到现象的表层。反过来说，也只有能够被人认识到的现象，才对我们有意义。那么，借助自在之物是外在于人的先验存在的这个概念，康德希望达成什么样的理论目的呢？一言以蔽之，为的是限制知识、引导信念：

> 我们一定要设想一个非物质性存在体，一个理智世界和一个一切存在体（纯粹的本体）中的至上存在体。因为理性只有在作为自在之物本身的这些东西上才得到彻底和满足，而这种彻底和满足是它永远不能希望通过现象从其同质的根据中得出来的。①

康德的上帝未必就是宗教的上帝，在某种程度上，将其理解为精神中一个至高无上的先验意义源头，亦无不可。无论是上帝也好，自在之物也罢，我们既不能证明其存在，但也不能推翻其存在。根据康德的逻辑，我们能感知的只是表象，而驱使客观世界呈现自身的是它背后的自在之物。由此，自在之物的理论目标最终便落实到伦理本体之上，上帝作为理性的理想就成为实践理性的必然要求。既然上帝和自在之物是不可知的，那就意味着我们不可能获取关于它们的知识，如此而来，我们只需相信上帝和自在之物的存在便可。正是在这样的一个流程中，康德完成了限制知识、引导信念的逻辑进程。

在康德的道德哲学中，道德律令是由实践理性所给予的，因为"实践理性的唯一客体就是那些善和恶的客体"②，而善与恶当然都是在道德和伦理的范

---

① [德]康德：《任何一种能够作为科学出现的未来形而上学导论》，庞景仁译，北京：商务印书馆，1982年，第144页。
② [德]康德：《实践理性批判》，邓晓芒译，北京：人民出版社，2003年，第79页。

围之内。理性存在者只有通过道德律才能够实践自由。对康德来说，道德就是人为自己的行为制定的一系列原则，是理性的人为自己所设定的行为准则。

在康德看来，道德是人的本质属性。人之所以与动物不同，在于人有理性。理性的人，并非是说他拥有想干什么就干什么的权利，更重要的是，他还有不想干什么就不干什么的权利。这意味着理性的人的活动是由内在意志所决定的。意志不受外在原因的桎梏，它只依据自身来作决定，这便是意志自由。理性并不指示意志决定任何具体的行为，而只提供一个在任何具体环境中所不得不遵守的处理事件的法则。这就是康德的实践理性，反推回去，在此基础上的道德，是理性的结果，而理性则是自由意志的产物。

在康德的道德哲学上，行为上的先验方式是自律意志，自己制定管束自己的格律是道德律，道德律是无前提的训条，道德并不指向任何外在的功效和目的，道德自身即目的。道德律只与主体的行为动机有关，而与行为的效果无关。只有从纯正的动机即义务感出发，行为才可能是道德的。然而，在绝大多数情势之下，摆脱了实践的经验性、不具备任何功利目的、完全抽象的自由意志几乎是不可能的。因此，为使道德律能够得以符合逻辑地展开，康德给出了纯粹实践理性的三个悬设，亦即三个预设前提：自由意志、"灵魂不朽"、"上帝存有"①。

自由意志就是作为道德本体的人给自己立法，即意志的自律。这些道德法则之义务的唯一原则和意志的道德形式是相互对立的，因此康德指出："自由固然是道德律的 ratio essendi［存在理由］，但道德律却是自由的 ratio cognoscendi［认识理由］。"② 以自由为前提，人的意志才能自律。

自由意志与伦理道德必然会产生关联。在康德那里，道德律令是绝对命令的必然产物，而"至善在现世中的实现是一个可以通过道德律来规定的意志的必然客体"③。然而，根据康德的道德之绝对命令的要求去做了应该做的之后，主体可以期待什么？如果康德不能令人信服地给出符合逻辑的解答，那就意味着康德自由意志的被颠覆——根据康德的说法，自由意志没有任何自由意志之前的目的来为其提供保障——因为这个问题显然与实践领域中的功利和目的密不可分。康德告诉我们，如若践行纯粹实践理性的道德，便可以

---

① ［德］康德：《实践理性批判》，邓晓芒译，北京：人民出版社，2003年，第167-180页。
② ［德］康德：《实践理性批判》，邓晓芒译，北京：人民出版社，2003年，第2页。
③ ［德］康德：《实践理性批判》，邓晓芒译，北京：人民出版社，2003年，第167页。

期待幸福。如此一来，在康德的指引之下，人所有的期望都指向了幸福。

但是，这种幸福是如何可能的？它当然不可能在现实中得到。康德的方案是提出一个先验预设，他称之为悬置："上帝存有。"① 根据伦理道德的要求，自由意志下的我们做了应该做的事情，这便是善，而至善之中一定要包含幸福。如果一个德性极高的人受苦受难，那不是善，而是悲剧。为了保证德性与幸福的一致性，从而鼓励人们遵循道德伦理的规范，就必须假设上帝的存在——上帝的价值就在于他能为遵循了道德的人提供幸福承诺，上帝存有的目的在于给予"与那个德性相适合的幸福的可能性"②。同时，为了确保这一切能够顺利实施，康德还提出了另一个悬置——"灵魂不朽"。通过灵魂不朽，人克服感性欲求的活动可以通过无限长的活动来保证它的"应当完成"。简言之，康德悬设灵魂不朽，是期望将视角引到彼岸世界的最终审判。

总之，在思辨理性当中，自由是被设想出来的可能的先验自由。而在实践理性当中，由于道德律的存在，自由则成为具有客观实在性的自由意志。而道德律被认为是纯粹理性的先天规律，亦即自由的法则。可以说，自由意志提供了价值标准，灵魂不朽给予了一种监管空间，上帝存有则负责为道德和伦理提供善恶报应。

三、拉康对康德和萨德的批判

在拉康那里，欲望构成了人的本质，并由此支撑起了精神分析伦理学的基本理论框架。那么，康德又是如何安置欲望的呢？齐泽克提醒我们注意这样一个分歧——康德认为欲望的动因乃是"病态性的"经验污染；而在拉康那里，"欲望的确有其非病态性的、先验的客体-成因"③，但是这个客体-成因却是拉康所指认的那个当主体从实在界进入象征界时被压抑在实在界深处的、永远逃避符号化的 das Ding。如是观之，康德与拉康所理解的欲望并非同一指涉。

拉康对康德的质疑，是从拉康《康德同萨德》（"Kant with Sade"）一文中专门援引和论证的康德的两个伦理问题来切入的：

---

① [德]康德:《实践理性批判》，邓晓芒译，北京：人民出版社，2003年，第167-180页。
② [德]康德:《实践理性批判》，邓晓芒译，北京：人民出版社，2003年，第170页。
③ [斯洛文尼亚]齐泽克:《康德同（或反）萨德》，见齐泽克:《实在界的面庞》，季广茂译，北京：中央编译出版社，2004年，第19页。

问题 1：假设有一个人，如果让他在享受一次淫乐和上绞架吊死之间做选择的话，康德问道："这时他是否还会不克制自己的爱好呢？"①

问题 2：还是此人，如果其君王以绞刑相威胁，无理要求他为一个君王想要以莫须有的罪名来坑害的清白人提供伪证，"那么这时尽管他如此留恋他的生命，他是否仍会认为克服这种留恋是有可能的呢"②？

对问题 1，康德十分自信——凡是有理性能力的正常人都会，且只会作出唯一的选择，谁也不会为了一夜淫乐而选择上绞架；而问题 2 则要复杂得多。做伪证（恶）与对生命的留恋捆绑在了一起，而拒绝伪证（善）则与死亡捆绑。这一伦理僵局恰如其分地体现了康德伦理观的基本要点：道德律令之善并不总是与感官的经验联系在一起，善不一定就令人快乐，它也并不天然就具有相对于恶的优先性。从感官经验出发无法作出正确的伦理判断，所以康德说："凡是我们要称之为善的，必须在每个有理性的人的判断中都是一个欲求能力的对象，而恶则必须在每个人眼里是一个厌恶的对象。"③这意味着，快乐与伦理是分离的。所谓道德伦理，只不过就是人在自由意志的支配之下，去做他应做之事。然而，如若道德摆脱了世俗功利和快乐原则，其结果很有可能就是善不一定有好报，而恶反倒有可能让作恶之人快意人生。那么，践行了道德规范的主体可以期待什么呢？康德的答案是幸福。如果要鼓励人们遵循道德律令，就必须保证德性与幸福的一致性。前面所论之康德提出的"上帝存有"便为幸福在现世经验和快乐原则中的实现提供承诺和保障，上帝存有的目的就在于给予"与那个德性相适合的幸福的可能性"④。

上帝能否带来幸福，姑且不论，在一个更大的语境之中，随着资产阶级启蒙运动的纵深推进，快乐本身却越来越丧失了它或神圣的、或庸俗的特性，而被简约成合理的工具行为，主体为快乐而快乐。如此一来，伦理之善很显然就并不完全在快乐原则的覆盖范围之内。也正是在这样一个裂缝中，萨德冒了出来，他力图证明精神与身体的快乐压根就不是矛盾的，精神与身体在某种快感结构引导的象征框架中交织在一起，成为一种神秘体验，而这种伦理主体的产生与人本身的主体性是一致的。值得注意的是，如此之实践理性

---

① [德]康德：《实践理性批判》，邓晓芒译，北京：人民出版社，2003 年，第 39 页。
② [德]康德：《实践理性批判》，邓晓芒译，北京：人民出版社，2003 年，第 39 页。
③ [德]康德：《实践理性批判》，邓晓芒译，北京：人民出版社，2003 年，第 83 页。
④ [德]康德：《实践理性批判》，邓晓芒译，北京：人民出版社，2003 年，第 170 页。

在拉康看来是康德式的。正如霍阿二人所说，萨德的主体是"摆脱了监护的资产阶级主体"，而这正是康德所推崇的主体，因为它是未受污染的纯粹理性。如若将这个逻辑摆放到精神分析学的话语体系中加以观照，康德的伦理主体得以存在的前提显然就是要摆脱大他者之象征秩序的桎梏。

于是，拉康开始从他的视域中充满疑虑地审视康德的两个伦理问题：

> 但是一个情欲的坚定持有者却有可能给康德造成麻烦，从而迫使他承认没有任何机会能将某些人更加确定地猛推向他们的目标，除非看到该目标呈现在对绞架的挑衅乃至蔑视之中。[1]

现实中，愿为一夜淫乐而"挑衅乃至蔑视"绞架，甚至舍弃生命的"情欲的坚定持有者"，大有人在，譬如多次因性虐入狱的萨德本人和他笔下的淫秽浪荡者便是如此。如是观之，康德那两个问题中的当事人会作出什么样的选择，并不完全是由康德所极力论证的道德伦理来决定，当然也不完全是由经验世界的快乐原则来掌控，因为"没有任何现象能够宣称与快乐的恒常关系"[2]，伦理并不为快乐提供保证。

由此，在这个由萨德牵引出来的伦理学场域中，关于伦理的生成机制，拉康与康德之间便出现了一个明显的认识论断裂。对于这种断裂，拉康言简意赅地归纳道："康德肯定的是自然法则，而不是社会法则。"[3] 被康德与萨德引为伦理标准的是自然法则，从根本上看，康德之道德来自自由意志之下的绝对命令，在其中，任何源于象征界的"病态的"污染都应被清除；与之相反，拉康之伦理将自身紧紧地锚定在欲望上面，通过欲望又投射到体现为社会、历史、文化等的象征秩序之上，拉康之精神分析伦理标准显然从属于社会法则。如此一来，借助《康德同萨德》一文，拉康雄辩地揭示了康德和萨德之"同"——康德的纯粹道德律令暗含着萨德式的淫荡性。以萨德为切入口，拉康对理性指引下的康德道德律提出了严重的质疑，并由此开启了从精神分析学视角对启蒙现代性的反思。

虽然审视的视角和观照的立场有所不同，但与霍阿二人和齐泽克一样，

---

[1] Jacques Lacan, *Ecrits*, trans. Bruce Fink, New York: W. W. Norton & Company, 2006, p. 660.
[2] Jacques Lacan, *Ecrits*, trans. Bruce Fink, New York: W. W. Norton & Company, 2006, p. 646.
[3] Jacques Lacan, *The Ethics of Psychoanalysis 1959-1960, The Seminar of Jacques Lacan, Book VII*, trans. Dennis Porter, New York: W. W. Norton & Company, 1997, p. 77.

拉康敏锐地从康德之道德形式主义中发现了漏洞，在其中萨德和他之后的极权主义者们找到了淫荡的空间。在这样一个批判康德之现代性哲学的氛围中，拉康将康德与萨德并置，致力于对康德之伦理革命进行再释和重估。通过发掘与批判康德和萨德在认识论上的关联，拉康得出了"《卧房哲学》给出了《实践理性批判》的真理"[1]这样一个结论，亦即康德是萨德的真理，但反之则不然。

综上所论，齐泽克从主体角度切入，将哈贝马斯、福柯、阿尔都塞和拉康的伦理观并置，得出拉康伦理学乃分离伦理学的结论。齐泽克进而指出，内在匮乏的主体试图从内在匮乏的大他者那里获得认同，在这两种匮乏的叠加之下，主体匮乏的就是匮乏本身。而拉康在质疑、批判和拆解以亚里士多德为代表的主人伦理和以康德为代表的"为所有人幸福"的虚假道德的基础上，建构起了精神分析伦理学。虽然萨德只不过是拉康切入问题的一个视角，但在拉康与康德之间的认知关联上，萨德是一座不可或缺的桥梁。拉康、康德、萨德都为自己的伦理系统设置了一个外在动因，它们分别是大他者欲望、绝对命令、大自然之欲望。拉康将康德与萨德并置，认为康德是萨德的真理，反之则不然，由此开启了对启蒙现代性之解放潜力的再释和重估。

拉康以他特有的既晦涩又深刻的方式，审视、拷问、质疑着传统伦理，这种批判实际上是在否定传统伦理与善的关系的层面上展开的。某种意义上，拉康在告诉我们，在哲学题域内的传统伦理为什么是不对的。虽然这样的研究对于我们理解和把握拉康的哲学思想必不可少，但仅此并不足以直接为精神分析文论给出任何具体的判断和建议，因为我们还没接触到一个关键的点：就伦理学而言，什么才是应该做的正确之事。

---

[1] Jacques Lacan, *Ecrits*, trans. Bruce Fink, New York: W. W. Norton & Company, 2006, p. 646.

第九章
文学的批判性及其马克思主义维度

  对于"文学何为?"这个问题,首先要在精神分析学层面上加以审理,然后才能拓展出精神分析文论与马克思主义的关系这一题旨。

  精神分析学与马克思主义的对话与对接,并非一帆风顺。哪怕我们从两者之间窥见了学理上、逻辑上、路径上的同一性,精神分析学的大师也未见得就会认同、认可这种关联。譬如,拉康就宣称:"精神分析不是世界观,也不是一门假装要提供通向宇宙的钥匙的哲学。"① 然而,他却在1959—1960年的专题研讨中,通过对亚里士多德、边沁、康德、萨德、弗洛伊德等的道德伦理观的清理和质疑,以欲望为线索,搭建起了精神分析伦理学的理论大殿。这便出现了一个悖论:通常意义上,伦理构成了行为的准则,这种准则与价值立场密不可分。那么,当拉康将伦理与世界观隔离开来之时,精神分析伦理学在学理上是如何成为可能的呢?

  悖论不止于此。在巴迪欧(A. Badiou)看来,"从哲学的角度接近拉康是危险的"②,从根本上说,"拉康是一个反哲学的哲学家"③,他是在对哲学的否定中谈论哲学的。同理,在对传统中的亚里士多德的少数人伦理和康德的全体人道德的批判之中,拉康建构起了精神分析伦理学,可以说,他是一个反传统伦理的伦理学家。拉康的理论价值恰恰就存在于这些悖论的缝隙之中。正是在此,他与马克思发生了交集。

  那么,拉康反哲学和反传统伦理的底层逻辑是什么?这个逻辑给予了精

---

① Jacques Lacan, *Le séminaire, Livre IX, L'identification: 1961–1962.* Publication Hors Commerce de l'Association Freudienne Internationale, 1996, p. 74.
② Alain Badiou, "Lacan and the Presocratics." *Lacan: The Silent Partners*, Edited by Slavoj Žižek, Verso: 2006, p. 7.
③ Charles Freeland, *Antigone, in Her Unbearable Splendor: New Essays on Jacques Lacan's The Ethics of Psychoanalysis,* Albany: State University of New York Press, 2013, p. 51.

神分析文论什么样的理论支撑？进而言之，拉康的哲学和伦理学观点是如何投射到"文学何为？"中的？这些投射——如果有的话——是否具有面向马克思主义敞开自身的潜力？这些潜力具体体现在精神分析文论的什么方面？

第一节　精神分析学的行动导向

必须澄清的是，文学并不是直接关于道德伦理的文本，根据西方一些主流学者——如伊格尔顿、德里达等——的定义，文学本身就是一个处于不断流变之中的存在，我们甚至几乎不可能为文学作出确凿的界定。然而，从伦理的视角出发，可以很好地为我们思考"文学何为？"这个题旨打开思路、拓阔视域。所谓伦理，指涉的就是人的行动规范，而这在很大程度上与文学的旨归有所重叠。

一、欲望中的伦理

在精神分析学中，英语的 analyst 和 analysand 是精神分析活动中的两个既相对又相关的角色，它们通常分别被译为分析师与被分析者。和许多其他相关术语一样，这一对概念的翻译，也是一桩未决的公案。譬如，有人就认为应该译为分析家和分析者，理由是分析"师"容易让人联想到老师，从而赋予这个词某种权威性，但殊不知"家"这个后缀在汉语中反倒更具权威性，如文学家、画家之类。而将 analysand 译为"分析者"，据说是希望强调被分析那个主体实际也大大地参与到了分析的进程之中，他并非简单的被动接受。

被分析者参与到了分析活动中，这是拉康的一个基本设定。本书在前面反复强调过，拉康的贡献并不主要体现在病理层面，他将自己看成是医生的程度要远远低于弗洛伊德，在后者那里，也许他研究的触角时时会延伸到历史、哲学、文学、人类学等中，但弗洛伊德始终没有忘记自己的医生身份。而拉康似乎并不特别强调精神分析学的治疗功用，他将这门理论置于广袤的社会历史文化语境之中，赋予了它新的活力，同时也极大地提升了其阐释能力。

这意味着，虽然拉康希望赋予更多的阐释权益给被分析者，但这在拉康那里并非一个心理治疗的医疗过程。在拉康的理论实践中，我们经常看到的都是作为分析师的拉康在说话，而他所分析的对象基本都框定在一个又一个已经不再能说话的被分析者那里,譬如莎士比亚、爱伦·坡、康德、萨德、弗洛伊德,等等。这表明那些被分析的对象无法主动地参与到拉康的分析进程之中,并澄清自己的主观立场。如是观之,本书将 analysand 译为"被分析者"应该是有足够理由支撑的。

因此,此处对 analyst 和 analysand 这两个术语的翻译加以澄清,是有其学理必要性的,因为在开始阶段,拉康正是从被分析者和分析师这两个不同的层面分别来阐释精神分析伦理学的。

拉康声称要给予被分析者更多话语权,但实际上在拉康的分析话语中,被分析者经常都是沉默的。也许,原因之一就是拉康所做的并非如弗洛伊德般的医疗实践,更非马克思主义的社会实践,而是拉康式的文本实践和话语实践。根据福柯的启发,我们知道,话语实践就是特定的话语主体在特定的话语场所,采用特定的话语单元,建构话语对象的理论活动。

站在被分析者的位置,弗洛伊德认为,文明制定了道德伦理的律令,对律令的违背会给主体带来负罪感,其后果便是"我们为获得文明的进步而付出的代价就是通过增强负罪感导致幸福的丧失"[1],文明发展压抑了主体本能,两者产生了对立和冲突。在弗洛伊德的视野中,文明要求人们为它而牺牲,出于本能,每个人都是文明的敌人。顺此逻辑,我们看到,所谓教育,某种程度上就是对人的天性的抑制。就人的本能而言,他/她有着天然的占有欲和嫉妒心,而文明就是要让他/她摒弃那些本能,以便在人类社会中能够被组织起来。如此,对处于被分析者地位的芸芸众生而言,某种意义上,伦理不过就是以文明的名义强加给人们的清规戒律而已。

而从分析师的角度来说,他的任务并非为被分析者指出一条伦理之路,以便"软化、钝化或减弱负罪感"[2]。拉康的这一看法,实际上暗中将被分析者置于了某种被动的境况。在有关伦理道德的这个精神层面上,被分析者有待于得到分析师的指点。这里面还有一个至关重要的概念,那就是负罪感。通常的理解,负罪感就是一种主观感觉,当人做了一件自己觉得违反了自己认知中的规范和原则的事情,在事后对自己的行为产生的那种后悔或罪过的情

---

[1] Sigmund Freud, *The Standard Edition of the Complete Psychological Works of Sigmund Freud, Vol. XXI*, trans. James Strachey, London: The Hogarth Press, 1981, p. 134.
[2] Jacques Lacan, *The Ethics of Psychoanalysis 1959-1960, The Seminar of Jacques Lacan, Book VII*, trans. Dennis Porter, New York: W. W. Norton & Company, 1997, p. 3.

绪。但拉康认为，被分析者的负罪感实则来自对自己欲望的违背，"从分析的角度来看，一个人唯一可犯之罪是相对于自己的欲望做了让步"①。分析师的工作就是将被分析者引导到其欲望那里。而在本书此前的反复论述中，已经点明了这样一个事实：欲望一物，是没有具体的指向的，即是说，欲望并不能通过获得某件东西、完成某项事情而得到满足。

拉康的主体是作为笛卡儿知识主体所不能涵盖的剩余物的欲望主体。与亚里士多德的观点相矛盾的是，拉康认为，欲望与身体关联，无意识的主体只有通过身体才能与灵魂接触，因此人并不像哲学家想象的那样用灵魂思考，毋宁说，正是因为"语言的结构分割了他的身体"②，主体才开始思考。职是之故，拉康认为，"唯一重要的伦理问题是被分析者是否'按照他的欲望行事'"③，而善反倒不是需要关注的题旨。由此，欲望取代善，成为精神分析伦理学理论实践的锚点。

二、欲望的外在性

在欲望的地形图上，拉康从需要（need）、要求（demand）、欲望（desire）的关系切入，致力于对欲望这一范畴作出深刻的阐发。在此，让我们记住拉康对这三者之间的关系所做的判断："欲望开始在要求从需要中撕裂开来的边缘中成型。"④换算成数学公式就是：欲望 = 要求 − 需要，即，要求减去需要，得到欲望。

首先，需要是生理性的，是生命存在的必要条件，譬如，为了维持生命，动物本能地需要追寻食物、获取保暖等。

其次，要求来自具有言说能力的人。除了具有超越其他动物的智力水平和思想能力之外，人还是社会性的动物。当拉康论及人类社会和动物社会之区别时，他特别强调了主体间性这个维度的原因。作为一种社会存在，人的意义极大地依赖于他与他者的关系，而他者是通过语言和言说与主体联系在

---

① Jacques Lacan, *The Ethics of Psychoanalysis 1959-1960, The Seminar of Jacques Lacan, Book VII*, trans. Dennis Porter, New York: W. W. Norton & Company, 1997, p. 319.
② Jacques Lacan, *Television: A Challenge to the Psychoanalytic Establishment*, trans. Denis Hollier, New York: W. W. Norton & Company, 1990, p. 6.
③ Jacques Lacan, *The Ethics of Psychoanalysis 1959-1960, The Seminar of Jacques Lacan, Book VII*, trans. Dennis Porter, New York: W. W. Norton & Company, 1997, p. 314.
④ Jacques Lacan, *Ecrits*, trans. Bruce Fink, New York: W. W. Norton & Company, 2006, p. 689.

一起的。

最后，精神分析学所关注的欲望都是无意识欲望。只有从大他者的领域出发，主体才有可能言说，才可能有欲望。对婴儿来说，最先占据其大他者位置的是母亲。如果孩子的诉求仅仅是因为他饿了，希望得到母亲的母乳，那么这个孩子不过就是一个居于被动地位的客体。而当孩子通过哭声或肢体动作等符号不是为了母乳，而是为了得到母亲的关爱，亦即希望成为母亲欲望的对象时，孩子就成了一个言说的欲望主体，对他来说，意义来自他的大他者——母亲。

简言之，需要就是动物性的诉求，具有简明扼要的特点，一目了然；要求往往以隐喻和换喻的形式出现，即当要求得到 A 时，实际上指涉的却是 B；而欲望对某物抱有强烈的愿望，强烈地想要得到某物，却不知为何自己想要得到它。

对此，我们可以通过一个假设的场景来理解：有这样一对情侣，女孩要求男孩请她吃一顿浪漫的烛光晚餐。注意，即使不包含任何的内涵、不附加任何条件，晚餐本身也是可以满足生理饥渴需要的。那么，根据拉康的欲望公式——欲望 = 要求 − 需要——可否将烛光晚餐减掉晚餐之后剩下的部分理解为女孩希望从男孩那里得到爱呢？答案是不能这样简单套用，因为拉康又告诉我们，"欲望既非满足的食欲，亦非对爱的需求，而是那种产生于从第二向第一收缩而来的差异，也正是它们分裂的现象"①。然而，如果爱情并不体现在欲望之中，那么，在烛光晚餐中，它又体现在什么地方呢？就在要求本身。需要是生物本能，饿了要吃、困了要睡，这是维持一个生命之存在的基本诉求，任何动物概莫能外。而在要求的层面上，拉康说："就要求本身而言，它承载着某些事物，而非它所招致的满足。它是对在场或缺席的要求。"②当女孩要求某物，这个某物实际是一种隐喻或换喻，它可以是包括烛光晚餐在内的任何能喻示爱情的东西。所以，烛光晚餐本身已经指代了爱情。如无爱情驱动，男孩也许会请女孩吃晚餐，但不一定非要是烛光晚餐。但它又不是对爱情的需求，因为烛光晚餐减掉晚餐之后，剩下的是烛光。作为能指的烛光，本身没什么实用价值，必然是一种象征性的存在。那么它意指什么呢？

---

① Jacques Lacan, *Ecrits*, trans. Bruce Fink, New York: W. W. Norton & Company, 2006, p. 580.
② Jacques Lacan, *Ecrits*, trans. Bruce Fink, New York: W. W. Norton & Company, 2006, p. 579.

首先，文化介入欲望。烛光从何时起被赋予了浪漫这个所指？此处不必考证。我们必须理解和把握的是，作为能指的烛光所承载的是特定时期的文化内涵。如无这个文化上的所指意义，女孩根本不知道要提出烛光这个要求，所以欲望本身具有强烈的社会性、文化性、历史性。

其次，欲望无能指。根据女孩要求安排了这场烛光晚餐的男孩想要知道的并不是任何体现在物质上的客体，也不是女孩对他的爱情，而是这样一个问题的答案：她到底是怎么看我的？这清晰地呈现了这样一个趣向：欲望并非某种内在于主体的东西，而是具有明确的向外指涉性。不幸的是，关于欲望的这个追问是永远得不到答案的。欲望既无法言说，也不能满足，所谓的达成欲望，也只是为下一个欲望的产生铺平道路而已。反过来说，对于男孩的这个问题，女孩本身也无法准确回答。这并非说她不爱那个男孩。她对男孩说的任何话，都只是意识层面上的话语。女孩对自己无意识中的立场和观念，实则也是无法把握的。男孩问题的答案不在任何人那里。要求减去需要之后的欲望是一个没有能指的所指，我们永远也不知道它到底会是什么，怎样才能真正满足它。这也表明，欲望并不以某种现实的物件为目标，它追寻的是某种意义。

所以，针对需要、要求、欲望之间的关系，拉康如是道：

> 因此，在各种需要（needs）中被异化的内容构成了原始压抑，因为我们假定它不能在要求中被言说；然而，它会在一个分支中出现，此分支会在人的身上作为欲望被呈现出来。①

在需要之中的异化：这体现了拉康的一个重要的理论认知。拉康此说，乃是针对人的状态而言。所谓"原始压抑"云云，只不过是拉康一贯秉持的立场的一个延伸。它展示了这样一个历程：前符号阶段的主体如果要进入象征领域，必须遭受到象征界的阉割，他与生俱来的那些不见容于象征界的东西必须被压抑掉。这些被压抑掉的东西，在无论是需要还是要求中都无法被呈现出来，但能以一种异化的方式在欲望之中出现。如此之欲望，投射在情侣关系这个特定的语境之中，则是希望通过不断的、反复的确认，以从女孩那里得到正面的、肯定的、积极的确证。

---

① Jacques Lacan, *Ecrits*, trans. Bruce Fink, New York: W. W. Norton & Company, 2006, p. 579.

那么，这种希望得到他者确认的欲望，会得到满足吗？精神分析学的答案当然是否定的。这种否定，在拉康为精神分析学所做的基础理论设定中，就已经被给予了。从学理上，拉康早就明确地给出了一个在其著述中随处可见的设定——"无意识就是大他者的话语"，意即从无意识深处开始，主体之诉求就是为了得到大他者的认可。正是构成了欲望的对象-原因驱使着欲望将大他者的欲望认同为自己的欲望。欲望是一个悖论般的存在，一方面，欲望之所以永远不可能真正实现，那是因为作为欲望的对象 a 在其原初的状态下被扼杀掉了，这便使得欲望的中心是永远无法得到真正满足的匮乏；另一方面，主体又不断地从他者的欲望那里获得素材，并以此为基础为自己建构起无穷无尽、永不满足的欲望。这一切，为我们明确了这样一个逻辑起点和理论立场：在拉康一派的精神分析学视野中，因为欲望乃是从外部赋予主体的，欲望具有不容置疑的外在性。

三、伦理行动

欲望的外在性这一结论，构成了精神分析伦理学的理论基石。它意味着，拉康致力于研究和阐释的伦理，并非源自主体内在精神空间中的某个无法得到清晰阐述的角落，而是指向了外在的社会空间、历史线索、文化架构。

在此层面上，拉康从欲望与主体之间的缝隙切入，指出："欲望位于与主体的关系之中，而主体是在通过能指而言说的基础之上被定义的。"[①]在精神分析伦理学的场域中审视之，此言强调了两个关系：一为主体间的关系，一为主体与言说的关系。

首先，主体间关系。主体的欲望并非先验地、内在地存在于主体之内，而是产生于某种关系网络之中。欲望从外在的他者那里获得自身存在之根基，欲望总是他者的欲望，因为欲望的首要目的是让他者承认它。就西方知识谱系来看，自黑格尔以降，对主体的研究几乎都离不开他者这一背景。哈贝马斯在交往行为理论中所希望构建的语言哲学，便是建立在主体间性的基础之上。巴赫金在对人文科学的哲学基础的审视中，也敏锐地看到了此点："我是为他人而存在并借助于他人而存在。"[②]晚近的女性主义和后殖民主义亦是在主

[①] Jacques Lacan, *Ecrits*, trans. Bruce Fink, New York: W. W. Norton & Company, 2006, p. 689.
[②] ［苏］巴赫金:《文本、对话与人文》，白春仁、晓河、周启超等译，石家庄：河北教育出版社，1998年，第2页。

体与他者的关系中阐释、引申和印证自己的理论架构。而在精神分析学的理论体系中，弗洛伊德就明确提出："那些解决人际关系的要求是在伦理的名义下构成的。"① 人际关系，即为主体间关系，它得到了伦理的支撑和规约。

其次，主体与言说的关系。拉康致力于对弗洛伊德精神分析学进行语言学改造，他认为，人一出生便被投入语言网络之中，主体只不过是先在的、独立于任何主体的语言系统的一个能指而已，这个系统同时也为其他主体所用。然而，主体在言说中被定义，而欲望却无法言说，说出来的欲望都不是欲望的真正能指。正如我们从上面所举那个烛光晚餐的例子中看到的那样，精神分析学的欲望是可以不依赖于任何实存而存在于世的。

主体是根据大他者的欲望来结构自己的欲望的，这是拉康一派精神分析学的基本理念。但是，在它之中有一个常被忽略的却又至关重要的含义是必须要提出来论述的，那便是齐泽克认为的："即便我的欲望是僭越的，即便我的欲望违背了社会规范，这种僭越还是依赖于它所僭越的东西。"② 这一洞见的深刻性就在于它不仅加深了我们对欲望的理解，还从一个反向的角度进一步揭示了欲望的内涵。象征领域中的社会规则一方面限制了主体欲望的施展空间；另一方面，正因这种钳制，欲望才能够找到自己存在的依据。这就是本书此前论述过的，如果大他者退场，欲望将不再成其为欲望。

拉康设想的伦理并非直接投射在对社会文化之象征空间内的法规和律令的遵从之中，而是体现在对欲望的忠诚之上。这样的伦理观，看起来与亚里士多德的"善"的伦理有很大不同，它也与以边沁为代表的功利主义伦理有所区别。当这一立场体现在文学艺术上，那便是文学家和艺术家在创作的时候，要跟随自己的欲望而行。这就是人们通常所说的，跟着艺术的感觉走，为了艺术而艺术。然而，在源自欲望的拉康伦理观指引下的文艺观，就其逻辑性和指向性而言，很是令人生疑。这样的立场，预设了一个先验自足的艺术场域，它早于人的出生就埋伏在了人的精神空间中的某处。文学家和艺术家对它似乎没法描述，更没法量化，但他们能感知到它的存在。当那个被埋藏在深处的东西以欲望的形式投射出来，他们捕捉到它，并用符号将其凝固

---

① Sigmund Freud, *The Standard Edition of the Complete Psychological Works of Sigmund Freud, Vol. XXI*, trans. &. ed. James Strachey, London: The Hogarth Press and the Institute of Psycho-Analysis, 1981, p. 142.

② Slavoj Žižek, *How to Read Lacan*, London: Granta Books, 2006, p. 42.

在象征领域，于是，文学和艺术便诞生了。这个"东西"，某种程度上，就是拉康、弗洛伊德和齐泽克反复阐述的 das Ding。

但这只是浮在表面的结论。因循欲望，主体构建起了自己的伦理体系。伦理是行动的指南，这个行动当然也包括文学行动——向德里达的《文学行动》致敬，在他看来，文学是一种"有自己的惯例、规则，等等，但这种虚构的建制还给予原则上讲述一切的权力，允许摆脱规则、置换规则，因而去制定、创造、甚而去怀疑自然与只读、自然与传统法、自然与历史之间的传统的差别"①的奇怪的历史建制。文学性不是一种自然本质，文学"是对于传统的或制度的——总之是社会性法则的比较含蓄的意识"②。法则与文学是一种相辅相成的关系，如果不存在法则，就没有文学。由此，德里达认为不存在一种本质论的文学，文学只是一种历史性的建制，是一种行动的产物。那么，如果我们据此认为，德里达的文学在某种意义上也是一种伦理的产物，这一结论似乎也不是不可以被接受。

就此为止，德里达的文学伦理与拉康的伦理观之间，仍然还隔着一层薄纱。在后者看来，文学的行动受到欲望的驱使；而德里达则将文学与法则关联在一起。那么，拉康是在什么语境中阐发欲望的呢？

拉康谈论的是无意识欲望。首先，他提出无意识就是大他者的话语，从逻辑上来看，由于无意识的内核是 das Ding，这个内核指向大他者的话语，故而后者便成为无意识终极驱动力，在那背后再也没有别的动力了。其次，拉康将科耶夫之"他者认可"的观点向前推进了一步："人的欲望就是大他者的欲望。"③如此一来，拉康便将主体欲望之源头挂在了大他者的名下，这意味着主体之欲望是为了获得社会规范、历史话语、文化传承之承认，而不简单地是从体现为单个个体的小他者那里得到认可。如是观之，伦理指向欲望，而欲望来自大他者，通过这样的逻辑转换，一个在拉康那里原本就属于象征领域的存在被悄然揭开了面纱：精神分析维度上的伦理就是对社会、历史、文化之象征规范的遵从。

至此，与德里达的解构主义文学观相似，拉康视野中的文学是一种伦理行动的产物，它既从属于主体实在界深处的某些东西，也受制于外在的符号

---

① [法]德里达：《文学行动》，赵兴国等译，北京：中国社会科学出版社，1998年，第4页。
② [法]德里达：《文学行动》，赵兴国等译，北京：中国社会科学出版社，1998年，第11页。
③ Jacques Lacan, *Ecrits*, trans. Bruce Fink, New York: W. W. Norton & Company, 2006, p. 690.

象征秩序。在这一点上，它也与马克思主义文学观产生了不容忽视的横向联系，因为在马克思主义看来，文学就是对外在客观世界的反映。

第二节 拉康的伦理学悖论及其文艺趣向

伦理学告诉我们，作为人存在于世，应该怎样行动。伦理学既然是关于行动的哲学，那么它就必须要回答这样一个问题：行动的标准由谁制定？怎样制定？又如何实施？而当这个题旨缩小到文学艺术的领域，它不可避免地必然会要求我们对"文学何为？"这个问题作出回答。

一、安提戈涅与死亡欲望

就拉康对精神分析伦理的一般阐释来看，以欲望为纽带，精神分析伦理学与大他者的权力被暗中关联在了一起。权力的目标是对欲望的抑制，但欲望并非总是束手就擒。在拉康看来，这种不愿坐以待毙的欲望，以死亡欲望的模式呈现在了古希腊剧作家索福克勒斯的著名悲剧《安提戈涅》（Antigone）里。故事发生在古希腊的底比斯。俄狄浦斯（Oedipus）让位给克瑞翁（Creon），后者由此成为新的忒拜国王。俄狄浦斯的一个儿子厄忒俄克勒斯（Eteocles）为保护城邦而献身，而另一个儿子波吕涅克斯（Polynices）却背叛城邦，勾结外邦进攻底比斯而战死。战后，克瑞翁给英雄的厄忒俄克勒斯举行了盛大的葬礼，而将叛徒波吕涅克斯暴尸田野。克瑞翁下令，谁埋葬波吕涅克斯就处以死刑。俄狄浦斯的女儿、波吕涅克斯的妹妹安提戈涅（Antigone）不顾克瑞翁的禁令，毅然以遵循"天条"为由埋葬了她哥哥波吕涅克斯，于是她被克瑞翁下令押进石室活埋处死。与此同时，克瑞翁遇到了一个失明的占卜者忒瑞西阿斯（Tiresias），说他冒犯了诸神。克瑞翁后悔了，去救安提戈涅时，她已死去了。克瑞翁的儿子海蒙（Haemon），也是安提戈涅的未婚夫，站出来攻击克瑞翁而后自杀，克瑞翁的妻子欧律狄刻（Eurydice）听说儿子已死，也责备克瑞翁而后自杀。

安提戈涅并非一个新鲜的课题。黑格尔就曾对她进行过深刻的阐释，他将安提戈涅称为"在地上出现过的最壮丽的形象"①。在他看来，安提戈涅与

---

① [德]黑格尔：《哲学史讲演录》（第2卷），贺麟、王太庆译，北京：商务印书馆，1997年，第102页。

克瑞翁分别代表家庭伦理和国家伦理,悲剧就是这两种理念的矛盾冲突。对于"家庭"与"国家"这两个伦理实体之间的矛盾,黑格尔将其产生的原因解释为"单纯的实体分裂为两个相互有别的伦理本质,分裂为人的规律和神的规律"①。一方面,家庭是作为独立个体的人的避难所,个体有权利追求,也应该追求自己神圣的存在和人身安全,而安提戈涅就是他们的代表,她代表了神的法律;另一方面,克瑞翁则代表了人的法律,他领导的政府具有反思的、现实的精神,因此体现了伦理实体的唯一自我。黑格尔认为,从各自的立场出发,安提戈涅和克瑞翁都具有相同的合理性和不合理性。克瑞翁颁布禁令乃是为了维护城邦稳定和法律权威,"克瑞翁并非暴君,而同样是伦理力量"②。而悲剧冲突就是这两种既合理又不合理的"普遍力量"的对立冲突。而最终悲剧人物安提戈涅的毁灭,则扩展了永恒真理的范畴。

而在拉康的坐标上,克瑞翁体现了大他者的要求,位于象征领域的善是国王克瑞翁拥有的权力的产物,它总是依靠能指的滑动,将我们阻挡在 das Ding 之外。所谓能指的滑动,喻指着这样一个认识,即,每当我们试图去追问象征框架中的"善"的时候,对善的把握总是在符号的解释中,从一个能指滑向另一个能指,而"善"本身却永远无法呈现出来。换言之,如果善无法缘于某种外在客观,那它在克瑞翁那里实际上也无法从实在界深处的 das Ding 那里寻求到任何可靠的、实在的根基。借德里达的思路来说,善总是处于某种文字的嬉戏之中,其内涵深藏不露,或许永远也不可能露,以至于我们有充分理由去否定善所具有的任何先验的意义。

那么,在伦理的问题上,安提戈涅扮演了一个什么样的角色呢?根据拉康对欲望的理解和定义,如若克瑞翁扮演了大他者赋予他的角色,那么安提戈涅就应根据他的欲望来结构自己的欲望,而不是违背他的意愿。但安提戈涅却违背了克瑞翁的意愿,安提戈涅的欲望并不依循大他者的指令。这便从根本上与拉康通常的欲望定义产生了冲突。如果欲望不再指向大他者,那么它又该去往何处呢?

显然,安提戈涅的选择并非正常状况下的伦理反应。对于这个明显的悖

---

① [德]黑格尔:《精神现象学》,先刚译,北京:人民出版社,2015年,第272页。
② [德]黑格尔:《宗教哲学讲演录》,魏庆征译,北京:中国社会出版社,1999年,第548页。

论，拉康解释道："实际上，安提戈涅向我们揭示了定义欲望的视线。"[①] 安提戈涅所呈现的欲望，是一种极端状态下的死亡欲望。"欲望与法则的辩证关系，使我们的欲望只在与法则的关系中爆发，从而变成死亡欲望"[②]，所谓死亡欲望，并非主体意图自杀，而是要打破大他者制定之法则的闭锁。死亡是象征秩序的死亡。为了寻求被压抑的快感，欲望力图打破象征秩序的桎梏，以期达到实在界之 das Ding 层面。

正是在这个维度上，拉康以不同的思路、在不同的路径、从不同的指向上揭示了悲剧的意义，并在某种程度上，回应并处置了从海德格尔"向死而生"，到弗洛伊德"死亡本能"，再到拉康"死亡欲望"这一条理论线索和伦理思路。有必要指出的是，弗洛伊德和拉康意义上的死亡是象征秩序的死亡。死亡本能和死亡欲望意味着力图打破现有的象征秩序的桎梏的强烈诉求，要求一切重新再来，要求在毁灭之后的象征体系中重新注册、登录。

安提戈涅在埋葬了其兄波吕涅克斯之后，义无反顾地走进了将要活埋自己的石室。在那一刻，她跨越了象征领域中的人性，在辉煌之美的绚丽光晕之中，向 das Ding 无限接近。这折射出了一种伦理之美，这种伦理必须在《安提戈涅》给观众带来的纯粹的审美效果中去寻找。由此，可以归纳出拉康的核心论点之一：超越了象征领域的实在界以能指的方式闪耀上演，主人公的容光焕发、辉煌灿烂的美恰如其分地阐明了悲剧的伦理意义。

二、两次死亡

安提戈涅的死亡欲望催生了死亡驱力，它针对的是整个象征体系。这样的象征秩序总是希望达成某种平衡，但这种平衡的努力却并不总是令主体安然接受。在特定的状况和情势之下，拥有 das Ding 内核的主体会在死亡欲望的驱动之下，对象征体系发起挑战。

符号的平衡是一种动态平衡，其中的各方势力总是处于此消彼长的状态之中。而所谓的现实，只不过是我们能够感知到的现实而已。在这个节点上，我们可以看到现实主义艺术观的种种逻辑瑕疵和理论漏洞。符号构建了一种

---

① Jacques Lacan, *The Ethics of Psychoanalysis 1959-1960, The Seminar of Jacques Lacan, Book VII*, trans. Dennis Porter, New York: W. W. Norton & Company, 1997, p. 247.

② Jacques Lacan, *The Ethics of Psychoanalysis 1959-1960, The Seminar of Jacques Lacan, Book VII*, trans. Dennis Porter, New York: W. W. Norton & Company, 1997, p. 83.

心理的、精神的内在现实，站在它对立面的就是死亡驱力，亦即那种意图毁灭符号象征的动因，拉康称之为"第二次死亡"。

在拉康的设想中，死亡有两次，一次是真实的、生物学意义的、肉身的死亡，第二次是对真实死亡进行的符号化处理，是"结账"。两次死亡之间的缺口，既可以填充崇高之美，也可以容纳可怕的怪物。齐泽克提醒我们，两次死亡之间的位置即"崇高美或者可怕的怪物所处的位置，正是 das Ding 的立足之地，是处于符号秩序中间的真正创伤性内核的立足之地"①。从根本上看，折射在这个缺口里的，是 das Ding，因此这个位置是无法消化的，即是说，我们永远无法抹去这个位置，就像我们永不可能真正抹去我们自己内在的 das Ding 一样。从弗洛伊德的共时性角度看，不同主体的 das Ding 应该具有许多相似的要素；而从拉康"无意识就是大他者的话语"所带来的历时性来看，das Ding 因为外在的影响，既可能体现出崇高之美，当然也可能辐射出可怕的邪恶。

拉康认为，由于总是被象征界的能指链条所掩埋，作为真实存在的主体实际上已经死了，或者借《安提戈涅》来说，主体总是被"活埋"，因为构成了主体本真（truth）的那些东西从一开始就被阉割和压抑到了实在界之中，它们只能通过象征的隐喻来呈现自身。从安提戈涅走进石室那一刻起，她就跨越了象征界的桎梏，走向了实在界的边缘。那是"一种跨越生命领域的死亡，一种进入死亡领域的生命"②，前者是肉身的消逝，后者是符号的永生。它位于象征界和实在界之间的两次死亡的边缘状态，美游离其间，而"她（安提戈涅）的辉煌源自于此"③。安提戈涅隐喻着死亡的欲望，这也正是拉康在两次死亡之间呈现出来的萨德式幻象，"这一基本幻象便是受难者另一具轻飘飘的躯体。它可以被无限期地折磨下去，却依然神奇地保持着自己的端庄美丽"④。轻飘飘的、不受伤害的安提戈涅只有存在于象征界与实在界的交织地带，悲剧的伦理才能透过她的辉煌之美，在从象征界向实在界的提升中突显出来。如果对此感到难以理解的话，不妨想想中国武侠剧中的那些不食人间

---

① Slavoj Žižek, *The Sublime Object of Ideology*, London: Verso, 1989, p. 150.
② Jacques Lacan, *The Ethics of Psychoanalysis 1959-1960, The Seminar of Jacques Lacan, Book VII*, trans. Dennis Porter, New York: W. W. Norton & Company, 1997, p. 248.
③ Jacques Lacan, *The Ethics of Psychoanalysis 1959-1960, The Seminar of Jacques Lacan, Book VII*, trans. Dennis Porter, New York: W. W. Norton & Company, 1997, p. 248.
④ ［斯洛文尼亚］齐泽克：《实在界的面庞》，季广茂译，北京：中央编译出版社，2004年，第7页。

烟火、虽历经苦难却永不受伤害、发型永远不乱且保持着高雅和美丽的剑客侠女——因为他们并非被安置在象征领域之中，而是位于实在界，在那里他们成了我们 das Ding 的外化投射，因此他们便可以违背一切现实的物理规律和生理要求（譬如需要工作、吃饭、睡觉、洗涤等）而存在于光鲜亮丽的武侠世界之中。由此拉康指出："这便是安提戈涅之谜呈现给我们的方式：她是没有人性的（inhuman）。"① 所谓人性，更多的是象征领域中的一种存在。在惯常的使用中，人性一词，绝非用以指代人所具有的那种本能，而是在理性的光辉照耀之下的教育的结果，就像孩子从小就被教育要有礼貌、有爱心、有上进心、要勇敢等。

那么，两次死亡这一理论可以适用于现实生活中吗？当然。譬如，第二次世界大战中的斯大林格勒战役。在今天的历史回顾中，这次战役被称为第二次世界大战的转折点。但这样的历史判断，是在战后的历史研究中才出现的。而在战役开始的 1942 年 7 月，却没有人这么看。通过以本雅明为代表的马克思主义的一个独特个案，齐泽克指出："历史维度都是事后通过被记录在符号象征网络之中才被决定的。"② 像中国的某些抗日神剧中所表现的那样——某正面形象的主人公在 1942 年信心满满地鼓励自己的部下说：八年抗战，我们已经坚持了五年，还有三年就要胜利了！——这无疑是极其可笑的。而对于我们这些事后诸葛亮来说，我们知道，经过斯大林格勒战役之后，纳粹德国实际上已经战败了，用拉康的话来说，它已经经历了第一次死亡。但德国自己并不知道这一点。它必须要等到几年之后的苏联红军攻克柏林的那一战之后，才能真正意识到自己的失败。即是说，只有经历了第二次死亡，才会真正死亡。

拉康的两次死亡理论，不仅仅是一个具有伦理意义的题旨，我们由此还体味到了强烈的马克思主义色彩。马克思认为，无产阶级只有解放全人类，然后才能解放他自己——这一洞见蕴含着相似的理论逻辑。马克思的论断，当然是针对西方资本主义社会而言。同样的理论逻辑，也可被轻易地、恰当地应用于前资本主义时期的状况。单个的工人就算实现了自身的阶层跃升，也不能影响和改变整个无产阶级在资本主义制度下的地位；哪怕从肉身上消

---

① Jacques Lacan, *The Ethics of Psychoanalysis 1959-1960, The Seminar of Jacques Lacan, Book VII*, trans. Dennis Porter, New York: W. W. Norton & Company, 1997, p. 263.

② Slavoj Žižek, *The Sublime Object of Ideology*, London: Verso, 1989, p. 151.

灭一个封建王国的国王，也并不能真正解决封建体制的更替问题。只有在符号象征的层面上，从历史文化根基上宣判并执行对国王的死刑判决，也就是说，只有经历第二次符号的死亡，才能结账，才能真正埋葬旧有的封建制度。

三、伦理悖论的马克思主义向度

在纷纭庞杂的不同伦理指向中，精神分析伦理学作为一种极具阐释力的理论话语，独树一帜，值得深入细致的研究。然而，拉康的理论向来以晦涩难懂、充满含混和多义而著称。如果我们不贸然下结论说精神分析伦理学总是处于流动之中，至少它也是带着相当的不确定性的。只有真正研究透彻了它的认知结构、方法策略、基本预设，才能在此基础上更好地操演伦理学的批评实践，并由此辨析出其马克思主义维度。

精神分析伦理学在象征领域中历时性地展开，却又几乎没得到象征意义的填充。即便如此，这种理论内涵上的空洞性并未遮蔽其理论价值，其学术意义也并不完全在于它是否建构了一套新的伦理规范。拉康对传统伦理学的清理、反思和质疑，为整个伦理学研究的持续发展和健康推进，提供了必要的逻辑铺垫、方法策略、问题意识和理论视野。在此意义上，可以认为，批判性构成了精神分析伦理学最具理论概括力和学理启示性的特质。

如果遵循欲望，那就要维持象征秩序的威权，主体之罪只能来自他没顺从自己的欲望；如果不对欲望让步，那就必然背叛欲望，进而在死亡欲望的驱使之下，力图打破象征的桎梏。拉康通过悲剧维度上的死亡欲望，指出了这样一个事实——在这个层面上，英雄违背了大他者的欲望，拒绝了大他者的律令，受到旨在打破象征封锁的死亡欲望的驱动，最终在两次死亡之间，走向伦理的辉煌。如此一来，在拉康的"遵循你的欲望"和"不要对欲望让步"这两种伦理要求之间，便出现了一个伦理学悖论。

针对这个悖论，拉康提出了三个观点：（1）"一个人唯一可犯之罪是相对于自己的欲望做了让步"[1]，意即伦理的诉求乃是遵循欲望；（2）"英雄的定义：遭到背叛却又不受伤害的人"[2]，其代表就是安提戈涅，背叛大他者欲望，在

---

[1] Jacques Lacan, *The Ethics of Psychoanalysis 1959-1960, The Seminar of Jacques Lacan, Book VII*, trans. Dennis Porter, New York: W. W. Norton & Company, 1997, p. 321.

[2] Jacques Lacan, *The Ethics of Psychoanalysis 1959-1960, The Seminar of Jacques Lacan, Book VII*, trans. Dennis Porter, New York: W. W. Norton & Company, 1997, p. 321.

死亡欲望驱动下，于两次死亡之间走向辉煌；（3）关于普通人与英雄的差异，对普通人来说，"几乎总是发生的背叛将他重新送回善的服务领域"①。背叛欲望的意愿并不鲜见，但每一次对欲望的背叛，都加强了普通人返回大他者之善的领域的动因，这是一种否定中的肯定，"即便我的欲望违背了社会规范，这种僭越还是依赖于它所僭越的东西"②。追随欲望的代价，就是最终回到权力场域中的善，并受制于斯。

拉康认为，对于普通人来说，通过"你依据你内心的欲望行动了吗？"③这样一个质询，精神分析的伦理要求他们依循欲望，而主体欲望是根据大他者欲望而结构起来的。当这个欲望真的将主体引导到大他者那里，拉康又宣称"不存在大他者"，因为大他者的一切都是主体用想象的象征去填充的，大他者因内在的空洞和匮乏而无力为这个伦理填充任何内容。拉康的这一洞见，得到了齐泽克的逻辑支撑和理论背书。在齐泽克指认的拉康的分离伦理学中，内在匮乏的主体试图从实际上也是内在匮乏的大他者那里寻求行动的伦理引导，但这双重的匮乏使得他的努力总是不能成功。这意味着，在种种危机之中的主体，无法在象征的领域为自己的伦理找到一个具体的、可操作的伦理规范。

这种表面的悖论，实则为马克思主义的引入制造了契机。拉康的精神分析学已经不再是如弗洛伊德所宣称的那样是一种共时的、关于主体无意识的理论。通过悖论般存在的精神分析伦理，拉康或明或暗地将自己的理论倒向了外在的广阔的社会、历史、文化层面，虽然他本身一再宣称精神分析既无力，也无意提供任何与世界观相关的东西，但实际上通过对精神分析伦理的辨析、审视、阐释，拉康暗中让自己与马克思主义有了交集，在精神分析伦理学的批判性的基础上，又为自己叠加了一个革命性的图层。这令我们看到了精神分析学在新时代下的广阔的理论前景。

关于伦理，恩格斯认为：

> 如果我们看到，现代社会的三个阶级即封建贵族、资产阶级和无产阶级都各有自己的特殊的道德，那么我们由此只能得出这样的

---

① Jacques Lacan, *The Ethics of Psychoanalysis 1959-1960, The Seminar of Jacques Lacan, Book VII*, trans. Dennis Porter, New York: W. W. Norton & Company, 1997, p. 321.
② Slavoj Žižek, *How to Read Lacan*, London: Granta Books, 2006, p. 42.
③ Jacques Lacan, *The Ethics of Psychoanalysis 1959-1960, The Seminar of Jacques Lacan, Book VII*, trans. Dennis Porter, New York: W. W. Norton & Company, 1997, p. 314.

结论：人们自觉地或不自觉地，归根到底总是从他们阶级地位所依据的实际关系中——从他们进行生产和交换的经济关系中，获得自己的伦理观念。①

在此，恩格斯明确指出，道德伦理源自经济关系，而经济关系是划分阶级地位的重要标准。一方面，马克思主义伦理观将社会关系作为立论的基本出发点。在马克思主义看来，道德是调节人们行为的规范，它并非源自人的内在精神空间，而是社会关系——尤其是经济关系——的产物，但同时，道德又反过来调节和制约社会关系。在以经济关系为主导的社会关系中，人与人之间的关系需要一定的规范才能正常展开；另一方面，马克思主义强调伦理道德的阶级属性，伦理或者为统治阶级的统治和利益辩护，或者当被压迫阶级变得足够强大时，代表被压迫者对这个统治的反抗，以及代表被压迫阶级的未来利益。因此，恩格斯断定："一切以往的道德论归根到底都是当时的社会经济状况的产物。"②

如是观之，拉康的伦理观与马克思主义道德观在理论线索上因循着某种相似的逻辑，两者之间存在着某种内在的理论契合。铭刻在马克思主义伦理观上的内在逻辑较好地体现了拉康伦理学悖论的两个基本侧面：在绝大多数情势下，伦理是为体现为社会、历史、文化的象征秩序的大他者服务的，这样的理论亦即马克思主义所说的那种代表和维护了统治阶级利益的伦理；但当死亡欲望变得足够强烈，以安提戈涅为代表的伦理会以另一种方式呈现出来，如此之伦理要求主体不对欲望让步从而在死亡欲望的新视线上穿越和击碎象征界的封锁——用马克思主义的表述来说，就是打破旧世界、建立新世界。在此意义上，本书认为，就伦理道德的基本认知架构和展开逻辑而言，拉康的精神分析伦理学与马克思主义道德观之间，存在着某些内在的同一性。这一观点，既从一个新的角度支撑和加强了马克思主义的理论建构，也揭示了拉康理论在社会历史文化维度上的批判性和革命性。

---

① 《马克思恩格斯文集》(第9卷)，北京：人民出版社，2009年，第99页。
② 《马克思恩格斯文集》(第9卷)，北京：人民出版社，2009年，第99页。

第三节 一种缺乏建构性的批判

拉康在精神分析伦理学层面上指出，文学之所为，便是要突破象征秩序的封锁，这种对象征框架的僭越，体现在历时性、空洞性和批判性三个方面。

一、认知路径上的历时性

拉康认为，精神分析学归根结底就是一种伦理指向。而伦理的关键在于它能指导行动。在晚近的学术视野中，以德里达为代表的学者认为，文学也是一种行动，因此在一定程度上伦理当然也是文学的指导。

根据精神分析学的一般看法，文学源自 das Ding。这意味着文学艺术必然会受到主体的内在精神空间的影响和操控，在此认知层面上，文学艺术的目的被认为是揭示和描述主体无意识深处的最隐秘部分。在前面的章节中，本书多次强调，拉康指认的实在界内核 das Ding 与弗洛伊德的无意识范畴有着诸多相似之处。作为一种精神分析学的常识，我们知道，在弗洛伊德那里，无意识几乎不会受到色彩斑斓、波澜壮阔的现实空间的影响，它没有时间维度。如果说，数千年人类历史中，无意识没有什么本质性的改变，这样的结论大概很可能会受到弗洛伊德的大力支持。对于无意识来说，无论外界风云如何变幻，我自岿然不动。如此一来，无意识自然就成为一个自我封闭的、稳定的共时性存在。如是观之，根据弗洛伊德的逻辑，拉康和齐泽克反复论述的 das Ding/对象 a 与无意识一样，也具有共时性，即是说，在实在界深处，确实存在着某些共同的、不因时间流动而改变的东西。这些具有共时性的东西是如此重要，以至于后来的西方马克思主义者赖希、弗洛姆、马尔库塞等都力图在资本主义文明进程中为无意识内核找寻到一个能够使之不但能安身立命、还能肆意挥洒的可能性，在他们看来，经典马克思主义所说的经济革命并不足以完全达成人的解放，内在欲望的释放也是人的解放的必不可少的环节。

那么，拉康认同弗洛伊德坚持的这种共时性吗？这个问题的答案将会对本书的研究结论——精神分析文论之马克思主义维度——产生决定性的影响。如果文学艺术被共时地封闭在实在界之中、系牢在 das Ding 之上，那它与强调外在客观世界的决定性作用的马克思主义就不会产生任何有意义的交集。

对于拉康，如前所论，有一种颇具代表性的观点便认为，他不相信历史，也不相信历史带给我们的经验教训，顺此逻辑，拉康自然也就不接受所谓的历史进步。他甚至"指出革命一词含义不明，它在天文学上的意思是一个天体回归到原点"[①]。所谓回归原点，看起来与黑格尔评述中国历史时所给出的那个逻辑结构颇有相似之处。黑格尔认为，中国历史从本质上看是没有历史的，封建朝代的每一次的覆灭都成为下一次同样的覆灭的开端，历经折腾之后，历史又回到其原点。

但拉康的底层逻辑源于来自大他者的话语，即主人话语。所谓革命，不过就是在解构旧有的话语基础之上，寻求一种新的主人话语。换言之，我们总是被某种话语所统治，只不过在不同的历史阶段，主人话语有着不同的趣向。但有一点是相同的，那就是它总是体现为一种空洞的能指，一种我们必须照着去做，而不要问为什么的指令。

拉康并不致力于将政治内涵赋予精神分析学，至少他在意识的层面上并不作如此盘算。出于对无意识中那核心的不可能性的强调，对实在界深处的 das Ding 的执着，拉康的视野某种程度上也被蒙上了一层阴影，这使得他总是在有意无意之间，对于客观的外在世界对主体的伦理行动的影响有所淡化。虽然在他的理论逻辑线条上，以欲望为本质、以 das Ding 为能指的主体最终仍不可避免地会受到来自社会、历史、文化、哲学的制约和规训，但他似乎经常都没明确意识到——或者说，从无意识架构出发，刻意地回避明确意识到——认知路径上的历时性所蕴含的理论张力。职是之故，若深入探究，就会发现，这种共时性的背后，实则潜藏着某种不容忽略的反向力量。在意识的层面上拒绝精神分析学的革命性，并不等于精神分析学就真的远离任何革命的可能性。

伦理为我们的行动提供指导。以欲望为纽带，精神分析伦理学与大他者的权力被暗中关联在了一起。欲望与权力的关系，是一种压抑与反抗的关系。权力的目标是对欲望的抑制："至于欲望，稍后再来。让它们等待。"[②] 然而，面对权力的压制，欲望并非总是束手就擒。囿于幻象之中的欲望是解锁拉康精神分析学的密钥。幻象令主体心甘情愿地成为大他者的欲望之客体，并由

[①] [法]纳塔莉·沙鸥：《欲望伦理：拉康思想引论》，郑天喆等译，桂林：漓江出版社，2013年，第55页。

[②] Jacques Lacan, *The Ethics of Psychoanalysis 1959-1960, The Seminar of Jacques Lacan, Book VII*, trans. Dennis Porter, New York: W. W. Norton & Company, 1997, p. 315.

此成为一个符合精神分析伦理学要求的主体。然而，这个听从欲望召唤的伦理操演过程并非风平浪静，在岁月静好的下面总是暗藏着对伦理的颠覆性力量，亦即追寻快感的动因。为了寻求被压抑的快感，欲望总会力图突破法则的封锁。

欲望与权力、法则、快感关联，将历时性的社会、历史、文化动因暗中铭刻到了文学艺术的骨骼之上。通过拉康视野中的欲望，被投射到社会、历史、文化等象征秩序之上的精神分析的伦理又悄然回到了社会法则之中。这显然就把拉康的伦理学从纯粹的共时性中捞取出来，置于象征领域之中。正是在此点，精神分析学视野中的文学艺术的历时性与马克思主义的辩证唯物主义历史观有了对话、交流和碰撞。

二、理论内涵上的空洞性

精神分析学最终归结到精神分析伦理学上面，这暗示了分析的目的不仅要认识和解释无意识，更重要的是，通过对弗洛伊德的无意识和拉康的实在界的观察、审视和解剖，精神分析学力图要为主体的种种行动提供某种依据和指引。那么，在本书致力于研究的精神分析文艺观这个题域内，我们可以期待拉康就"文学何为？"具体地说一点什么吗？

在伦理的层面上，拉康精神分析学因为欲望的导引而与大他者产生关联，这令其与马克思主义的一些基本判断有了对话的可能。对此，齐泽克归纳道："勘定如此之伦理立场（笔者注：即精神分析伦理立场）的最佳方式，就是通过它与传统马克思主义的社会对抗观的对立来展开。"[1]在齐泽克此处提及的传统马克思主义的对抗观中，最为核心的就是一种隐喻性凝缩的判断："如果不能解决整体性的问题，就不能解决某一特定问题。"[2]所谓整体性问题，指的就是那个体现为社会整体对抗物的基本问题。其逻辑可以从马克思《共产党宣言》中著名的"无产阶级只有解放全人类，才能最后解放自己"的口号那里清晰地看到。这意味着，任何个体，如若不能首先解决自己身处其间的那个整体的问题，那他就不能从根本上解决自己的个体问题。这就如同某个单一的无产阶级个体可能会通过某种方式让自己跻身资产阶级的阶层，但这只不

---

[1] Slavoj Žižek, "Introduction", in *The Sublime Object of Ideology*, London: Verso, 1989, p. xxv-xxvi.

[2] Slavoj Žižek, "Introduction", in *The Sublime Object of Ideology*, London: Verso, 1989, p. xxvi.

过是少了一个无产阶级个体、多了一个资产阶级个体而已，作为整体的无产阶级和资产阶级的命运并无任何实质性的改变。

赖希和奥兹本等西方马克思主义者会通两者的最初尝试是试图在物质与精神之间安置无意识，但并不成功。精神分析学和马克思主义同属唯物主义阵营，齐泽克在方法论层面上辨识出了两者在阐释程序上的同一性，而马尔库塞和拉克劳则在认知策略上直接借用了精神分析学的相关节点。无意识只是造成两者差异的表面因素，它背后的底层逻辑乃是拉康提出"意义的回溯性"，这一论断与马克思主义认为的意义来自社会实践迥然不同。底层逻辑的差异，造成了两者问题意识的不同指向，精神分析学追究的是被人与人关系所遮蔽的人与其内在创伤的核心不可能性的关系，而马克思主义强调的是被物的关系所掩盖的人与人关系，并由此将自己的批判目标锁定在资本主义制度上。

然而，在拉康那里，没有整体可言，人们不可能通过某种整体性的规划而对冲每一个单个个体的特性，以至于最终能够达成一个统一的成果。拉康的主体是分裂的、虚妄的存在。正是在此，无意识的个体性与集体性之间的张力进入了我们的理论视野。荣格就曾经试图对这种张力作出回应，他将那种既非源自个人经验、也非后天习得的与生俱来的心理层次称为集体无意识[①]。这表明了荣格主张在社会、历史、文化维度上审视无意识的理论趣向。

拉康论述的起点是欲望。根据拉康的逻辑，只要在现存象征秩序的范围之内进行思考和行动，以大他者的欲望为蓝本编织自己的欲望，并遵从以这个欲望为基础的伦理规范，主体就符合了精神分析伦理的律令，但同时也就与快感永远分隔。若要得到快感，势必萌生死亡欲望——拉康挑选来表述这一立场的代表是安提戈涅——进而在这种欲望的驱动之下，致力于击碎象征秩序的操控。这一过程，拉康称之为穿越幻象。

在精神分析学那里，主体的欲望来自大他者，然而大他者又从哪里获取自己欲望呢？来到这个关口，拉康的追索戛然而止，再无进一步的阐释。就一般的定义而言，在绝大多数情势下，拉康视野中的欲望，是无意识欲望，而"无意识就是大他者的话语"。大他者是象征秩序的同义词，它支撑起了现

---

① [瑞士] 卡尔·荣格：《原型与集体无意识》，徐德林译，北京：国际文化出版公司，2011年，第5页。

实之中的社会、历史、文化秩序。无意识的介入，意味着伦理被导向了那个被阉割在主体实在界深处的 das Ding。拉康指出："正如我所展示的那样，无意识的状态，在本体层面上是如此脆弱，它是伦理的。"① 所谓"伦理的"，并非是说，无意识就像一个道德威权那样，不断地重复着枯燥乏味的道德说教。这意味着，当致力于阐发无意识之时，他暗中指向的是伦理学。无意识与实在界有着某种关联。因为永远抗拒符号化，实在界呈现出来的是一片"虚空"。这也在认知架构上与海德格尔的"向死而生"产生了共鸣。主体的存在之所以有意义，正是因为它是有限的。而在拉康那里，主体恰因他总是处于不可满足的欲望之中，其存在才得以保障。欲望构成人的本质，被满足的欲望将不再成其为欲望，一旦抽掉欲望，主体便将陷入虚空。

如是观之，欲望在其终极的位置上，亦即在象征界那里，呈现出了某种不可思议的空洞性。欲望的源头不可追问，一切生动的、现实的、鲜活的内容都被掏空，以至于拉康不得不无奈地说："也许我们应该放弃对伦理学领域任何真正创新的希望。"② 在精神分析伦理学的疆域内，拉康牵着我们的手，将我们引导到大他者面前，然而大他者却因其内在的空洞和苍白而无力告诉我们伦理意义具体应该是什么。简言之，和康德的道德哲学一样，拉康之精神分析伦理学也从来不告诉我们，在我们身处其间的社会文化空间内，道德伦理的具体规范应该是什么。

由于大他者无力为伦理所依循的欲望提供任何实在的填充物，就认识论而言，精神分析学视野中的文学艺术也面临着一片空白的尴尬。如果我们期待拉康的精神分析学在文学艺术的领域之中，就社会、历史、文化等等说一点什么，那多半会失望。然而，也正因这一空洞的存在，才使得精神分析文艺观有了面向马克思主义敞开自身的必要性和可能性。

三、价值指向上的批判性

如前所论，拉康视野中的文学是一种反象征，这个部分回答了"文学何是？"的答案呈现了拉康针对象征秩序的批判精神。反观拉康的那个没有具

---

① Jacques Lacan, *The Four Fundamental Concepts of Psycho-Analysis, Book XI,* trans. Alan Sheridan, New York: W. W. Norton & Company, 1998, p. 33.

② Jacques Lacan, *The Ethics of Psychoanalysis 1959-1960, The Seminar of Jacques Lacan, Book VII,* trans. Dennis Porter, New York: W. W. Norton & Company, 1997, p. 14.

体内容的精神分析伦理学,在其中,他给了我们一个诡异的价值链条——追随自己的欲望,但欲望的源头却是匮乏。这是否意味着,拉康并不打算直接告诉我们,文学到底所为何事?诚如斯,在"文学何为?"这个题域中,我们岂不是要空手而归?实际上,并没有那么悲观。

拉康拒绝相信善乃是人类与生俱来的一种本性,他认为,善及其标准都是主人根据自身的政治立场、经济利益、文化修养、知识结构、无意识欲望制定的。就拉康所处的语境而言,伦理要么就是亚里士多德式的带着强烈等级色彩的主人伦理,这种伦理构建了一种自上而下的权力话语,它只是少数人统治多数人的工具;要么就是启蒙以来资产阶级所宣扬的所谓为了所有人福祉的虚伪道德,这种道德由于其形式主义的空洞性,不但无法真正在象征领域中得到操演,反而为萨德之流的淫荡的性虐者打开了后门。由此,拉康总结道:"这正是整个精神分析伦理学的旨趣所在:不是要将我们所欲望的'善'给我们,而是必须要给出这个欲望本身。"[①] 欲望取代善,成了伦理的内核。这是因为拉康敏锐地看到,带有强烈等级属性的"善"不可能属于多数人,人们也不可能真正地"爱邻犹爱己"。

在精神分析学看来,文学艺术不过就是一种"客观的主观"。虽然拉康认同 das Ding——在弗洛伊德的层面上,即无意识——对文学的制约性影响,但通过建构在欲望之上的伦理,拉康似乎又将文学行动的操控权交到了大他者手上。然而,这并不意味着拉康就此成了一个费尔巴哈式的唯物主义者,更不意味着他跻身到马克思主义阵营中来了——至少在口头上,他本人并不认同马克思主义的革命潜力。本书得到这一结论,并非出于某种孟浪的主观臆断,而是有着颇具说服力的逻辑依据的——那便是拉康本人面对大他者时的摇摆立场。对于主体来说,以语言符号为基础的象征界是一种先验的存在,在他出生之前,语言结构就早已等在前面了。但是,这样的大他者具有什么样的性质呢?它是否一种完全脱离了主体之主观意志的外在客观存在?如果这一观点有着合理的、恰当的基点,那么,中国传统文化中统治阶级惯常传扬的"天不变,道亦不变"就有了坚实的哲学根基,根据此说,在人出现在世间之前,天和道——这不就是拉康所说的大他者吗?——已经为人安排好

[①] Jacques Lacan, *The Ethics of Psychoanalysis 1959-1960, The Seminar of Jacques Lacan, Book VII*, trans. Dennis Porter, New York: W. W. Norton & Company, 1997, p. 300.

了一切,尊卑和贵贱早已有了定数,人们需要做的就是顺从命运安排,除此无他。

拉康明确判断说,不存在大他者。因为大他者是主体自己建构的。人被要求必须去服从的东西,无外乎就是人自己建构起来的一整套象征秩序而已。意识到这一点,并力图在自己的理论体系中阐释和论证它,这就是拉康的批判潜力。正是在这个层面上,拉康精神分析学有了一种面向马克思主义的开放空间,并为精神分析文艺观涂上了一抹浓郁的马克思主义色彩。

概言之,任何建构在超验的宗教道德或内在的人文主义基础之上的伦理,都被拉康摆放到被质疑和解剖的平台之上。这一理论立场,撼动了拉康之前的西方在文化传统、哲学思辨、社会实践中得到公认的关于善的思维模式和认知流程。貌似空洞的精神分析伦理学,实则将某种对传统伦理思想进行全面重审、修正、甚至颠覆的强烈诉求暗中铭刻到了自身的内在逻辑之中,而这种对传统伦理学的否定的动因恰如其分地呈现了精神分析伦理学的批判姿态,批判的目标乃是拉康身处其间的资本主义少数人权力之下的主人伦理和康德启蒙哲学所宣扬的为了所有人福祉的虚伪道德。

如是观之,拉康的革命性贡献就在于,通过提出欲望是人的本质,而主体欲望来自大他者欲望,因此人的本质实际上是由体现为社会、历史、文化、哲学、宗教等的大他者来决定的。这正是本书反复强调的,拉康将精神分析学这门原本是关于主体内在精神空间的理论从纯粹的生物学领域和唯心主义的海洋中捞取出来,并通过大他者赋予了它崭新的活力。与其说拉康所建构的是一个全新的伦理体系,不如说它是一门旨在反传统伦理的伦理学,似乎倒更为合适。某种意义上,这呈现了一种以批判为价值指向的理论姿态。

然而,必须指出的是,批判的目的,绝非仅仅如萨义德为批判的知识分子所勾勒的那样,"一定要令人尴尬,处于对立,甚至造成不快"[1]。缺乏稳定而坚实立场的批判,显然不是完整的批判。任何批判家都必然会有一个预设前提,即如果他认为这样不好,那是因为在他心中能意识到或不能意识到的地方预设着一个参照模式。由于认识深度、政治立场、理论构型和道德水准的不同,不同批判家的参照点完全可能千差万别。所谓批判,不过就是以这个预设参照点为标准所作出的价值判断。而价值判断恰恰就是拉康的空白。

---

[1] Edward W. Said, *Representations of Intellectuals,* New York: Pantheon Books, 1994, p. 12.

很难想象，理论内涵上的空洞性能够将批判的灵魂赋予文学艺术。

批判性是马克思主义的重要特质之一。马克思主义的批判是"希望在批判旧世界中发现新世界"①，即是说，马克思主义有一个明确的立场，在解构旧世界的同时，提出建构新世界的思路和方案。马克思主义通过揭示资本主义内在矛盾的根源，得出资本主义必然最终走向自我否定、并为更高一级的社会形态所替代的结论，并且马克思还为这一观点的实施给出了明确的方向和策略。反观精神分析文艺观，反象征在"文学何是？"的层面上为文学艺术提供了一个批判的逻辑起点，而精神分析伦理学通过质疑（甚至否定）铭刻在象征架构上的亚里士多德、边沁、康德、萨德、弗洛伊德等的伦理理念，将强烈的批判姿态赋予了精神分析文艺观。然而，囿于自身的认知局限，他始终没有找到一个建构性的替代方案。他只揭示了精神分析之伦理意义的生成路径，却不告诉我们其意义到底是什么，因此便只能让伦理的内在匮乏如其所是。

如是观之，精神分析伦理学所揭示的批判性较好地回答了"文学何为？"这个问题，这一洞见为拉康的精神分析学与推崇和强调批判的马克思主义的对接和融合提供了逻辑上的可能性和理论上的操作性，但是，对于精神分析文论来说，虽然批判构成了文学艺术的重要目标，但由于理论内涵的空洞性，在穿越幻象、颠覆旧的观念世界之后，拉康无力为我们规划出一个新世界。简言之，他摆出了一个只有颠覆、没有建构，只有拆解、没有统合的批判姿态。

总之，从欲望视角出发，拉康精神分析伦理学之基本要义乃是让主体遵循自己的欲望，而主体欲望是根据大他者的欲望而结构起来的，因此，精神分析的伦理便是跟随大他者。在这一条转向大他者去寻求伦理线索的路径上，虽然拉康和齐泽克的观照角度不同，但最终萃取出来的理论内核却是相同的——当匮乏的主体转向大他者寻求伦理准则时，大他者却因其空洞性而不能为主体提供真正的行动指导。

在《关于费尔巴哈的提纲》中，马克思指出："哲学家们只是用不同的方式解释世界，问题在于改变世界。"②这是马克思与拉康、弗洛伊德、齐泽克

---

① 《马克思恩格斯文集》（第10卷），北京：人民出版社，2009年，第7页。
② 《马克思恩格斯选集》（第1卷），北京：人民出版社，2012年，第136页。

等人的最根本的区别，前者在批判之中酝酿着一种建构性蓝图，而后者则几乎没有。以人与人关系为场域的文学艺术，由于其反象征的特质，具有强烈的批判性。在此层面上，精神分析文艺观与马克思主义产生了交集，因为批判构成了后者的基本属性。在拉康看来，精神分析的伦理要求人们行动起来，质疑和批判旧的象征秩序，并由此达成穿越象征的幻象的目的。在这个过程中，拉康视野中的文学艺术并不致力于建构一个新秩序。如是观之，拉康的观点与马克思主义"在批判旧世界中发现新世界"的旨归只有部分融合。拉康的批判，是缺乏建构性的批判。

小　结

　　拉康的理论向来以晦涩难懂、充满含混和多义而著称。如果我们不贸然下结论说精神分析伦理学总是处于流动之中，至少它也是带着相当的不确定性的。职是之故，拉康的伦理学看起来便出现了一个比较明显的悖论：在精神分析伦理的一般判断之外，拉康又设想了悲剧维度上的死亡欲望。在这个层面上，英雄违背了大他者的欲望，拒绝了大他者的律令，受到旨在打破象征封锁的死亡欲望的驱动，最终在两次死亡之间，走向伦理的辉煌。然而，拉康的这两个悖论性的伦理指向的差异并不像表面上看起来那么大、那么不可调和。它们实则有着相似的底层逻辑，那就是它们都在不同程度上暗含着抵抗、批判、拆解，甚至颠覆象征秩序的动因。如是观之，与其说拉康提供了某种新的伦理方向，不如说其伦理学更多地呈现出了一种价值指向上的批判性，这种批判性赋予了它某种积极的姿态。如果看不到拉康的批判性和颠覆性，就无法真正理解和把握拉康一派的精神分析学，以及在精神分析伦理指引之下的文学行动。

　　在精神分析学看来，文学的目的就是隐喻和阐释支撑着人与人关系的人与自己内在创伤的关系；而马克思主义则认为，文学就是揭示和解剖被人与物关系所掩盖的人与人关系，这种关系是由生产关系所制约和规定的。由此，人与人关系在这两门理论之间建构起了一座交通的桥梁。而对于文学应该如何处置那些关系，拉康在对亚里士多德、边沁、康德等的传统伦理学进行批判的基础上，为我们呈现了一个不同于此前坚持共时性原则的弗洛伊德理论框架的新的强调历时性的精神分析伦理学视角，在这个视角下，文学与社会、历史、文化、哲学、道德、宗教等相互介入。虽然囿于认知局限，拉康无法为伦理填充任何实在的内涵，但他显露出强烈的质疑精神，并给予了精神分析学某种强烈的批判性。这种批判性在死亡欲望的支撑下，更是得到了进一步的加强。职是之故，拉康将开放性、发展性、包容性赋予了精神分析学，从而在理论上向马克思主义敞开了一道大门，因为批判是马克思和恩格斯一系列著作的旗帜鲜明的主题。从形而上学批判到意识形态批判、从宗教神学批判到黑格尔法哲学批判、从政治经济学批判到资本主义拜物教的批判，等等，马克思主义致力于探寻人类自由解放的道路，其批判的锋芒直指现代资本主义世界。因此，本书判断，因其从精神分析伦理学角度而揭示、推导和实践的批判性，精神分析文论让自己披上了一层浓郁的马克思主义色彩。某种意义上，这便是本书致力于解析、阐释和研究的精神分析文论之马克思主义维度。

结　　语

当笔者抱着一种崇敬的心情和态度，将自己研究的目光投向拉康、齐泽克、弗洛伊德、马克思等一大批伟大思想家的鸿篇巨著之时，一个不容回避的问题就是：我们应该在一个什么样的层面上来理解和评估那些不朽的传世经典？

在罗兰·巴特（Roland Barthes）的那篇著名论文《作者之死》("The Death of the Author")中，他以一种恢宏的气势宣称："读者的诞生必须以作者之死为代价。"[①] 对于罗兰·巴特来说，通过这篇文章，他希望达成三个主要目标：其一，反对用作者生平阐释作品的实证主义批评，这一趣向业已在学术领域取得了显著的成效；其二，反对神学式的单一意义，肯定作品是多维空间，肯定作品是互文性的产物，提出文本是源自成千上万个文化源点的引语的编织；其三，张扬读者的地位，主张写作在读者身上延续，读者时代的诞生应以作者时代的死亡为代价。

那么，文本完成之后，作者就会"死亡"吗？或者说，作者就不用再为文本的意义负责了吗？也许，这只是罗兰·巴特在这个理论节点上的一种话术，目的在于强调阅读过程中读者的重要性。作者与读者之间，以文本为场域，应该是一种辩证的关系。作者为读者的文本阅读和理解提供必要的框架、信息和方向，而读者反过来也丰富和深化了文本的内容。从霍尔的视角来加以审视，阅读与阐释是一种赋予文本以意义的指意实践；在齐泽克那里，所谓现实就是在我们认知框架和话语实践中被重新构建的象征秩序；拉康则认为，事物的意义不过就是对我们的 das Ding 的符号性提升的结果；而根据马克思主义理论，具有强烈社会属性的人不可能存在于真空之中，人是社会关系的总和，是历史文化的产物。如是观之，结合拉康精神分析学和马克思主义的深刻洞见，我们可以判断说，文本意义的建构绝不仅仅由某种单一的因

---

① Roland Barthes, *Image, Music, Text*, trans. Stephen Heath, London: Fontana Press, 1977, p. 148.

素（譬如罗兰·巴特研究的作者，或拉康指认的 das Ding，或机械唯物主义所说的纯粹的外在客观，等等）所决定，它必然还会与主体的无意识欲望、利益立场、认知结构、经验惯性、研究范式、文化传统、权力关系和社会架构密切相关。这一认知，构成了本书实践文本阐释的基本出发点。

在深刻理解和真正把握精神分析文艺观的前提下，从马克思主义的维度返身回去，对精神分析文艺观进行观照、审视和评述，并由此设想、描述和论证出精神分析文论的理论前景。这一认知，构成了本书的基本理论出发点。

如前所论，在熵增定律下，任何封闭的系统在没有外来能量介入的情况下，都会逐渐失去活力。只有不断地引入并吸收外来的新的能量，才有可能维持有序状态，延缓熵增。这一定律不仅在物理学中得到了证明，它也在社会科学领域中发挥着作用。某种程度上，这正是人文学科的跨学科研究得到鼓励和实践的主要原因之一，同时也是本书力图在认知前提、知识架构、阐释策略和底层逻辑的层面上研究拉康一派的精神分析学及其文艺观的马克思主义维度的重要动因。正是由于在某些理论向度上具有了比较浓郁的马克思主义色彩，精神分析学及其文艺观才有可能拓展自己的理论空间，并在新的语境中赋予自身新的理论活力。

虽然拉康宣称，他对马克思主义并不感兴趣，但在认知逻辑上，他的精神分析理论与马克思主义之间却有着千丝万缕的学理关联，这些关联构成了我们考察和研究两门理论之间的内在架构的基本依据。马克思历史唯物主义是科学的社会历史观和认识、改造社会的科学方法论。历史唯物主义认为，物质生活的生产方式决定社会生活、政治生活和精神生活的一般过程；社会存在决定社会意识，社会意识又可以塑造与改变社会存在。而在拉康那里，体现为社会、历史、文化、哲学、宗教、道德、法律等等的象征界对主体的实在界有着制约性的影响，反过来看，包含意识和无意识两个部分的主体精神空间又对象征领域的建构负有显在的责任。从这两种基本的理论架构的相似性和同一性上，可以得到一个乐观的结论：精神分析学与马克思主义之间是存在着某种跨越时空的相互对话的必要性和可能性的，这构成了本书的逻辑前提。

在本书的理论视野中，两门理论在认知逻辑和深层架构上的理论关联，主要体现以下四个方面。

首先，理论的历史性。

弗洛伊德将无意识插入到了存在与意识之间，从而开启了一个新的问题场域。致力于对弗洛伊德进行语言学改造的拉康进而提出，在主体进入象征领域那一刻起，他就成了内在匮乏的、分裂的主体。由于这种匮乏，主体不得不转向外在的大他者那里寻求象征性的认同——这种认同使得主体在一定程度受到来自社会、历史、文化、宗教、道德、法律等等外在要素的制约性影响。一旦拉康认为主体必须转向外在空间去寻得象征性认同，他就在认识论上悄然站到马克思的辩证唯物主义的立场上去了。这就意味着，在基本的学理依据上，拉康否定了弗洛伊德所认为的无意识的共时性，并由此摆出了理论上的突破态势。

拉康在象征秩序的层面上，对理论历时性的重视和强调，必然会与马克思历史唯物主义的学理基础发生关联。正是在这样一个认知架构之中，精神分析学与马克思主义产生了交集，由此两者才有了理论对话、互通和交融的可能。

对于马克思主义的历史性，海德格尔说："马克思在体会到异化的时候深入到历史的本质性的一度中去了，所以马克思主义关于历史的观点比其余的历史学优越。"[①] 在此，海德格尔充分肯定了马克思主义之批判性的时代价值。马克思主义随着特定历史时代的发展，不断地保持创新和完善，由此从根本上保证了马克思主义自身的旺盛活力。从马克思主义出发，重要的是要考察理论范畴在时间中如何流变，以及这种流变使理论客体的叙述和表征产生了什么样的差异，这些差异体现了不同历史阶段的何种理论诉求和理论想象，在具体历史事件和理论想象之间存在何种互动、呼应和关联。马克思主义的历史唯物主义为本书对拉康精神分析文论的研究提供了极具阐释力的视角和强大的方法论。

其次，拉康精神分析学提出的意义的回溯性为马克思主义意识形态批判的介入打开了一道理论缝隙。

拉康的"意义回溯性"这一论断，是通过对欲望图一中逆向相交的主体无意识的流动线和能指的指意线的两个缝合点的论证而得出的。根据拉康的理论，体现为象征秩序的大他者是一种人为建构的结果。不存在任何先验的

---

① [德]海德格尔:《海德格尔选集》，孙周兴译，上海：上海三联书店，1996年，第383页。

意义，意义是回溯性地被赋予这个世界的。在伊格尔顿的阐释中，所谓资产阶级的意识形态，不过就是统治阶级为了维持统治而强加给被统治阶级的扭曲和错误的思想、观点、立场和概念。这一意识形态的意义赋予过程，在拉康的精神分析学理论框架中，被命名为意义的回溯性，其背后的操控者便是文化霸权的拥有者。

从主要勃兴于第二次世界大战之后西方学界的文化研究思潮的视角出发，象征秩序是一种文化权力的产物。在葛兰西文化霸权理论的基础上，20 世纪的西方马克思主义理论家宣示和操演了一种从他们所谓的经典马克思主义经济还原论转向文化研究的雄心和立场。由此视野出发，当谈论文化时，我们主要关注的是先在于主体的文化体系是如何让他说话的，以及主体的认知模式、生活习惯、消费偏好、政治立场、思维惯性、方法策略、无意识欲望等是如何被新情势下的符号象征体系所影响、制约和结构的。顺此逻辑，在晚近的文化转向思潮中，文化批判成了西方马克思主义的主要论题。他们以文化为切入口，将政治、经济、文化、社会、历史等诸多要素集合在一起，对具体问题进行综合的考量和研究，不仅讨论了意识形态是如何通过文化产品作用于大众，而且深入探讨了文化在日常消费和商业炒作中的建构性作用。就此而言，西方马克思主义显然在一定程度上突破了经典马克思主义原有的理论逻辑，丰富和发展了马克思主义。而拉康的意义回溯性理论在为西方文化研究的相关理论节点提供了逻辑支撑和理论背书的同时，也面对马克思主义相关理论题旨敞开了无限的可能性。概言之，一旦进入意识形态的领域，就意味着权力关系的介入，而正是在对文化权力的揭示和批判中，马克思主义提供了不可或缺的认知洞察力和理论阐释力。

其三，在深入研究无意识的过程中，拉康的精神分析学在某些理论节点上补充和发展了马克思主义，譬如他的剩余快感理论。

通过借鉴马克思的"剩余"模型，拉康提出的剩余快感理论深刻地介入了马克思关注和研究的政治经济领域。对于主体而言，快感也好，剩余快感也罢，它们皆与以资本主义生产关系为核心而构建起来的象征秩序密切相关：快感连接了象征界的剩余价值与实在界的剩余快感，它只能在试图僭越象征秩序的过程中被感知到；而剩余快感则只能在认同和接受象征秩序的前提下才可勉强获取。如此，快感和剩余快感这两个范畴的内涵便溢出精神分析学的疆域，蔓延到了社会学、政治学和经济学的领域之中。

齐泽克认为，剩余价值构成了资本主义再生产的驱动力，而剩余快感则是主体欲望的动因，因此两者具有某种内在逻辑上的同一性。但在本书看来，剩余价值与剩余快感这两个理论的意义并不仅限于此。诚然，马克思的剩余价值理论是打开资本主义经济分配实质的密室的钥匙，它在马克思主义政治经济学的发展中起着关键的理论支点的作用。正是发现了剩余价值的存在，马克思才能将自己的研究触角深入资本主义生产内部，划时代地揭示了资本主义社会的剥削本质。而在拉康那里，剩余价值的关键并不仅仅在于资本家到底从劳动者那里剥削了多少财富，而是掠夺了快感。快感只能在旨在消解、颠覆和重构原有象征体系的过程中被意识捕捉到。如果劳动者从精神上接受这种象征秩序，那么他们就只能得到痛苦的剩余快感。如是观之，通过剩余价值理论，马克思主义挖掘了资本家的财富从何而来这么一个秘密；而拉康的剩余快感理论模型则向我们展现了建构资本主义象征网络的合理性的最本质的底层逻辑。在对资本主义的揭露和批判中，拉康的剩余快感理论在某种程度上是对马克思剩余价值理论的发展、补充和完善。

最后，马克思主义可为精神分析文论的批判性提供方向性。

拉康认为："艺术中存在一种对 das Ding 的压抑。"[①] 施加这种压抑的正是象征秩序本身。艺术家在象征界中用符号搭建起或绚丽多彩、或深邃悠远、或振聋发聩的艺术殿堂的目的，恰恰就是为了最终挣脱符号的枷锁、突破象征的桎梏，以期在升华中与 das Ding 重合。这意味着，只有通过反叛、对抗、解构甚至颠覆象征秩序的禁锢，只有通过反象征，艺术才能真正得到实现。如是观之，拉康所谓的艺术的反象征，体现了一种针对现存象征秩序的否定、颠覆和批判的趣向。然而，因为没有明确的价值指向，拉康的批判是缺乏建设性的批判，这使得其功效大打折扣。批判不是抬杠，不是为反对而反对。从马克思主义视角来看，打破一个旧世界的目的是建设一个新世界，解构的目的是建构。至此，虽然本书仍然没能概括、提升、凝练出一套直接整合精神分析学与马克思主义的具体方案，但至少可以导引出这样一个明确的理论方向：面对日新月异、复杂多变的未来，精神分析学如果希望继续保持自己的理论活力，那就很有必要从马克思主义那里吸取营养，并在此基础上，为

---

① Jacques Lacan, *The Ethics of Psychoanalysis 1959-1960, The Seminar of Lacan, Jacques. Book VII*, trans. Dennis Porter, New York: W・W・Norton & Company, 1997, p. 131.

自己的批判赋予清晰的指向和立场。

霍米·巴巴（Homi Bhabha）曾经激进地提出："历史正在发生，当然是在理论的书页里发生，在我们为说明历史过程而构建的体系和结构中发生。"[1]在他看来，历史就是一种阐释。理论在时间维度上被割裂开来、被碎片化，理论话语再不需要对不同的历史语境做出回应，只需对形形色色的空间碎片有所回馈即可，从而在时间维度上凝固自身。对于这个题旨，齐泽克说："'精神分析的对象'以及它的中心题目都是由历史来界定的实体。"[2]历史的线性，在拉康的理论规划中，从未被彻底排除和否定。正是在这样的框架中，本书从"文学何来？""文化何是？""文学何为？"三个方面切入对拉康精神分析文艺观及其马克思主义维度的研究。

那么，文学从何而来？它具有什么样的性质？文学所为何事？它是否真的就是为文学而文学？封闭的文学艺术空间是否可能存在？对这些问题的思考，随着文学实践的越界，让我们再也不能将传统的文学理论和批评禁锢在狭小的文本之中。文化转向最具意义的事实是，它使得文学理论突破象牙塔封闭自律的圈子而面向社会、文化、经济、政治、道德、法律和宗教等成为可能。文化转向虽然一方面给知识分子传统意义的自我身份确认带来了麻烦，但另一方面又给知识分子参与到社会文化的重新建构中去提供了前所未有的机会。文学理论和文化研究的交融，使得前者一定程度上介入了对社会风俗、文化模式、审美倾向和意识形态指向等的塑造和引领。

在"文学何来？"这个题域中，弗洛伊德因过度强调无意识的内在驱力对主体的决定力量，而在某种程度上忽略了社会历史文化的塑造和制约作用，这种自我封闭的思路，遭到了不断的批评。而西方学者——主要是西方马克思主义者——试图通过在物质与精神之间安置无意识的方案来达成精神分析学和马克思主义的会通。这样的尝试由于尚有诸多片面之处，并未得到国际国内学界的完全认可。关于文学的源头，拉康一派的精神分析学认为文学是对 das Ding 的回应，而"das Ding 自说自话"[3]，das Ding 是那个虽无法言说但

---

[1] Homi Bhabha, *The Location of Culture*, London: Routledge, 1994, p. 25.
[2] Slavoj Žižek: *The Metastases of Enjoyment: Six Essays on Woman and Causality*, London: Verso, 1994, p. 18.
[3] Jacques Lacan, *Ecrits*, trans. Bruce Fink, New York: W. W. Norton & Company, 2006, p. 340.

默默地起着作用的本体，而对象 a 则是在本体论层面上对 das Ding 进行的符号描述。通过语言之墙的过滤，主体经历想象性认同和象征性认同，这使得文学必然会受到外在的象征框架的影响，从而与认为文学与客观真实紧密相连的马克思主义形成了一个对话和对接的理论平台。

就"文学何是？"这样一个关于文学性质的题旨，在精神分析学看来，在象征界与实在界之间相隔着不可逾越的鸿沟，实在界没有包含任何先验且必然的对自身进行符号化的模式，因此现实只能通过不完全的、失败的符号表征来展示自己。这意味着符号秩序总是不能完全覆盖现实，在象征界的覆盖范围之外总是存在一部分未处理的、尚未实现的符号债务，而文学艺术就是要对这些债务作出回应。正是基于此点，拉康一派的精神分析学认为，文学艺术是欲望、创伤、现实、意识在主体身上博弈的空间，它是一种"客观的主观"的反象征的幻象。在此基础上，拉康在主人能指的绝对知识那里辨识出了某种淫荡性，从而为精神分析文论搭建起了一座通向马克思主义意识形态批判的理论通道。从这个理论视角出发，来自底层奴隶的知识才是建构那些所谓卓尔不群、风流雅致的文艺作品的基本素材——用马克思主义的话语方式来表述：主人握有的权力使得他可以肆无忌惮地从奴隶那里盗取和抢夺知识，并以此作为巩固自身统治的空洞能指的基本支撑。这一理论节点构成了精神分析文艺观的马克思主义维度。

思考和研究"文学何为？"，不但要将无意识纳入自己的理论视野，还必须要考虑到无意识背后的底层逻辑，以及在此基础上生发出来的关于人与人关系的不同阐述，才有可能在认知架构和价值指向上把握两者之间交汇的逻辑性和可能性。如是观之，如果要对"文学何为？"做一个理论概括，那么它应该是这样的：在拉康精神分析学向度上，文学艺术表面上以人与人关系为对象，实则致力于观照、挖掘、隐喻、再现人与自己内在创伤的关系。这与马克思主义力图通过揭开被人与物关系所掩盖的人与人关系的理论动因，既有关联，又有区别。然而，文学并无一个本质主义的内核，它实际上是一种行动的结果。在拉康看来，指引行动的哲思和规范就是伦理。精神分析伦理学不仅仅是一门从精神分析学视角出发审视人之行为的理论，它同时也涵盖了"文学何为？"这个题域，并为其规划了行为旨归。通过伦理学的逻辑，拉康将历时性赋予了精神分析学，由此为这门理论开启了一扇面向社会、历史、文化的窗户。但在精妙的批判之后，拉康却始终没有为行动提供具体的内涵。这意味着，在批判性这个层面上，精神分析文论与马克思主义既有交集，也有区别。由于缺乏明确的建构性价值指向，精神分析文论的批判性显得后继乏力。

最后，有必要再次重申的是，本书考证、审理和挖掘精神分析文艺观与马克思主义相关理论之间那错综复杂、彼此交织的差异性和同一性的目的，并非为了像赖希、奥兹本、弗洛姆、马尔库塞、齐泽克、拉克劳和墨菲等那样，要给两者的会通找到一个直接的方案，而是希望为这个题域中未来的相关研究提供一个必要的理论反思、学理思路和逻辑准备。只有在学理基础和认知路径上充分审理两者的阐释程序、底层逻辑和问题意识，才能为这两门理论的跨时空的交流、对话或贯通提供必要的逻辑价值和理论张力，才能既不辜负拉康和弗洛伊德之精神分析学对人类无意识的深刻洞见，又考虑到了马克思主义宏大理论的社会实践功能。

附录：学界相关研究的主要中英文著作列表（2000—2023年）

（一）国内学界的主要中文专著（以出版时间为序）

陆扬：《精神分析文论》，济南：山东教育出版社，2001年。
方成：《精神分析与后现代批评话语》，北京：中国社会科学出版社，2001年。
王宁：《文学与精神分析学》，北京：人民文学出版社，2002年。
周怡：《精神分析理论与中国文学》，济南：山东人民出版社，2004年。
周怡、王建周：《精神分析理论与鲁迅的文学创作》，桂林：广西师范大学出版社，2005年。
马元龙：《雅克·拉康语言维度中的精神分析》，北京：东方出版社，2006年。
张一兵：《不可能的存在之真：拉康哲学映像》，北京：商务印书馆，2006年。
刘智跃：《颓圮的边界与生命的回响：精神分析学说与新时期中国小说》，北京：中国社会科学出版社，2008年。
赵山奎：《精神分析与西方现代传记》，北京：中国社会科学出版社，2010年。
马元龙：《精神分析：从文学到政治》，北京：人民出版社，2011年。
吴琼：《雅克·拉康：阅读你的症状》，北京：中国人民大学出版社，2011年。
王保中：《欲望际：精神分析与女性主义》，北京：中国社会科学出版社，2013年。
张良丛：《20世纪精神分析批评话语研究》，北京：北京科学文献出版社，2017年。
赵淳：《齐泽克精神分析学文论》，北京：中国社会科学出版社，2018年。
王国芳：《后现代精神分析：拉康研究》，福州：福建教育出版社，2019年。
赵淳：《精神分析学之文化逻辑》，北京：科学出版社，2020年。
杜超：《拉康精神分析学的能指问题》，北京：中国书籍出版社，2020年。
马元龙：《欲望的变奏：精神分析学的文学反射镜》，北京：北京大学出版社，2021年。
胡成恩：《精神分析的神话学：拉康欲力理论研究》，北京：中国社会科学出版社，2021年。
黄玮杰：《"精神分析+马克思"理论运动的当代效应：齐泽克意识形态批判研究》，北京：北京师范大学出版社，2021年。
吴蕤：《拉康思想的基本概念及理论模型（1959—1973）》，桂林：广西师范大学出版，2022年。

杨文臣：《精神分析的生态之维》，武汉：武汉大学出版社，2023 年。
黄作：《拉康的父亲理论探幽》，北京：人民出版社，2023 年。

（二）西方学界的主要英语专著（以姓氏字母为序）

Azari, Ehsan. *Lacan and the Destiny of Literature: Desire, Jouissance and the Sinthome in Shakespeare, Donne, Joyce and Ashber*, NY: Continuum International Publishing Group, 2008.

Bell, David. *Psychoanalysis and Culture: A Kleinian Perspective*, 2nd edition. London and NY: karnac, 2004.

Birlik, Nurten. Cankaya, Tugce & Aydin, Tiirkan. *Lacan in literature and film: a closer look at formation of subjectivity in Lacanian epistemology,* Bethesda& Dublin: Academica Press, 2015.

Biswas, Santan. *The Literary Lacan: From Literature to Literature and Beyond*, London and New York: Seagull, 2012.

Bonfiglio, Thomas Paul. *Linguistics and Psychoanalysis A New Perspective on Language Processing and Evolution*, New York: Routledge, 2023.

Brivic, Shelly. *Joyce through Lacan and Žižek: Explorations*, London: Palgrave Macmillan, 2008.

Brooks, Peter & Woloch, Alex. *Whose Freud? The Place of Psychoanalysis in Contemporary Culture*, New Haven and London: Yale University Press, 2000.

Coats, Karen. *Looking Glasses and Neverlands: Lacan, Desire and Subjectivity in Children's Literature*, Iowa: University of Iowa Press, 2004.

Chaitin, Gilbert D. *Rhetoric and culture in Lacan,* Cambridge and New York: Cambridge University Press, 1996.

Dietrich, Dietmar. *Artificial Intelligence: A Bridge Between Psychoanalysis and Neurology: The Psi-Organ in a Nutshell*, Berlin: Springer, 2023.

Dimitrijević, Aleksandar & Buchholz, Michael B. *Silence and Silencing in Psychoanalysis: Cultural, Clinical, and Research Perspectives*, London and NY: Routledge, 2021.

Elliott, Anthony & Frosh, Stephen. *Psychoanalysis in Contexts: Paths between Theory and Modern Culture*, London and NY: Routledge, 1995.

Finucci, Valeria & Schwartz, Regina. *Desire in the Renaissance: psychoanalysis and literature*, Princeton: Princeton University Press, 1994.

Flisfeder, Mathhew & Willis, Louis-Paul. *Žižek and Media Studies, Beyond Lacan*, London: Palgrave Macmillan, 2015.

Frie, Roger and Pascal Sauvayre, ed.. *Culture, Politics and Race in the Making of Interpersonal Psychoanalysis: Breaking Boundaries*, New York: Routledge, 2022.

Fuery, Patrick. *Madness and Cinema: Psychoanalysis, Spectatorship and Culture*, Hampshire: Palgrave Macmillan, 2004.

Gherovici, Patrcia & Steinkoler, Manya. *Lacan, Psychoanalysis and Comedy*, Cambridge and New York: Cambridge University Press, 2016.

Golan, Ruth. *Loving Psychoanalysis: Looking at Culture with Freud and Lacan*, London: Karnac Books, 2006.

Govrin, Aner &. Tair Caspi. *The Routledge International Handbook of Psychoanalysis and Philosophy*, London: Routledge, 2023.

Grace, Victoria. *Baudrillard and Lacanian Psychoanalysis*, New York: Routledge, 2022.

Grosz, Elizabeth. *Jacques Lacan: A feminist introduction*, London and NY: Routledge, 1998.

Israely, Yehuda &. Esther Pelled. *The Ethics of Lacanian Psychoanalysis. A Conversation about Living in Joy*, Trans. Yardenne Greenspan. London: Routledge, 2023.

Johanssen, Jacob. *Psychoanalysis and Digital Culture: Audiences, Social Media, and Big Data*, New York and London: Routledge, 2019.

Knafo, Danielle & Bosco, Rocco Lo. *The Age of Perversion: Desire and Technology in Psychoanalysis and Culture*, London and New York: Routledge, 2017.

Lauretis, Teresa de. *Freud's Drive: Psychoanalysis, Literature and Film*, Hampshire: Palgrave Macmillan, 2008.

Marcus, Laura. *A Concise Companion to Psychoanalysis, Literature, and Culture*, West Sussex: John Wiley & Sons Inc., 2014.

Marcus, Laura. *Dreams of modernity: Psychoanalysis, Literature, Cinema*, New York: Cambridge Universtiy Press, 2014.

Martin, Mathew R. *Psychoanalysis and Literary Theory: An Introduction*, London: Routledge, 2023.

Mills, Dan. *Lacan, Foucault, and the Malleable Subject in Early Modern English Utopian Literature*, New York and London: Routledge, 2020.

Mukherjee, Ankhi. *After Lacan: Literature, Theory and Psychoanalysis in the Twenty-First Century*, Cambridge and New York: Cambridge University Press, 2018.

Nolan, Steve. *Film, Lacan and the Subject of Religion: A Psychoanalytic Approach to Religious Film Analysis*, New York: continuum, 2009.

Pollock, Griselda. *Visual Politics of Psychoanalysis: Art and the Image in Post-Traumatic Cultures*, London and NY: I.B. Tauris, 2013.

Rabaté, Jean-Michel. *Jaques Lacan: Psychoanalysis and the Subject of Literature*, New York: Palgrave, 2001.

Rabaté, Jean-Michel. *The Cambridge Companion to Lacan*, Cambridge and New York: Cambridge University Press, 2003.

Shamdasani, Sonu & Münchow, Michael. *Speculations after Freud: Psychoanalysis, philosophy and culture*, London and NY: Routledge, 1994.

Shapira-Berman, Ofrit. *Psychoanalysis and Maternal Absence From the Traumatic to Faith and Trust*, London: Routledge, 2022.

Thurston, Luke. *James Joyce and the Problem of Psychoanalysis*, Cambridge and New York: Cambridge University Press, 2003.

Thomas, Calvin. *Masculinity, psychoanalysis, straight queer theory: essays on abjection in literature, mass culture, and film*, Hampshire: Palgrave Macmillan, 2008.

Weber, Samuel.*Return to Freud: Jacques Lacan's dislocation of psychoanalysis*, Trans. Michael Levine. Cambridge and New York: Cambridge University Press, 1991.

参考文献

（以下所列参考文献均为本书引用文献）

（一）中文文献

奥兹本：《弗洛伊德和马克思》，董秋斯译，北京：中国人民大学出版社，2004年。

巴赫金：《文本、对话与人文》，白春仁、晓河、周启超等译，石家庄：河北教育出版社，1998年。

巴赫金：《文艺学中的形式主义方法》，李辉凡、张捷译，桂林：漓江出版社，1989年。

保罗·德曼：《解构之图》，李自修译，北京：中国社会科学出版社，1998年。

弗朗西斯·玛尔赫恩编：《当代马克思主义文学批评》，刘象愚、陈永国、马海良译，北京：北京大学出版社，2002年。

弗洛伊德：《弗洛伊德论创造力与无意识》，孙恺祥译，北京：中国展望出版社，1986年。

弗洛伊德：《狼人的故事：弗洛伊德心理治疗案例三种》，李韵译，上海：上海社会科学院出版社，2007年。

弗洛伊德：《图腾与禁忌》，赵立玮译，上海：世纪出版集团、上海人民出版社，2005年。

弗洛伊德：《一种幻想的未来　文明及其不满》，严志军、张沫译，上海：上海人民出版社，2007年。

海德格尔：《存在与时间》，陈嘉映、王庆节译，北京：生活·读书·新知三联书店，2000年。

海德格尔：《海德格尔选集》，孙周兴选编，上海：上海三联书店，1996年。

海德格尔：《演讲与论文集》，孙周兴译，北京：生活·读书·新知三联书店，2005年。

赫伯特·马尔库塞：《爱欲与文明：对弗洛伊德思想的哲学探讨》，黄勇、薛明译，上海：上海译文出版社，2005年。

黑格尔：《精神现象学》上卷，贺麟、王玖兴译，北京：商务印书馆，1983年。

黑格尔：《美学》（第1卷），朱光潜译，北京：商务印书馆，1979年。

黑格尔：《小逻辑》，贺麟译，北京：商务印书馆，1996年。

黑格尔：《哲学史讲演录》（第2卷），贺麟、王太庆译，北京：商务印书馆，1997年。

黑格尔：《宗教哲学讲演录》，魏庆征译，北京：中国社会出版社，1999年。

卡尔·荣格：《原型与集体无意识》，徐德林译，北京：国际文化出版公司，2011年。

卡夫卡：《致父亲的信》，载《世界文学》，1981年第2期。

康德:《历史理性批判文集》,何兆武译,北京:商务印书馆,1996年。
康德:《判断力批判》,邓晓芒译,北京:人民出版社,2002年。
康德:《任何一种能够作为科学出现的未来形而上学导论》,庞景仁译,北京:商务印书馆,
    1982年。
康德:《实践理性批判》,邓晓芒译,北京:人民出版社,2003年。
赖希:《法西斯主义群众心理学》,张峰译,重庆:重庆出版社,1993年。
拉克劳、墨菲:《领导权与社会主义的策略——走向激进民主政治》,尹树广、鉴传今译,
    哈尔滨:黑龙江人民出版社,2003年。
拉克劳:《我们时代革命的新反思》,孔明安、刘振怡译,哈尔滨:黑龙江人民出版社,
    2006年。
马克·柯里:《后现代叙事理论》,宁一中译,北京:北京大学出版社,2003年。
《马克思恩格斯全集》(第3卷),北京:人民出版社,1960年。
《马克思恩格斯全集》(第21卷),北京:人民出版社,2003年。
《马克思恩格斯全集》(第31卷),北京:人民出版社,1998年。
《马克思恩格斯全集》(第33卷),北京:人民出版社,2004年。
《马克思恩格斯全集》(第37卷),北京:人民出版社,2016年。
《马克思恩格斯全集》(第38卷),北京:人民出版社,2019年。
《马克思恩格斯全集》(第40卷),北京:人民出版社,1982年。
《马克思恩格斯文集》(第1卷),北京:人民出版社,2009年。
《马克思恩格斯文集》(第5卷),北京:人民出版社,2009年。
《马克思恩格斯文集》(第8卷),北京:人民出版社,2009年。
《马克思恩格斯文集》(第9卷),北京:人民出版社,2009年。
《马克思恩格斯文集》(第10卷),北京:人民出版社,2009年。
《马克思恩格斯选集》(第1卷),北京:人民出版社,2012年。
《马克思恩格斯选集》(第3卷),北京:人民出版社,2012年。
《马克思恩格斯选集》(第4卷),北京:人民出版社,2012年。
马克思、恩格斯:《德意志意识形态》节选本,中共中央马克思恩格斯列宁斯大林著作编
    译局译,北京:人民出版社,2003年。
马克思:《1844年经济学哲学手稿》,中共中央马克思恩格斯列宁斯大林著作编译局译,
    北京:人民出版社,2000年。
马克思:《资本论》第1卷(上),北京:人民出版社,1975年。
马克斯·勃罗德:《卡夫卡传》,叶廷芳、黎奇译,石家庄:河北教育出版社,1997年。
毛泽东:《在延安文艺座谈会上的讲话》,见中共中央文献研究室编《毛泽东文艺论集》,
    北京:中央文献出版社,2002年。
米歇尔·福柯:《词与物——人文科学考古学》,莫伟民译,上海:上海三联书店,2001年。

纳塔莉·沙鸥:《欲望伦理:拉康思想引论》,郑天喆等译,桂林:漓江出版社,2013 年。

齐泽克:《实在界的面庞》,季广茂译,北京:中央编译出版社,2004 年。

钱钟书:《围城》,北京:人民文学出版社,2005 年。

斯宾诺莎:《笛卡尔哲学原理》,王荫庭、洪汉鼎译,北京:商务印书馆,1997 年。

斯蒂芬·霍金:《大设计》,吴忠超译,长沙:湖南科学技术出版社,2011 年。

沃尔夫冈·伊瑟尔:《虚构与想象:文学人类学疆界》,陈定家、汪正龙等译,长春:吉林人民出版社,2003 年。

雅克·德里达:《书写与差异》,张宁译,北京:生活·读书·新知三联书店,2001 年。

雅克·德里达:《文学行动》,赵兴国译,北京:中国社会科学出版社,1998 年。

于尔根·哈贝马斯,:《后形而上学思想》,曹卫东、付德根译,南京:译林出版社,2001 年。

约瑟夫·瓦伦特:《拉康的马克思主义、马克思主义的拉康——从齐泽克到阿尔都塞》,赵子昂译,载《马克思主义美学研究》,2006 年第 2 期。

赵淳:《精神分析学之文化逻辑》,北京:科学出版社,2020 年。

赵淳:《客观的主观:精神分析学文论研究》,载《社会科学研究》,2020 年第 4 期。

朱丽·汤普森·克莱恩:《跨越边界——知识、学科、学科互涉》,姜智芹译,南京:南京大学出版社,2005 年。

(二) 英文文献

Adorno, Theodor W.. "Freudian Theory and the Pattern of Fascist Propaganda", in *The Culture Industry: Selected Essays on Mass Culture*, London: Routledge, 1991.

Adorno, Theodor. *Minima Moralia: Reflections on a Damaged Life*, trans. E. F. N. Jephcott, London: Verso, 2005.

Althusser, Louis. *Lenin and Philosophy and Other Essays*, trans. Ben Brewster, New York: Monthly Review Press, 1971.

Aristotle. *Nicomachean Ethics,* trans. &. ed. Roger Crisp, Cambridge: Cambridge University Press, 2004.

Badiou, Alain. *Infinite Thought: Truth and the Return of Philosophy*, trans. &. ed. Oliver Feltham and Justin Clemens, London: Continuum, 2004.

Badiou, Alain. "Lacan and the Presocratics." in *Lacan: The Silent Partners*. Edited by Slavoj Žižek, London: Verso, 2006.

Barthes, Roland. *Image, Music, Text*, trans. Stephen Heath, London: Fontana Press, 1977.

Bentham, Jeremy. *An Introduction to the Principles of Morals and Legislation*, Kitchener: Batoche Books, 2000.

Benjamin, Walter. *Oeuvre (t.1)*, trad. par Maurice de Candillac, Paris: Gallimard, 2000.

Benjamin, Walter. "The Task of the Translator", in Lawrence Venuti ed. *The Translation Studies*

Reader, London: Routledge, 2004.

Best, Steven & Douglas Kellne. *Postmodern Theory: Critical Interrogations,* Hampshire and London: The MacMillan Press Ltd., 1991.

Bhabha, Homi. *The Location of Culture,* London: Routledge, 1994.

Blanchot, Maurice. *Lautréamont and Sade,* trans. S. Kendall & M. Kendall, CA: Stanford University Press, 2004.

Dennett, Daniel C.. *Consciousness Explained,* New York: Little, Brown & Company, 1991.

Derrida, Jacques. *Of Grammatology,* trans. G. C. Spivak, Baltimore: The Johns Hopkins University Press, 1976.

Eagleton, Terry. *Literary Theory: An Introduction,* Massachusetts: Blackwell, 1999.

Foucault, Michel. *Archaeology of Knowledge,* A. M. Sheridan Smith trans., London: Routledge, 2002.

Foucault, Michel. *Power / Knowledge,* New York: Pantheon Books, 1980.

Foucault, Michel. *The History of Sexuality, Volume 1,* trans. Robert Hurley, New York: Pantheon Books, 1978.

Frankena, Keith W.. *Ethics.* Englewood Cliffs: Prentice Hall, 1973.

Freeland, Charles. *Antigone, in Her Unbearable Splendor: New Essays on Jacques Lacan's The Ethics of Psychoanalysis,* Albany: State University of New York Press, 2013.

Freud, Sigmund. *Dora: An Analysis of a Case of Hysteria,* New York: Macmillan, 1963.

Freud, Sigmund. *Introductory Lectures on Psycho-Analysis: The Standard Edition of the Complete Psychological Works of Sigmund Freud (1915-1916),* trans. James Strachey, London: The Hogarth Press, 1981.

Freud, Sigmund. *The Interpretation of Dreams,* trans. James Strachey, New York: Basic Books, 2010.

Freud, Sigmund. *The Standard Edition of the Complete Psychological Works of Sigmund Freud, Vol. XXI,* trans. James Strachey, London: The Hogarth Press, 1981.

Freud, Sigmund. *The Standard Edition of The Complete Psychological Work of Sigmund Freud, Volume XIV (1914-1916),* trans. James Strachey, London: The Hogarth Press, 1957.

Gadamer, Hans-Georg. *Truth and Method,* trans. Joel Weinsheimer &. Donald G. Marshall, London: Continuum, 2006.

Grosz, Elizabeth. *Jacques Lacan: A Feminist Introduction,* New York: Routledge, 1998.

Habermas, Jürgen. *Communication and the Evolution of Society,* trans. Thomas McCarthy, Boston: Beacon Press, 1976.

Hall, Stuart ed.. *Representation: Cultural Representations and Signifying Practices,* London: Sage Publications, 1997.

Heidegger, Martin. *Hegel's Phenomenology of Spirit*, trans. Parvis Emad &. Kenneth Maly, Bloomington: Indiana University Press, 1988.

Horkheimer, Max &. Theodor W. Adorno, *Dialect of Enlightenment: Philosophical Fragments*, trans. Edmund Jephcott, CA: Stanford University Press, 2002.

Jameson, Fredric. *The Ideologies of Theory*, London: Verso, 2008.

Kesel, Marc De. *Eros and Ethics: Reading Jacques Lacan's Seminar VII*, New York: State University of New York Press, 2009.

Kojève, Alexandre. *Introduction to the Reading of Hegel*, trans. James H. Nichols, Jr., New York: Basic Books, 1969.

Lacan, Jacques. *Desire and Its Interpretation, The Seminar of Jacques Lacan Book VI*, trans. Bruce Fink, Cambridge: Polity, 2019.

Lacan, Jacques. *Ecrits*, trans. Bruce Fink, New York: W. W. Norton & Company, 2006.

Lacan, Jacques. *Encore, Book XX,* trans. Bruce Fink, New York: W. W. Norton & Company, 1999.

Lacan, Jacques. *Le séminaire, Livre IX, L'identification: 1961-1962*. Publication Hors Commerce de *l'Association Freudienne Internationale*. 1996.

Lacan, Jacques. *On Feminine Sexuality, The Seminar of Jacques Lacan, Book XX, Encore, 1972-1973*, trans. Bruce Fink, New York: W. W. Norton & Company, 1998.

Lacan, Jacques. *Television: A Challenge to the Psychoanalytic Establishment*, trans. Denis Hollier, New York: W. W. Norton & Company, 1990.

Lacan, Jacques. *The Ego in Freud's Theory and in theTechnique of Psychoanalysis 1954-1955*: *The Seminar of Jacques Lacan, Book II*, trans. Sylvana Tomaselli, New York: W. W. Norton & Company, 1991.

Lacan, Jacques. *The Ethics of Psychoanalysis, Book VII,* trans. Dennis Porter, New York: W. W. Norton & Company, 1997.

Lacan, Jacques. *The Four Fundamental Concepts of Psychoanalysis, The Seminar of Jacques Lacan, Book XI*, trans. Alan Sheridan, New York: W. W. Norton & Company, 1998.

Lacan, Jacques. *The Other Side of Psychoanalysis, The Seminar of Jacques Lacan, Book XVII*, trans. Russell Grigg, New York: Nowton, 2007.

Lacan, Jacques. *The Psychoses 1955-1956:The Seminar of Jacques Lacan, Book III*, trans. R. Grigg, New York: W. W. Norton & Company, 1997.

Lacan, Jacques. *The Seminar of Jacques Lacan: Freud's Papers on Technique 1953-1954, Book I*, trans. John Forrester, New York: W. W. Norton & Company, 1991.

Lacan, Jacques. *Transference: The Seminar of Jacques Lacan, Book VIII*, trans. Bruce Fink, Cambridge: Polity Press, 2015.

Leader, Darian &. Judy Groves. *Introducing Lacan*, Cambridge: Icon Books, 2000.

Marcuse, Herbert. *The New Left and the 1960s*, London: Routledge, 2005.

Nobus, Dany. *The Law of Desire: On Lacan's "Kant with Sade"*, New York: Palgrave Macmillan, 2017.

Osborn, Reuben. *Marxism and Psychoanalysis*, New York: A Delta Book, 1965.

Reich, Wilhelm. "Character and Society", Theodore P. Wolfe (ed.), *International Journal of Sex-Economy and Orgone Research*, Vol 1, New York: Orgone Institute Press, 1942.

Rivkin, Julie &. Michael Ryan. *Literary Theory: An Anthology*, New York: Blackwell Publishers, 2004.

Rorty, Richard. *Contingency, Irony, and Solidarity*, Cambridge: Cambridge University Press, 1993.

Sade, Marquis de. *Philosophy in the Boudoir*, trans. J. Neugroschel, London: Penguin, 2006.

Said, Edward W.. *Representations of Intellectuals,* New York: Pantheon Books, 1994.

Shepherdson, Charles. *Lacan and the Limits of Language*, Fordham University Press, 2008.

Shuttleworth, Mark &. Moira Cowie, *Dictionary of Translation Studies*, London: Routledge, 2014.

White, Hayden. *The Content of the Form: Narrative Discourse and Historical Representation.* Baltimore and London: The Johns Hopkins University Press, 1987.

Williams, Raymond. *The Long Revolution*, Harmondsworth: Penguin, 1965.

Wolin, Richard. *The Terms of Cultural Criticism*, New York: Columbia University Press, 1992.

Žižek, Slavoj & D. Glyn, *Conversations with Žižek*, Cambridge: Polity Press, 2004.

Žižek, Slavoj ed.. *Everything You Always Wanted to Know About Lacan (But Were Afraid to Ask Hitchcock)*, London: Verso, 2010.

Žižek, Slavoj. *Event: Philosophy in Transit*, London: Penguin, 2014.

Žižek, Slavoj. *For They Know Not What They Do: Enjoyment as a Political Factor*, Verso, 2008.

Žižek, Slavoj. *How to Read Lacan*, London: Granta Books, 2006.

Žižek, Slavoj. *Looking Awry: An Introduction to Jacques Lacan through Popular Culture*, Massachusetts: The MIT Press, 1991.

Žižek, Slavoj. *Tarrying with the Negative: Kant, Hegel, and the Critique of Ideology*, Durham: Duke University Press, 1993.

Žižek, Slavoj. "There Is No Sexual Relationship", in Renata Salecl and Slavoj Žižek, *Gaze and Voice as Love Objects*, Durham: Duke University Press, 1996.

Žižek, Slavoj. *The Fragile Absolute*, London: Verso, 2000.

Žižek, Slavoj. *The Indivisible Remainder*, London: Verso, 2007.

Žižek, Slavoj. *The Metastases of Enjoyment: Six Essays on Woman and Causality*, London: Verso, 1994.

Žižek, Slavoj. *The Parallax View,* Massachusetts: MIT Press, 2006.

Žižek, Slavoj. *The Plague of Fantasies*, London: Verso, 2008.

Žižek, Slavoj. *The Sublime Object of Ideology*, London: Verso, 2008.

Žižek, Slavoj. "What Can Psychoanalysis Tell Us about Cyberspace", in *Psychoanalytic Review* 91 (6), December 2004.